陈启沅传

佛山历史文化丛书

第三辑

《佛山历史文化丛书》编委会 编
吴建新 著

SPM 南方传媒 广东人民出版社
·广州·

图书在版编目（CIP）数据

陈启沅传 / 吴建新著. —广州：广东人民出版社，2018.11（2023.7重印）
（佛山历史文化丛书. 第三辑）
ISBN 978-7-218-12701-9

Ⅰ. ①陈… Ⅱ. ①吴… Ⅲ. ①陈启沅（1834-1903）—传记 Ⅳ. ①K825.38

中国版本图书馆CIP数据核字（2018）第246141号

CHEN QIYUAN ZHUAN
陈启沅传
吴建新 著

出 版 人：肖风华

责任编辑：施 勇
责任技编：吴彦斌
封面设计：集力书装
装帧设计：友间文化

出版发行：广东人民出版社
地 址：广州市越秀区大沙头四马路10号（邮政编码：510199）
电 话：（020）85716809（总编室）
传 真：（020）83289585
网 址：http: //www. gdpph. com
印 刷：三河市华东印刷有限公司
开 本：787毫米×1092毫米 1/16
印 张：22 字 数：258千
版 次：2018年11月第1版
印 次：2018年11月第1次印刷 2023年7月第2次印刷
定 价：78.00元

如发现印装质量问题，影响阅读，请与出版社（020-85716849）联系调换。
售书热线：（020）85716833

《佛山历史文化丛书》编辑委员会

《佛山历史文化丛书》学术委员会

《佛山历史文化丛书》编委会编辑部

总序一 Preface

抚摸历史肌肤　沐浴佛山阳光

鲁　毅

文化立世，文化兴邦。一个国家、一个民族的强盛，总是以文化兴盛为支撑的。

党的十八大以来，以习近平同志为核心的党中央对文化工作高度重视。习近平总书记明确指出，没有文明的继承和发展，没有文化的弘扬和繁荣，就没有中国梦的实现。他高度重视中华优秀传统文化的传承和弘扬，专程到曲阜孔庙考察，讲儒学对中国传统文化、对当代中国的作用；专门召开中央政治局会议集体学习传统文化，提出要认真汲取中华优秀传统文化的思想精华和道德精髓，使中华优秀传统文化成为涵养社会主义核心价值观的重要源泉；召开文艺工作座谈会，对文艺事业繁荣发展提出殷切期望。在庆祝建党95周年的重要讲话中，习近平总书记更是要求全党坚定道路自信、理论自信、制度自信、文化自信，坚定不移开辟新天地、创造新奇迹。

未来的城市竞争以文化论输赢。有了文化的积累和支撑，城市才会有活力、有生气，才能在中华文明总谱系中留下独特的文化基因。

佛山肇迹于晋、得名于唐、盛于明清，历史悠久、文化底蕴深厚，是国家历史文化名城，至今仍保留着“佛山初地”“牧唱遗风”的碑刻，文化脉络更是延绵至今，且在延续传承过程中愈加丰富、饱满，成为城市弥足珍贵的财富：南风古灶、祖庙等古迹历久弥新，陶艺、剪纸、武术、醒狮、秋色、粤剧等文化艺术至今仍熠熠生辉。

佛山历届市委、市政府都高度重视文化的传承与建设，下大气力挖掘、保护和传承城市历史文化：将弘扬优秀传统文化与文明创建有机融合，赋予“创文”新内涵；制定实施《佛山市历史文化街区和历史建筑保护条例》，使之成为佛山获得地方立法权之后出台的首部地方性法规；将传承历史文脉作为城市可持续发展的重要基底，在由城市升级向城市升值再向城市治理现代化跨越的发展历程中，始终坚持文化引领，着力建设文化导向型城市。

这种传承，这种精神，正是成就一座城市价值最宝贵的富矿。

正是这样的一脉相承，敢为人先，回响着历史上打铁手工业叮当声的土地，使佛山成为全国乃至全球重要的制造业基地。

正是这样的一脉相承，崇文务实，飘荡着书香粤韵的历史名镇，历来讲究实事求是、善于变通，注重创实业、办实事，这让佛山的综合竞争力位居全国城市前列。

正是这样的一脉相承，通济和谐，昔日河涌码头、商铺会馆熙熙攘攘的市井繁华之地，如今已是超700万市民的现代化特大城市。

对于生活在佛山的人而言，了解这些，就是了解佛山的城市自我；对外来人而言，了解这些，就是接触这座城市的“地气”。

“人事有代谢，往来成古今。江山留胜迹，我辈复登临。”观照今时此地的时空坐标，我们当以何种作为，来承接历史和未来，才能挑起时代赋予的重任？在这个命题面前，我们任重道远。

抚摸历史肌肤，沐浴佛山阳光。此次，我们编撰《佛山历史文化丛书》，深望能借此更加全面和系统地反映佛山的历史文化，使之成为佛山对外展示城市个性和人文特色的窗口；也希望能在出版推广中，进一步传承和发扬佛山发展的人文基因，凝聚共识，使城市更扬帆奋进。

《佛山历史文化丛书》由中共佛山市委宣传部牵头，佛山日报社组织编撰。本丛书非史书，而是集记。以历史文化发展为脉络，全面展示佛山的丰富历史文化，力求以科学性、学术性与通俗性为本，融人物传记与历史记载为一体，讲历史故事，叙文化传统，说佛山古今，可谓雅俗共赏。

《佛山历史文化丛书》应该说是佛山厚重历史文化积淀的一个全面展现，是近年来佛山文化建设蓬勃发展的一个生动写照。希望本丛书能引发全社会对文化佛山的了解和认同，激发上下一心、干事创业的精气神；推动建立文化自觉、文化自信，让优秀的文化基因成为佛山经济社会健康发展、提升佛山城市竞争力的重要力量。

（作者系中共佛山市委书记）

总序二 Preface

佛山——站在文明续谱的桥头堡上

罗一星

假如把两千年来的岭南历史文化比喻为一串人文项链，那么在这串人文项链上就有几颗耀眼的明珠，秦汉时期的南越国文明、隋唐时期的广州贡舶贸易、宋元时期的珠玑巷南迁、明清时期的佛山崛起和珠江三角洲的开发、清代的广州中西贸易、近代中华民国政府的建立，都是既有地方特色也有全国意义的“和璧隋珠”。

“未有佛山，先有塔坡”的谚语，浓缩了“佛山”之名的渊源故事。据说东晋时有西域僧到塔坡冈结茅讲经，不久西还。唐贞观二年（公元628年），乡人见塔坡冈夜放金光，掘地得铜佛像三尊和圆顶石碑一块，碑有联云：“胜地骤开，一千年前青山我是佛；莲花极顶，五百载后说法起何人。”乡人十分诧异，遂建塔崇奉，并因此名其乡曰“佛山”。唐宋时期，中国的经济重心不断南移。尤其是北宋末年以来，建炎南渡、元兵入主，大批的士民渡岭南来。佛山也在此时形成聚落，史称“乡之成聚相传肇于汴宋”。明清时期佛山迅速崛起，成为举世闻名的“天下四大镇”和“天下四大聚”之一，以出产精美的“广锅”而誉满天下。时人“春风走马满街红，打铁炉过接打铜”的诗句，就是对佛山冶铁业盛况的生动写照。佛山在制造业上的成就和中心市场功能，决定了她在中国城市发展史上的重要地位。然而，佛山所具有的价值还不仅在于此。佛山是明清时期因经济因素发展起来的中心城市，不同于传统的郡县城市。在其兴起发展的过程中，传统社会结构与新兴经济因素之间相互调适，兼容发展，透射着理性之光。因此，研究佛山都市化的过程与社会结构的互动变迁，有助于我们对传统中国城市发展多样性的把握，有助于我们摒弃概念化的中国城市发展形态的认知模式。此外，佛山还集中了岭南传统社会的各种文化现象，它们五色杂陈，大放异彩，其典型性远胜于广州，这又使研究佛山的文化现象具有非同一般的意义。

纵观佛山的历史地位和文化价值，每一点都离不开岭南独特地缘人文的滋养，每一页都关联着中华悠久文化的传承。如此既有结构性因素又有精致性内容的文明篇章，值得每一位热爱佛山历史文化的人士投身书写、共同编织。笔者在此仅发其端要，以就教于方家。

佛山是“广佛周期”的双主角之一

历史是时间和空间发展次序的结合体。自17世纪初至19世纪末，岭南区域出现了一个经济发展的高峰期——广佛周期。在广佛周期存在的时间内，以广州、佛山为中心的城市体系得到空间的迅速布局和层级的系统发展，其城市化的程度居全国领先地位。广州、佛山两大中心城市外贸和内贸互补功能的发挥，使因地理和人文环境差异而形成的岭南独特的三种市镇空间结构整合为一体。此时佛山扮演着双重城市角色，既是岭南二元中心市场体系的中心城市，承担广货与北货宏大交流的商贸枢纽；又是国内最大的综合型民生日用品生产基地，提供满足国内及海外的多样性产品需求。从佛山运出的精美广货及其丰厚利润，吸引了十八省商人和四远来谋生的手工业者。“走广”成为全国商人的时髦行动和共同追求。当时“汾江船满客匆匆，若个西来若个东”的大规模商品流转的盛况，常年不辍。

在广佛周期，佛山商业繁荣远胜于广州的情景见诸中外史籍。法国传教士道塔·塔鲁塔鲁和道·冯塔耐，分别于1701年和1703年到过佛山，他们都描述佛山是一个约有100万人口的巨大聚落，并称佛山既没有城墙也没有特别长官，在汾江河上的大船有5000艘以上（而英国散商船长汉密尔顿于1703年报告称广州城内住有90万人）。康熙时人吴震方《岭南杂记》记载："佛山镇……天下商贾皆家焉。烟火万家，百货骈集，会城百不及一也。"《南越游记》的作者陈徽言也说："俗称天下四大镇，粤之佛山与焉。镇属南海，商贾辐辏，百货汇集，夹岸楼阁参差，绵亘数十里。南中富饶繁会之区，无逾此者。"徐珂的《清稗类钞》也说：佛山的"汾水旧槟榔街，为最繁盛之区。商贾丛集，阛阓殷厚，冲天招牌，较京师尤大，万家灯火，百货充盈，省垣不及也"。清代到佛山的徽州商人也记载："佛山，居天下四镇之一，生意比省城大。"这里说的"会城""省垣""省城"均指广州。在此举例说明清代佛山商业规模比广州大的历史事实，并不是刻意夸大佛山的历史地位，而是指出，佛山城市的历史地位显然被长期低估，应该给予应有的重视和正确评价。

只要对广州、佛山两个市场的商品结构、商人组织和市场网络进行比较研究，就可知广州市场上各省运来的货物绝大多数是清朝允许出口的商品；各省运回的商品更是清一色的洋货，这说明广州商品与对外贸易相联系。佛山市场上，洋货寥寥，广货（或称南货）充斥，生产用品和民生日用品占主导地位，这表明佛山市场的商品与国内、省内贸易相联系。各省商人运来的"北货"（或称外江货）在佛山市场与广货大规模交流。佛山林立的外省商人会馆和形成的外省商人聚居区，都表明佛山与广州是两个功能不同的中心市场。

广佛周期开始于17世纪初的明朝末年，迄于19世纪末的清朝末年，历时三百年左右。这一周期以广州、佛山为中心形成一个地跨两广、河海相连的岭南市场体系。如果把岭南中心市场比喻成一座巨大的中外贸易桥梁，那么，广州和佛山，就犹如这座桥梁的两个桥头堡，一头连接海外市场，一头连接国内市场，它们功能各异，自成一体，然又互相联系、互相配合。这种二元中心市场模式，是以佛山城市地位的迅速上升并成为双主角之一而确立的。

佛山是中华铸造文明的重要支点

冶铁业是明清时期佛山的支柱产业，带动了佛山众多制造行业的共同发展。但是佛山冶铁业的真正贡献，却是对中华铸造文明的传承和支撑。人类从史前时代进入文明时代，是以金属的发现、金属工具的制作使用为标志的。有了对冶金术的规律性把握和持续控制的技能，人类才能从自在走向自为。世界文明史上，古埃及、古巴比伦、古印度和中国是四大铸造文明古国，也是东方铸造文明的典型代表。他们以其先进的铸造技术成为所在区域的核心国家，并依靠铸造技术优势与周边国家进行交流或挑战。中国在夏代开始进入青铜时代，史载“夏禹铸九鼎，九牧贡九金”。铸造技术支撑了礼仪大国的呈现，西周铸造的大型礼器作为镇国之宝，把礼仪文字和刑法文字铸在鼎上，形成了中华独特的铸造文明。中国在战国时期进入铁器时代，锐利的刀剑和犁耙、高大的铁塔和钟鼎，每一件铸铁品，都记录了华夏文明的历程。西汉时中国的生铁冶铸技术传到中亚地区，东汉三国时中国的刀剑制作技术传到日本并发展为倭刀锻造技术。日本、越南的铸钟、铸镜、失蜡法、生铁冶铸等技艺也是从中国传入的。正如华觉明先生指出：“中国以生铁铸造为基础的整个钢铁生产，产生了焕发异彩的钢铁文化，在世界文化史上，青铜礼器制作和两千年的铁水长流，均为中国所独有。所以说，中国的文明是铜和铁浇灌的文明。”

唐代以后冶铁技术不断南移，南汉时广州光孝寺的东西两铁塔的铸造技术已臻完美，塔身铸有上千个佛像，称为千佛塔。南宋著名学者洪咨夔的《大冶赋》这样讴歌了南方冶铸产品运输的盛况：“铜往铁来，锡至铅续，川浮舳舻之御尾，陆走车担之属，出岭峤，下荆蜀，绝彭蠡洞庭而星驰，沂重淮大江而电逐。”这里所说的“岭峤”，指的就是五岭山脉。明代后起的广铁誉满天下，佛山承接了中华传统失蜡法铸造技术，又独创了“红模铸造法”，成为与遵化齐名的两大冶铁中心之一。遵化冶铁业在正德八年（1513年）被明王朝停办后，佛山更是后来居上，一枝独秀。祖庙现存的大型铜铁礼器中，有明景泰年间铸造的北帝铜像，重2.5吨，是明代国内最大的青铜造像；有明嘉靖年间的铜镜，铜质坚光，形制巨大，为祖庙重器，是明代国内最大的铜镜；有明成化年间的铜钟，重约1吨，钮钟设计为精细的龙身造型，独具匠心，造型精美；有铸于嘉庆年间的大铁鼎，该鼎通高2.6米，以镂空金钱图案装饰，铭文工整古朴，全鼎浑然一体，气势非凡。明清两代，中国铁钟为东南亚诸国所追求。作为庙宇的镇庙之宝，佛山铸造的铁钟尤为当地寺庙首选，占据了东南亚诸国寺庙梵钟的主导地位。佛山的大铁锅更是备受欢迎。明中叶生活在淮安运河边上的吴承恩，也看到了满载广锅的货船北上的情景。于是在《西游记》里，有了钻进魔王肚子里的孙悟空大喊“我拿广锅把你这妖怪煮成杂碎”的精彩对话。明清时期，广锅出口日本，获大盈利，大者一口价银一两。雍正年间，佛山铁锅大量销往外洋，洋船每船所载多者两万斤，少者五六百斤。“其不买铁锅之船，十不过一二。”清中叶后，出国谋生的广府华侨群体，也把广锅传入美国旧金山、澳大利亚墨尔本。两广总督张之洞就曾在给光绪皇帝的奏折中称：佛山铁锅每年出口新加坡、新旧金山约五十万口。从此英语出现了“WOK”（粤语“镬”音）一词，专指圆形尖底的中国锅（Chinese Wok）。

《左传》有云：“国之大事，在祀与戎。”除了礼器、民生用品和生产器具外，佛山铸造还担负起了皇朝的国防任务。明清两朝均用佛山铸造的铁炮在全国布防，从辽东到宣大边塞，从虎门到广州城防，从水师战船到海关缉私艇，比比皆然。佛山生产的铁炮从五百斤到一万斤皆有，清代道光年间，佛山成为国内供应海防大炮的最大军火基地，广东官府曾一次性订购铜铁炮2400余门。作为支柱产业，佛山铸造业带动了佛山手工业体系的其他上百个金属加工业的发展。佛山的铜铁铅锡金等锻造行业，门类齐全，制造精细，所出产品涵盖了建筑装饰、民生日用的各个方面。入清以后，佛山的手工业进入全面发展阶段，以冶铁业为主干，以陶瓷业和纺织业为辅助，带动了造纸业、成药业、颜料业、爆竹业、衣帽业、扎作门神业的百业兴旺。多样性、派生性、互补性，构成了此时佛山手工业体系的有机结合形态。

世界科技史泰斗李约瑟认为，欧洲的生铁铸造技术是从中国传入的。因为在中世纪，只有中国能提供庞大数量的铁和钢。由此可见，中国的铸铁技术在古代和中世纪曾长期处于领先地位。而自16世纪至19世纪持续兴旺的佛山制造业，既是中国铸造技术和产品输出的高地，更是中华铸造文明的重要支点。它支撑着几千年来中华铸造文明的光荣延续，支撑着中国作为东方铸造文明大国地位的世代辉煌。

佛山既是岭南文化的核心基地，也是中华传统文化的宝库所在

岭南文化有四大内容在佛山诞生发展，它们是明儒心学、状元文化、祖庙文化和粤剧文化。

明儒心学发端于江门，而传播于西樵。明儒心学为明代广东新会学者陈献章（号白沙）所创，陈白沙提倡“道心合一”，以静坐体认天理为宗旨。湛若水（号甘泉）师从陈献章十余年，成为白沙先生最有成就的学生。弘治十八年（1505年）湛若水会试第二，授官翰林院编修，当时王守仁（号阳明）在吏部讲学，湛若水“与相应和”。其后各立宗旨。“守仁以致良知为宗，若水以随处体认天理为宗。”时称“王湛之学”，分执明中叶理学之牛耳。正德年间，湛若水到西樵山筑舍讲学。当时致仕归家的方献夫、霍韬也相继进入西樵山与湛若水切磋砥砺，日研经书，讲学授徒。湛若水建大科书院、方献夫建石泉书院、霍韬建四

峰书院。西樵山中三院鼎峙，藏修讲学，四方士子入山求学者甚众。霍韬在此时撰著了《诗经注解》《象山学辨》《程朱训释》等书，后刊行于世。当时方献夫致信王阳明说："西樵山中近来士类渐集，亦颇知向方……甘泉大有倡率讲明之意。近构学舍数十于山，以延学者，将来必有成就，此亦一盛事也。"王阳明对此嘉许，称"英贤之生，同时共地，良不易得。乘此机会，毋虚岁月，是所望也"。西樵山中的书院，培养出一批像霍与瑕这样的佛山子弟。湛若水在嘉靖初年复回朝，历任礼、吏、兵三部尚书。方献夫、霍韬亦踵其后，于嘉靖年间分别继任吏部、礼部尚书。此时的南海士大夫均以理学相高，如梁焯（曾任兵部职方司员外郎）成进士后，即游学于王阳明处，并录有《阳明先生问答传习录》传世；庞嵩（曾任应天通判）早年亦游学王阳明门下，以后复从湛若水游。湛若水曾说"北有吕泾野，南有庞弼唐，江门之学遂不坠"，庞后成为南海有名的理学大师。何维柏（曾任南京礼部尚书）年轻时负笈于西樵山，与湛若水、霍韬论学"多所默契"，致仕后创立天山书院，"阐发陈白沙绪论，四方从游者甚众"。冼桂奇（曾任南京刑部主事）登第前即"师事湛甘泉"，致仕归家后筑精舍讲学，遂"以一代理学为世儒宗"。南海士大夫在西樵山研讨理学的学术圈子，还吸引了当时当政的两广官员。例如广东巡按御史洪垣，嘉靖十一年（1532年）进士，湛若水在京师讲学时，"垣受业其门"，后出按广东，经常到西樵山求学。这样，湛若水、方献夫、霍韬以及南海士大夫群体，以西樵山为平台，传播易理，弘扬白沙心学，并以其理学上的学问和为官实践，深刻地影响了中国的儒家文化。五百年来，西樵山一直作为中华士子见贤思齐的文化名山而存在。正如明代学者方豪所言："西樵者，天下之西樵，非岭南之西樵也。"

状元文化不属佛山独有，但以佛山最为杰出。佛山自古科甲鼎盛，南汉的状元简文会和南宋的状元张镇孙名节自持，是佛山士子中初露头角者；而明代不断涌现的状元和会元，则令佛山科名雄视岭南。明成化年间石硝乡的梁储考中会元（官至内阁首辅），明弘治年间黎涌乡的伦文叙状元及第，明正德年间石头乡的霍韬亦夺魁会元。其后，伦文叙之子伦以训亦中会元。黎涌、石硝、石头相隔不到五里，人称“五里四会元”。而伦文叙一家父子四人，文叙连捷会元、状元，以训连捷会元、榜眼，以谅为解元、进士，以诜亦为进士，因而又有“父子四元双进士”之誉，人称“海内科名之盛，无出其右，所谓南伦北许也”。还有明万历年间状元黄士俊亦蟾宫折桂，清末时状元梁耀枢也独占鳌头。明清两代，佛山一共出了五个状元、三个会元。清代佛山科名依然头角峥嵘，时人有“广郡科第之盛甲于粤中，南海科第之盛甲于广郡，佛山科第之盛又甲于南海”之说。以科举出仕的有湖南巡抚吴荣光，四川总督骆秉章，咸丰探花李文田（礼部右侍郎），梁僧宝（鸿胪寺少卿兼军机），戴鸿慈（协办大学士、法部尚书、出洋五大臣之一），张荫桓（户部左侍郎、驻美国公使）。还有在三湖书院就读的康有为和在佛山书院就读的梁启超、署理邮传部大臣梁士诒等。这些人才的出现，使佛山成为名副其实的“气标两广的人文之邦”。为什么佛山状元、会元在明代中叶呈群体性涌现？为什么明代佛山籍大吏在嘉靖朝宠命优渥？状元文化留下了何种文化基因？要回答这些问题，就要对科举制度进行探讨、对皇权体制进行分析、对中华传统文化进行整体把握。唯其如此，研究佛山的状元文化，就具有了特殊的价值。

祖庙文化为佛山所独有。在中国城市发展史上，如果说有一座庙宇与一座城市的命运休戚相关，那就是佛山祖庙。明清时期的祖庙，是当时佛山人的信仰高地和心灵归宿。可以这样形容两者之间的关系：祖庙之于佛山镇，事事相关；祖庙之于佛山人，代代相系。明正统十四年（1449年）发生的一场长达半年的佛山保卫战，把祖庙和北帝深植在佛山先民心中。当时为了保卫佛山自明初以来积累的劳动成果，佛山先民有二十二老以祖庙为指挥部，罄其财产，分铺防卫。万人一心，众志成城，终于保住佛山不受掠夺。事平之后，明王朝敕赐祖庙为灵应祠，列入官府谕祭。佛山先民遂把佛山全境分为二十四铺，分区管理，从此佛山脱离乡村形态，走上了城市化的发展之路。祖庙也成为珠江三角洲最大的北帝庙，并诞生了出秋色、烧大爆、北帝坐祠堂等民俗庆会和祖庙建筑群。明清时期，祖庙还是佛山士绅议事决事的中心，佛山民间自治组织明代的“嘉会堂”和清代的“大魁堂”均设于此。至今悬挂于祖庙大殿外的“廿七铺奉此为祖，亿万年惟我独尊”的对联，就是对祖庙在佛山地位的精辟写照。千百年来，祖庙以其独特的人文之光滋养着佛山这片土地，也给这片土地留下了享誉千年的人文瑰宝和古建华章。因此，研究祖庙千百年来亦庙亦祠的发展脉络，可以发现岭南人文的精彩篇章。从这个意义上说，解读了祖庙的文化内涵，就可以理解佛山的民间信仰；解读了佛山的民间信仰，就可以理解中华文化之博大。

粤剧文化的诞生和发展与佛山有直接的关系。粤剧行语有云：“未有吉庆，先有琼花。”“吉庆”是指同治年间设在广州的粤剧吉庆公所，“琼花”是指雍正年间设在佛山的琼花会馆，两个都是粤剧的行会组织。琼花会馆在前，吉庆公所在后，二者有明显的承继关系，然时间相差上百年。粤剧在佛山的诞生，并不是偶然的。戏剧的发展与社会经济发展密切相关。首先，佛山神庙和宗族祠堂众多，需要大量的神功戏酬神；其次，商人和侨寓的大量涌入，使会馆以及单身汉的数量迅速增加，需要演剧酬谢行业神和丰富业余生活；再者，数量庞大的手工业者常常要庆贺师傅诞和满师礼。土著的祭祀需要、侨寓的文化生活需要和工商业者的行业惯例需要三者相结合，为粤剧的诞生培养了深厚土壤。雍正年间，北京名伶张五，号称“摊手五”，南来佛山，寄居佛山镇大基尾。张五以京戏昆曲授诸红船子弟，变其组织，张其规模，创立琼花会馆。琼花会馆建立于雍正年代的事实，可以在1752年陈炎宗修《佛山忠义乡志》之《佛山总图》中标出的“琼花会馆”一建筑得到证实。琼花会馆建立后，规范了粤剧剧种和十行角色，培养了大批粤剧人才，从而使粤剧走向蓬勃发展的阶段。粤剧宛如逾淮之橘、出谷之莺，从而独树一帜，向广州、向珠江三角洲乃至向广西东南部迅速发展。张五从此被粤剧艺人尊奉为“张师傅”。咸丰四年（1854年），因琼花会馆戏班参加红巾军起义，清军平毁了琼花会馆。此后粤剧班子均散向四乡及流集于广州谋生，同治年间遂在广州设立吉庆公所。由此可见，佛山是粤剧诞生的地方，又是粤剧发展的基地。粤剧与佛山社会生活息息相关，互相依存，共同发展，并成为中华传统戏剧的重要剧种。

上述岭南文化的四大内容都在佛山诞生或发展，其成长过程中的“佛山”烙印固然明显，而其对中华文化的影响也是显而易见的。此外佛山收藏的木鱼书、木版年画、扎作工艺品、石湾瓦脊、石湾公仔等文物作品，现存的祠堂和锅耳形建筑以及北帝巡游、出秋色、行通济等习俗庆会和武术、中药、传统广府菜肴等，都具有典型的岭南特色，其中不少属于非物质文化遗产，所以说佛山既是岭南文化的核心基地，也是中华传统文化的宝库所在。

唯书有华，赠人如锦。《佛山历史文化丛书》将以各位著者多年的研究成果和独特视角，为您展开丰富多彩、颇具价值的佛山历史文化长卷，让海内外朋友捧如甘饴，感受佛山的内涵与精彩；让生于斯长于斯的老佛山人重拾瑰宝，不忘初衷；让来自他乡的新佛山人感受传统，仰之爱之。笔者身非佛山公，却心萦佛山乡，35年来对佛山历史文化持续关注与爱护，情有独钟，从未释怀。因为笔者深深地知道，从古到今，佛山一直站在文明续谱的桥头堡上。

（作者系历史学博士、中国社会经济史学者、佛山史专家、广州市东方实录研究院院长，著有《明清佛山的经济发展与社会变迁》）

目录

目录

目录

绪　论

民国时期有几份关于珠江三角洲缫丝业的调查报告，提到了珠江三角洲机器缫丝业的起源和发展，其中比较著名的有外国学者霍华德的《珠江三角洲蚕业调查报告》、20世纪20年代的《广东地方农林试验场作的蚕业调查报告》，与1925年私立岭南大学美国籍蚕桑学教授考活的《南中国蚕丝业调查报告书》。至于在20世纪30年代的蚕业改良中的调查报告就更多了。1940年吕学海发表的《顺德丝业调查报告》也有很高的史料价值。新中国成立以后，李威士的《广东蚕丝业的贸易及其衰落》、李本立的《顺德蚕丝业的历史概况》[①]提到，直到民国时期，珠江三角洲的不少民营缫丝厂还沿用陈启沅时代的技术，涉及近代缫丝技术和顺德、南海等地的蚕桑业。

虽然民国的调查报告里，不同程度提到陈启沅与继昌隆缫丝厂，或提到其影响，但并没有研究论文将此纳入近代经济史的范畴内。直到20世纪60年代，著名经济史专家汪敬虞撰文，挖掘了陈启沅与继昌隆缫丝厂的相关史料，指出继昌隆缫丝厂是中国近代第一间民营缫丝厂，在近代民营工业的发展史上有重要的历史地位。[②]稍后汪敬虞发表另一篇文章，进一步论述了这个问题，并将继昌隆缫丝厂和江南的机器缫丝厂做了比较，指出当时民营缫丝厂发展的困境。[③]20世纪80年代以来，台湾学者陈慈玉所撰《近代中国的缫丝工业（1860—1945）》[④]中对继昌隆及其引发的社会变迁有较为深入的论述。大陆学者徐新吾撰《中国近代缫丝工业史》对陈启沅和继昌隆机器缫

① 李威士：《广东蚕丝业的贸易及其衰落》，《广州文史资料》第16辑，广东人民出版社，1965年；李本立：《顺德蚕丝业的历史概况》，《广东文史资料精编·上编》第三卷，中国文史出版社，2008年，第307～327页。

② 汪敬虞：《关于继昌隆缫丝厂的若干史料及值得研究的几个问题》，载《学术研究》1962年6期。

③ 汪敬虞：《从中国生丝对外贸易的变迁看缫丝业中资本主义的产生和发展》；《关于民族资本近代企业发生问题的讨论——续一封没有写完的信》，载《近代史研究》1982年第1期。

④ 陈慈玉：《近代中国的缫丝工业（1860—1945）》，载“中央研究院”《近代史研究所专刊》（58），1989年。

丝厂也有涉及，主要是从工业技术史、经济史的角度论述[①]。美国学者苏耀昌著《华南丝区：地方历史的变迁与世界体系理论》将继昌隆和华南丝区在近代的发展放在世界体系的框架内论述，大旨离不开汪敬虞的范畴。[②]彭南生回顾自汪敬虞以来关于近代缫丝业的研究，“多关注中国传统手工业与近代工业的关系、外国资本主义与中国民族机器工业的关系，研究工作表现了更多政治取向，尤其是对外国资本主义、帝国主义侵略的谴责”[③]。这些代表作有许涤新等著《中国资本主义发展史》[④]；汪敬虞的《中国近代经济史（1895—1927）》[⑤]；徐秀丽翻译的《近代中国蚕丝业及其外销1842—1937》[⑥]。段雪玉引用彭南生的述评，提到了新世纪以来，学者们的研究将近代机器缫丝业纳入近代手工业的范畴，代表作有王翔的《中国近代手工业的经济学考察》[⑦]，彭南生的《中国经济：传统与现代之间的中国近代手工业》[⑧]。这些研究更多地关注手工业赖以生存的社会结构与社会关系。有的学者的研究将长江三角洲与珠江三角洲的机器缫丝业进行比较，提出缫丝技术的进步与社会变迁的关系。[⑨]张茂元和邱泽奇的论文提到了机器缫丝业技术红利的概念，认为技术应用的成败关键不在于社会结构和文化的阻力，而在于技术的进步是否惠及相关的群体或利益团体，这是技术影响社会变迁的

---

① 徐新吾：《中国近代缫丝工业史》，上海人民出版社，1990年。

② 苏耀昌：《华南丝区：地方历史的变迁与世界体系理论》，中州古籍出版社，1987年。

③ 彭南生：《近50年中国近代乡村手工业史书述评》，载《史学月刊》，2005年11期。

④ 许涤新等：《中国资本主义发展史》，人民出版社，2003年。

⑤ 汪敬虞：《中国近代经济史（1895—1927）》，人民出版社，2003年。

⑥ ［美］李明珠著，徐秀丽、王弼德、章克生译：《近代中国蚕丝业及其外销1842—1937》，上海社会科学出版社，1996年。

⑦ 王翔：《中国近代手工业的经济学考察》，中国经济出版社，2002年。

⑧ 彭南生：《中国经济：传统与现代之间的中国近代手工业》，高等教育出版社，2002年。

⑨ 张茂元：《近代中国机器缫丝业技术应用与社会变迁——长江三角洲与珠江三角洲的比较研究》，北京大学博士论文，2008年。

基础。[①]张茂元等还有专文讨论珠江三角洲的机器缫丝业。[②]徐新吾《中国近代第一家民族资本工业的考证》探讨了究竟哪一家代表近代最早的缫丝工业，涉及对继昌隆史实的研究。[③]虽然作者对继昌隆是近代第一家民营工业企业提出了疑问，但作者并不能否定继昌隆作为第一家民营工业企业所产生的巨大社会影响力。

2011年，在中山大学主办的“中华文化视野下的西樵文化”国际学术研讨会上，有四篇关于“晚清机器缫丝业和陈启沅家族、以继昌隆为代表的机器缫丝业的华侨资本的困境，以及晚清时继昌隆缫丝厂附近的官山的商业环境”[④]的文章，以贺喜一文最有价值，她从陈启沅第九个儿子陈蒲直自己写的文献探索了陈氏后人的经商活动和生活。袁爽在她关于桑园围水利的专著中，对简村的开村史料做了梳理，对研究陈启沅和简村的水利历史也有帮助。[⑤]

关于陈启沅的传记，吴建新有《陈启沅》一书，约四万字[⑥]，作者不仅叙述了陈启沅创办继昌隆缫丝厂的过程，而且论述了继昌隆缫丝厂建立和运行过程中发生的各种社会变迁或影响，还简略探讨了陈启沅的三本著作。由于字数的限制，不能在这本书里展开作者的全部观点。也因为出版方的要求，将注解删去了。2017年，陈启沅孙子陈作海出版了《缫丝风云录：记中

---

① 张茂元等：《技术应用为什么失败？——以近代长江三角洲地区机器缫丝业为例》，载《中国社会科学》2009年第1期。

② 张茂元：《近代乡绅技术观转型的社会经济基础》，载《开放时代》2016年2期。

③ 徐新吾：《中国近代第一家民族资本工业的考证》，载《社会科学》1981年03期。

④ 段雪玉：《机器缫丝业：近代珠江三角洲社会经济一瞥》，温春来主编：《“中华文化视野下的西樵文化”国际学术研讨会论文集》，广西师范大学出版社，2012年，第329～348页；贺喜：《近代商人与商人家庭——以陈蒲直的生活史为中心》，同上书，第349～370页；陈永升：《陈启沅与继昌隆：晚清华侨资本的困境》，同上书，第371～384页；周肖：《晚清民国时期西樵地区的墟市》，同上书，第385～397页。

⑤ 袁爽：《明清珠江三角洲基围水利管理机制研究——以西樵桑园围为例》，广西师范大学出版社，2015年，第108～126页。

⑥ 吴建新：《陈启沅》，广东人民出版社，2008年。

国近代民族工业先驱陈启沅》[①]。这本书既有部分史实，又有文学描述的传记，真假参半或文学的成分多一些，如书中说到康有为和陈启沅有见面和交往。虽然康有为家在南海丹灶，与陈启沅家乡相距十几里，但两人见面于文献上无载，此事或为作者杜撰。而且康有为在年轻时期就争夺乡村“公局”的控制权，初步展示他的政治野心[②]，与陈启沅行善事的作风大不相同，从这一点看，两人见面就相当不可能。陈作海是陈启沅的孙子，书中述及一些陈启沅和家族逸事，来自家族成员的录音或传说，未附关于陈启沅生卒年的考证，非演义性质，有可采信者，但无注解，使用时必须小心。该书自称是以黄景坤著《陈启沅传》为蓝本写成。黄作所据基本材料，为宣统《南海县志》、《不自慊斋漫存》的文告、陈天杰等的回忆录等常见文献。[③]

陈廉伯的研究对于研究陈氏家族而言是绕不过去的，他是继陈启沅之后陈氏家族最重要的人物，对民初广东经济和政局影响很大。因为陈廉伯在清末民初从事缫丝的投机买卖，对广东生丝的对内对外贸易影响甚大，也继承了陈启沅的慈善事业。但他是把慈善事业作为政治投资，后来则转变为一个买办，成为一个与政治有牵连的商人。他的行为，从相关史料能看出陈氏家族的资金走向，对研究广东近代第一代的民营产业资本走向有作用。[④]陈天杰《我所知道的陈廉伯二三事》、邓警亚《〈我所知道的陈廉伯的几件事〉补订》[⑤]对此有所披露，当然反映的情况还不全面。因为商团事件，陈廉伯

---

① 陈作海：《缫丝风云录：记中国近代民族工业先驱陈启沅》，华南理工大学出版社，2017年。

② 邱捷：《晚清民国初年广东的士绅与商人》，广西师范大学出版社，2012年，第73页。

③ 黄景坤：《陈启沅与继昌隆机器缫丝厂》，《中国工商人物志》，中国文史出版社，1996年，第353～357页；黄景坤：《陈启沅传》，载《南海文史资料》第10辑，1987年，第3～18页。

④ 吴建新：《近代广东民营产业资本的走向——以陈启沅家族为例》，载《文史纵横》2017年第3期。

⑤ 陈天杰：《我所知道的陈廉伯二三事》，载《广州文史资料》1963年第10辑。

一直受学术界批判。近年有文章对陈廉伯的慈善事业、商团作用有新的评价，如邱捷和敖光旭的研究。邱捷认为，当时的资料显示陈廉伯在政治上是很平庸的，商团事变并不是他个人能主导的，而商团事变有其必然性。辛亥革命之后的广州商人集团受限于对民国政府的经验、态度，策略僵化，激化了和民国政府的关系，即使没有扣械事件，两者之间的矛盾也会以其他方式发生。[①]敖光旭认为广州商团在民初的慈善事业有明显的社会公益性质，乙卯水灾的救荒是商团和善堂角色互换的分界线。[②]他们的成果，对研究陈启沅开创了家族的慈善事业之后，陈氏子孙如何传承，陈氏家族资金在慈善事业中的投入有一定的启发作用。

现存陈启沅的资料不太多。宣统《南海县志》卷二十一《方技传》中的《陈启沅传》，是非常重要的关于陈启沅的最早的乡土史料。全文不足一千字，传递的信息却非常丰富。关于继昌隆缫丝厂的史料，比宣统《南海县志》记载还要早的史料，当数同治期间南海县令徐赓升的《不自慊斋漫存》卷六。徐赓升在经纶堂捣毁学堂村缫丝厂事件发生之后发表的文件，包括处置经纶堂以及勒令继昌隆等所有缫丝厂停办的文告。这些文告最早收录在《近代中国手工业史料（1840—1949）》中，被广泛使用。后来《不自慊斋漫存》被收入台湾出版的《近代中国史料丛刊》以及河北教育出版社的《历代笔记集成·清代小说笔记》[③]，近年出版的《广州大典》亦将此书收入该丛书的史部传记类。《不自慊斋漫存》的文告，作为反映继昌隆事件的第一手资料更受到关注。徐赓升的文告，反映了晚清继昌隆缫丝厂民族资本所处的困境。宣统《南海县志》、民国《顺德县志》中的物产部分有涉及继昌隆

---

① 邱捷：《广州商团与商团事变——从商人团体角度的再探讨》，邱捷：《晚清民国初年广东的士绅与商人》，广西师范大学出版社，2012年，第273～298页。

② 敖光旭：《商人政府之梦——广东商团及“大商团主义”的历史考查》，载《近代史研究》2003年第4期。

③ 《历代笔记集成·清代小说笔记》，河北教育出版社，1996年，第469～491页。

的相关记载，如《南海县志》提到给继昌隆制造缫丝机器的陈联泰号，《顺德县志》提到继昌隆迁移到澳门开厂采用复缫法获利的情况。民国吕学海的《顺德丝业调查报告》也是重要的文献，因为作者在当时访问了南海简村的遗老，获得了一些继昌隆的资料，比陈天杰的回忆录要早[①]。

在晚清广州海关报告中，也有反映继昌隆建立之前和建立之后珠江三角洲丝业的情况。关于机器缫丝厂的清代史料，大致不出上述文献。

清代关于陈启沅的最重要史料，莫过于他自己写的《蚕桑谱》《理气溯源》《陈启沅算学》[②]。本来陈启沅有八种著作之多，宣统《南海县志》陈启沅传记载有四种。实际上刻印的只有上述三种。《蚕桑谱》除了记载陈启沅关于蚕桑业的研究成果之外，还有缫丝机器的重要内容，是研究缫丝机器具体情况的唯一第一手史料。此书中关于缫丝机械的部分引用者最多。相比之下，以往的研究对《蚕桑谱》中蚕桑的内容关注显然很少，显示学界对陈启沅在蚕学和农学方面的成就较少注意。《理气溯源》《陈启沅算学》几乎没有人注意，吴建新《陈启沅》一书中做过简略的介绍。实际上，这三本书对研究陈启沅的知识结构是必不可少的，而且对研究陈启沅的生平也非常重要。如《理气溯源》反映陈启沅研究的风水学及其世界观、治学方法以及慈善思想的根源，《陈启沅算学》可以看出他对传统算学的态度和算学知识结构，反映他是一个非常精明的商人，以及能论证陈启沅建造继昌隆缫丝厂的能力。通过对这三本著作的研究，能反映一个传统士子的知识结构，他如何能吸收外来的先进技术而成为一个企业家，同时又不能跨越其知识视野而停留在传统文化的范畴内；同时我们又能从中看到一个传统士子的慈善为怀，普惠大众的情怀，以及实业救国的伟大情怀。

陈启沅家族的史料零碎但重要。陈氏家族后人对经纶堂捣毁学堂村而

---

① 这个报告的片段引自彭泽益：《中国近代手工业史资料》二卷，生活·读书·新知三联书店，1957年，第52页。

② 惜阴草堂版，清光绪刻本。

发生人命，官府干预，以及陈廉伯在政治上走入歧途的原因等有意回避。[①]因此陈启沅虽多后代，但家族史料显得比较零散。《广州第一间蒸汽缫丝厂继昌隆机器创办人陈启沅》[②]是20世纪60年代陈天杰、陈天资写的[③]，是陈氏族人对陈启沅和继昌隆的集体记忆。陈天杰、陈天资是陈启沅哥哥陈启枢的曾孙，年长于陈启沅的孙辈和曾孙辈，所述相对可靠，常为史学界引用。陈天杰等写的陈氏家族的集体记忆，如果有文献对照更好。陈启沅的第九个儿子陈孺直在晚年时，定居香港，写了《陈氏近代族谱简略》《家中先人事略》《本身（陈孺直）大事记》。这批文件不成体系，只是陈孺直的回忆录而已，但其所述非常可靠，可以纠正陈天杰回忆中的一些错处。这些文件为

简村陈氏大祠堂

① 陈作海：《缫丝风云录：记中国近代民族工业先驱陈启沅》自序，华南理工大学出版社，2016年，第1页。

② 陈天杰等：《广州第一间蒸汽缫丝厂继昌隆机器创办人陈启沅》，载《广州文史资料》1963年第8辑，第58～71页，本书中述及陈启沅的事迹，不著引出处的，皆出自此文。

③ 有的论著误解了陈天资的身份，说他参与继昌隆的创建，见王翔：《中国近代手工业的经济学考察》，中国经济出版社，2002年，第58页。

绮亭陈公祠正门

陈氏族人私藏，未见公布，香港中文大学贺喜博士在她的文章中最先引用了部分内容，在文章后全文引《本身（陈孺直）大事记》。贺喜认为，《陈氏近代族谱简略》不是常见的族谱编撰形式，记载比较简略，没有大量述及先祖的事迹，对陈启沅的事情记载也简略[①]，但这批文献还是提供了一些难得的史料。笔者从陈孺直孙子陈树华先生处得到这批史料的影印件。陈安薇女士也向笔者谈及不少他们先辈的史料。陈安薇是陈廉仲的孙女，她保留了陈廉仲的一盘录音带，内容涉及不少先祖的事迹和逸事，并已经整理出来准备出书，所转述的陈氏家族事可信度很高。

笔者曾试图在晚清、民国早期文献中查找陈氏家族的史料，但很遗憾，没有很多的收获。只是搜集到记载关于陈启沅修书院和水利的三篇文章，以及在《顺德县志》中找到点滴。希望在日后的研究中会有更多发现。

---

① 贺喜：《近代商人与商人家庭——以陈孺直的生活史为中心》，温春来主编：《“中华文化视野下的西樵文化”国际学术研讨会论文集》，广西师范大学出版社，2012年，第349～370页。

在简村流行的关于陈启沅和陈氏家族的零碎传说，也有一定的史料价值，因为当地人的口头传说，是自19世纪同治年以来简村人对陈启沅与继昌隆的集体记忆。传说如能同文献相对照则价值更高。如文献无相应的记载，口头传说要经过辨析才能确定是否能使用。在这方面，笔者在简村搜集到零星传说，在使用时做了细致的鉴别。时年七十六岁（2018年）的简村人林润明先生数十年来一直致力于搜集陈启沅及其家族的事迹，对这些传说颇为熟悉。

本书是一本人物传记，叙述了陈启沅创办机器缫丝厂的具体经历和引起的社会变迁，重视第一手材料，特别是从传主所撰的书籍入手探讨其精神世界和知识结构，是以往的研究所忽略的。笔者对陈启沅和继昌隆的一些重要史实也做了考证。如认为继昌隆被迫迁到澳门的工厂并没有拆，而是延续到1928年，并且在迁去的第三年已经应用了复缫法，生产六角丝远销美国；陈启沅被准许回到简村办厂时如何做善事、著述、参与地方事务。这些观点以前的研究中没有提过。同时着重挖掘人物史料，将陈启沅定位为“近代工业家”“慈善事业家”“算学家”“风水学家”“蚕桑改良专家”“水利专家”“杰出的华侨实业家”，最后总结他是“晚清中国近代化的推手之一”。将陈启沅、陈氏家族放在时代的大背景下，考察陈氏家族财富增长与社会消费变迁之间的关系、陈氏家族的资金走向和慈善事业的走向，从而从这一角度揭示第一代民营资本和近代中国社会经济的某些规律。并且全面评价陈启沅的历史地位，对挖掘佛山历史文化在广东珠江三角洲的地位，挖掘陈启沅的实业精神、慈善事业、家国情结所显示出来的博大胸怀，也有非常重要的现实价值。

因此，本书并不局限于对陈启沅与继昌隆这一已经被研究得比较充分的课题，而是将陈启沅与继昌隆放在晚清佛山地区社会经济史和思想文化史、科学技术史的大背景下，作陈启沅的个人传记。在叙述陈启沅时，也不局限于个人的事迹，而是做同时代、前后时代的纵横对比研究，从而确定陈启沅的历史地位。并将研究扩展到他的家族，以便看出第一代广东民营企业资本的走向、慈善事业的传承、家族生活史的轨迹。本书对以往的史料尽量做了充分和精确的分析。人物传记的撰写如能深入研究传主的著作，较之阅读第二手的资料，更能洞悉人物的思想世界。因此，本书对陈启沅的《蚕桑谱》《理气溯源》《陈启沅算学》做了专章研究，在此基础上分析这个近代佛山地区制造的先驱者的知识结构，挖掘他的实业思想、慈善思想的文化根源。而且，通过挖掘这个人物和相关事件对晚清以来佛山经济、文化思想的影响，找出佛山地区近代历史文化的时代精神标杆。

绮亭陈公祠大门

第一章

陈启沅的家乡、家世及后代

一、陈启沅的家乡

陈启沅的家乡南海简村在风景秀丽的西樵山下。

西樵山是岭南名山。西樵与惠州的罗浮山相对，罗浮为东樵，西樵在其西，得名缘于此。西樵山的山下是广阔的桑园围平原。这两者结合来解释，就能感受到沧海桑田的巨大变化。西樵山西北面正好对着西北江。汹涌的江水在三水合流之后，到了西樵山下又分流，顺着西樵山侧面而下，又再分开。而西樵山的背面本来是大海，大海中有西樵山的余脉，原来是大海中的孤岛。当海岸线退却时，大海逐渐冲积为桑园围平原，这些原来大海中的孤岛变成了平原中的山，原来广阔的水面变成平原。

陈启沅照片

西樵山在距今六千到八千年前已经有人类活动，被称为细石器文化。距今四五千年前，已经进入新石器时代的中晚期，西樵山的古人类懂得使用双肩石器，并制作双肩石器的半成品运到环珠江口的古人类聚居地，故西樵山在这一时期被称为大型石器制造场。大约在唐宋之间，海岸线退却，西樵山上聚居的人类逐渐增多。唐末诗人曹松将江南的茶叶佳种传到西樵山，这就是西樵山茶的起源。西樵山周边和山西南面，在唐宋时期海岸线大大退却，从西樵山下直到今南海九江和今顺德龙江镇（包括历史上的龙山、龙江、甘竹），形成了一大片平原，但平原内相隔很宽的“小海”，堤围建设处于早期阶段，聚落之间相隔很宽的水面或四处漫衍的河道。人们在西樵山下的西江、北江，利用山岭筑成简单的土壆以阻挡河水，在低地上种植作物，宋元时期已经有种桑养蚕的习惯，故称为桑园围。这片平原上的人民一直想将西樵山下的这片平原用堤坝完全连为一个大围，以对付潦水。宋代屡次合围都不成功。因为西樵山的西北面，是三水平原，潦水一到，整个桑园围都成一片汪洋。到了元代至正年间（1341—1370），三水平原上建成了大路峡围，能阻挡西来的潦水。元代至正年或至正年之后，桑园围的人们在西樵山下西面建筑了吉赞横基，挡住西北来的潦水，桑园围才成为一个整体的堤围。①

大致在南宋时期，在西樵山下出现了一个名为简村的小村庄，因为最早居住的人们姓简，村因此得名。简村建在西樵山脚下，当元代至正年（或其后）桑园围合围和明代洪武二十九年（1396年）南海九江筑倒流港之后，简村的人口逐渐增多，从宋到明代迁来的有七个姓氏。在土地开发的过程中，简氏与迁移来的各姓不免发生矛盾，简姓被迫迁移到今佛山郊外（不是今禅城区简村）的某个村庄。没有了简氏的村庄仍沿用其姓氏名为简村。

明清时期的简村堡是桑园围内其中的一个堡，堡下有村庄十二个，包括吉水、简村、耕涌、莫家寨、伦家寨、凰冈、绿洲、高洲、西湖、何楼等②，简村只是其中一个村庄。不过据简村父老记忆，简村堡原来与官山在行政上是合在一起的，原来叫简官堡，新中国成立之后还一度叫简官乡。官山与简村很近，前者自明清以来是著名的商业和蚕桑业的贸易中心之一，是西樵山西北一带乡村的贸易和交通中心，官山涌的水上交通很发达，简村的人们要在官山涌坐官山的轮渡到广州、佛山和其他地方。这为简村的农产品贸易提供了优越的条件。有条小河穿过简村，居民诸姓氏陈、李、冼、莫、林、张、郭等就在河边居住。传说中各宗族之间有争斗。陈氏曾经在明代开一条涌时占了优势。与郭姓的纠纷源于陈氏要在郭氏聚居的地方开涌，自然受到郭氏的反对。但是官府居然批准了陈氏的请求。《郭氏族谱》记载：

---

① 《珠江三角洲农业志》将桑园围合围时间定为宋代，依据的是清代文献，并不可靠。因为清代文献所言筑桑园围的宋代官员根本不存在。应该从历史地貌学和文献去研究。见吴建新《明初黎贞撰〈陈博民谷食祠记〉与桑园围的水利环境》，载《古今农业》2018年第3期。

② 光绪《桑园围志》卷二图说，《广州大典》第34辑史部地理类16册，第53页。

涌既开，风水遂坏，族内人始有耕涌之迁。[1]开涌使陈氏不仅占有交通和灌溉上的便利，而且其基塘占尽地利，因为与涌渠相连的“头筒塘”价值最高。[2]简村陈氏宗族之势力，从如今村头的陈氏大宗祠之恢宏可以看出。

简村堡也是桑园围建设中重要的村堡之一，且位居桑园围上游，对保卫这条大围有重要的责任。著名的吉水窦就在附近。西樵山上有丰富的水源，古文献记载西樵山上飞瀑很多，“冰轰雪吼，倒射青冥，势益暴”。[3]这些水大都经过吉水河宣泄到江上。这些水和从西江流过的水滋润这个后来声名大振的小村，河边堤岸上往往种植着木棉、水杉等树木，“非特资荫，并借护堤也”。[4]

简村有土地神以及一座北帝庙。北帝传说是北方的司水之神，在广东沿海地区有浓厚的信仰基础，人们相信其能控制水源多寡，使水流向南方，促进农业、渔业发展和贸易畅顺。除了水利活动之外，人们出洋或往广州贸易，也要拜北帝神。每年的农历三月初三为简村北帝诞辰，每年简村村民均会举办一系列民俗活动来纪念北帝公，贺北帝诞活动至今已有数百年历史。

简村是人杰地灵的地方。近代简村有历史贡献的名人除了陈启沅之外，还有冼秉熹〔1892年生，祖籍简村，民国十年（1921年）为英国牛顿大学教授，英国法院特约大律师〕[5]，著名广东文献专家、国立中山大学教授冼玉清（1895—1865）。陈启沅的儿子陈蒲轩、陈竹君、陈孺直以及陈启沅的孙子陈廉仲，都是清末民初很有成就的广州商帮商人。这一以缫丝起家的家族，在清末民初的商业和政治上都有非常大的影响。

---

① 转引自袁爽：《明清珠江三角洲基围水利管理机制研究——以西樵桑园围为例》，广西师范大学出版社，2015年，第117页。

② 〔清〕卢燮宸：《粤中蚕桑刍言》，光绪十九年番禺黄从善堂刊本。

③ 〔清〕屈大均：《广东新语》卷三《山语》，中华书局，1985年，第98页。

④ 光绪《九江儒林乡志》卷四《道路》，清光绪刊本。

⑤ 据简村村史馆资料，2018年。

二、陈氏始迁祖、绮亭陈公祠与百豫坊

陈氏后人称，大约在南宋，安徽有一支陈氏始迁至简村，就是他们的祖先。陈启沅第九个儿子陈孺直的《陈氏近代族谱简略》，说了几个关于陈氏先祖的传说，不妨转述于下：

> 我陈氏之始祖是光先公，到我本身（陈孺直）已经十八传。他由南雄珠玑巷迁来。传说因南宋度宗有一名宠妃苏娘娘失了宠之后，私逃至南雄府牛田村，内有珠玑巷。被宋帝侦悉，责令兵部尚书张英贤严办此案，将珠玑巷九十八户夷为平地。于是村民相率南奔，逃至广州府。我先祖亦逃氓中之三人。后该妃投井而死，先传变为厉鬼。村民立一碑于井以镇之，此碑至今尚存。[①]

关于珠玑巷的传说，学术界已经讨论很多，也已经有结论，不必展开。陈氏族谱将自己始迁祖只是追溯到明代初期。[②]只是陈氏到陈孺直那一辈，简村已经有二千余人。陈氏约占三分之一。始祖光先公有三个儿子，第二子元善公，就是陈启沅那一房的先祖，发展到陈启沅那一代有二百余丁。如担任民国财政总长的陈锦涛，属于光先公的第四个儿子的后代。陈孺直的《陈氏近代族谱简略》不是常见的族谱体例，对前代世系记录很简略，系谱中没有记载光先公以及三房的系谱，而是从第十传南塘公开始记录，从第十传到第十六传都是单线系谱，其中十五传中“本身曾祖氓山公”、承继祖绮亭公，十六世祖缉斋公，自十七传也就是陈启沅的记录才详细起来，不仅记载

---

① 〔民国〕陈孺直：《陈氏近代族谱简略》，手抄本复印件。

② 袁爽：《明清珠江三角洲基围水利管理机制研究——以西樵桑园围为例》，广西师范大学出版社，2015年，第116页。

陈启沅家世表

陈启沅夫妇，也记载陈启沅二子和三子及其已逝去的儿子。可见这个谱系主要是陈孺直按照自己的家庭为核心的三代人的记录。[①]

贺喜认为简村没有陈氏的祠堂和族谱。[②]笔者在简村访谈时，林润明先生告诉笔者，简村陈氏原来有族谱，只是失传了。袁爽引用了抄自简村各族谱的简村开村史。到陈启沅的承继祖父那一支没有族谱，因为绮亭公十七岁就死了，陈启沅没有做自己这一支派的族谱而已。陈氏是简村大姓，规模很大的陈氏大宗祠就坐落在简村村头。陈启沅还是很注意宗族建设的，广州陈家祠有简村陈家的捐款。陈安薇回忆，她小时候，长辈带她到陈家祠，指着陈氏列祖的牌位，告诉她"颍川陈氏"的位置，说这一支陈氏中有自己家族在内。

在陈启沅办缫丝厂发了财之后，要建百豫坊时，有修祠的念头。据说陈启沅生父在他们修祠时说，承继祖绮亭公才是你们的祖先，是他"带携你

---

① 〔民国〕陈孺直《陈氏近代族谱简略》，手抄本复印件。

② 贺喜：《近代商人与商人家庭——以陈孺直的生活史为中心》，温春来主编：《"中华文化视野下的西樵文化"国际学术研讨会论文集》，广西师范大学出版社，2012年，第349～370页。

发财的”。[1]所以才修了“陈启沅纪念馆”的前身“绮亭陈公祠”。奇怪的是，直到今天，简村人仍将“绮亭陈公祠”称为“生祠”。我对接待访察的林先生说，“生祠”是古代人为有功德的还在世的人修的保佑他长生的祠，始于汉代，纪念死人的就不是生祠。林先生确凿地说，全简村的人从以前直到今天仍叫这座祠为“生祠”，是从陈启沅那时就这样称呼了，陈氏后人回忆录与此合。[2]他给我讲解百豫坊与“绮亭陈公祠”风水密码。他说，“绮亭陈公祠”是与百豫坊诸陈氏子孙住宅连在一起的建筑整体。“绮亭陈公祠”向北，背面是四条巷子、十七间住宅的百豫坊，百豫坊住宅向南。

陈公祠是清代一座二进四合式的硬山顶建筑，有工艺精美的木雕、砖雕、灰塑，占地面积一千五百平方米，建筑面积六百平方米，是广府祠堂的典型建筑。但它又与一般的广府祠堂有别。有别之处在于祠堂大门的设计上。大门两扇，每扇宽约八十厘米，两扇门比正门的长方形门框宽大约六十厘米，所以两扇大门关起来，总是与门框关不紧，两扇大门与门框正好呈三角形。下门框下那一最低的横门下没有地脚木。所以，当大门紧闭时，挡住大风，但大门门梁上面和门框脚与大门形成钝角三角形，上下可以有少许风入。百豫坊住宅全部向南，与斜对面的陈氏大宗祠向西南不同。林先生解释说，这是百豫坊的风水密码，意思是风从北门来，呈凶状，而缓缓的少许风则善，那就是财运，大门紧闭则挡住凶厉的风，而门框上下缓和的风带来财运，可以尽入百豫坊，靠祠锁住，并保护百豫坊住宅免受凶厉风袭击，有避凶就吉的意思。陈启沅著《理气溯源》中有很多关于水乡住宅的风水学论述。林先生的解释或许有道理。

而且，从陈启沅的风水思想以及他对宗族的态度，或者也能证实林先生的说法。

据陈启沅第九子陈孺直回忆，陈氏有一个关于先祖与北帝之间关系的传

---

① 据林润明叙述，2018年4月。

② 陈天杰：《我所知道陈廉伯的几件事》，载《广州文史资料》1963年第10期，第183页。

说。他说：

> 陈氏始祖山坟，起初葬在本姓一个小岗上。云有一白须老人对陈氏父老说，欲得此地建一北帝庙，指出两坟地为交换，一远一近，任汝们选用。近者在西樵山顶大科峰，远者在鹤山大雁山，均是发丁财之地。在大科峰上有一树林，林内插有桃木剑一柄，在林内寻出，便是坟地。各人取其近者，即派人上山斩荆披棘，寻此桃木剑，果然获得。即将祖坟迁葬于此。至于在大雁山之墓地，亦派人前往察看，果然有简村陈氏之墓碑存在，遂作为衣冠冢。每年派二三壮丁前往省谒，于是乡人大兴土木，建筑此庙。当往丁（订）工料时，该号谓已有一白须老人早来定了。庙落成之日，定戏庆祝，该戏班又谓已有一白须老人早来定了。及该庙行进伙礼时，邻乡人群来观剧助兴，热闹异常。此庙香火冠于一方。每年三月初三，北帝诞时必演剧庆祝。余（陈孺直）幼时亦曾参与此会。某年火烧戏班棚，竟无伤人，只焚去顶篷，仍能继续演完此戏。此桃木剑仍留在庙中，以为纪念。①

另据林先生说，简村开村的简氏，是受灾之后，田地贱卖给陈氏等大族之后才离开迁徙的。如果这一传说是真，与陈孺直说的陈氏祖坟和北帝庙的故事相对照，则陈氏有占别族祖坟，恃势大人众强买别族田地的嫌疑。而且，在陈氏与郭氏争夺开涌这一事件中也可能有不太光彩的表现。这是珠江三角洲宗族纷争中常见的事情。

陈启沅的风水说对别族占夺吉壤、占夺风水等行为颇为不齿。他在《理气溯源》中表达这样的观点，认为这属于“恶行”。他认为风水吉壤是否能有保护后代的作用，要看祖先是否有行善，如行恶则不能，否则无天理、

---

① 陈天杰：《我所知道陈廉伯的几件事》，载《广州文史资料》1963年第10期，第183页。

无地理。如先祖行恶，后代必须行善以补不足。[①]他可能认为绮亭陈公虽然早夭，但没有作恶。他做慈善则补之，作善的第一行为是他这一支陈氏兄弟承继绮亭公的香火，“绮亭陈公祠”之建如绮亭公生在世，必能保佑他们。故有祠之建。陈启沅兄弟承继了“绮亭陈公”这一支派，村头的陈氏大宗祠就会发给他们“胙肉”，放置“绮亭陈公”的牌位。或者这就是“绮亭陈公祠”被称为“生祠”的由来。陈氏大宗祠西南向，百豫坊坐南，全接“绮亭陈公祠”引来之财气而不外泄，并且挡住北来的“厉气”。“绮亭陈公祠”、百豫坊与陈氏大宗祠坐向不同，似乎显示陈启沅认为他这一支派与陈氏其他支派有别。这或是“绮亭陈公祠”与百豫坊的风水秘密。

三、陈启沅的生卒年

陈启沅，有一些论著误为陈启源[②]。陈启沅真正的名字是如瑯，启沅只是其号，芷馨是字，[③]陈启沅还号“南海畸人”“息心老人”。畸人可以理解为能力“超群的人”，如《庄子·大宗师》：“敢问畸人。”又因其视力甚佳又排行第七，村人称之为“鬼眼七”。

陈启沅的生卒年，一般认为是1834—1903年。黄景坤做过考证，认为就是这两个年份。[④]陈启沅第九子说：“先父讳如瑯，号启沅，字芷馨，生于道光十六年（1836年）丙申，终于光绪三十年（1904年）甲辰，享寿六十有九。”[⑤]

① 〔清〕陈启沅：《理气溯源》卷四《罗经管见·种原的论》，《广州大典》总46辑子部术数类第3册，第484～485页。

② 如影响较大的缫丝史专著，徐新吾：《中国近代缫丝工业史》，上海人民出版社，1990年，第112～116页

③ 〔民国〕陈蓁直：《家中先人事略》，手抄本复印件。

④ 黄景坤：《陈启沅传》，载《南海文史资料》第10辑，1987年，第3～18页。其他不列。

⑤ 〔民国〕陈蓁直：《家中先人事略》，手抄本复印件。

陈启沅纪念馆内景

陈启沅的卒年，陈作海根据陈启沅的孙媳妇、陈蒲轩的三子陈少轩妻子手书，是陈蒲轩一族人的生命和终命的记录，一直记到1949年止。资料开头是陈蒲轩亲笔，陈作海见到这份夹杂陈蒲轩笔迹的材料。这份材料记载“先父讳如琅字启沅号芷馨，先嫡母麦氏，在堂生母岁氏”，都是陈蒲轩的笔迹。下接文字“芷馨太老爷，生命丙申年三月初七日子时，终命甲辰年七月初三日子时”。以上是陈启沅的孙媳妇手书文字。[①]陈启沅孙子陈作海对陈启沅的生卒年提出疑问。根据是陈启沅为其子写的一幅画题字，云：

> 五男锦篔性爱山水，遂即笔砚以成图画。然非十余天之功，不能脱稿。呜呼，人生学艺，竟□不急之□□耶？□□□元有云：水上□□□都不要，谁来共我画中山，可知今日非其时矣。因伊乞题，聊书数字，俾使知之可耳。光绪庚子仲秋，岭南畸人陈启沅题

① 陈作海：《缫丝风云录：记中国近代民族工业先驱陈启沅》，华南理工大学出版社，2016年，第133页。

于西樵惜阴草堂之九思一贯斋，时年六十有五。[①]

光绪庚子即光绪二十六年，公历1900年，这一年陈启沅自称六十五岁。这是生者将自己年岁加多一年的算法习惯而已。陈启沅的卒年，陈蒜直的《本身大事记》记载亦为光绪三十年（甲辰年），即公历1904年。陈作海还根据陈启沅著《理气溯源》前面的例言和最后的跋，考证陈启沅自称“知非之年”，推算陈启沅在1886年已经是五十一岁，往上溯陈启沅生年是1836年。[②]但陈蒜直记录是陈启沅生卒年为1836—1904年，寿年当为六十八岁。陈蒜直在陈启沅逝世六十周年作诗，云：先考六十九，生母三十六，我十三。[③]亦是将生年加多一岁。故陈启沅实际生年为68岁。

四、陈启沅的后代与家国情怀

陈蒜直的《陈氏近代族谱简略》不是一般的族谱体例，所述先人的记载十分简略。直到陈启沅那一代才简述祖考缉斋公。缉斋公、陈启枢、陈启沅的妻子都是姓麦的。陈启沅的原配麦氏，生二子二女。次子达芳，早死，蒲轩儿陈廉伯过继给寡嫂梁氏。三子锦芳，即蒲轩；陈启沅妾谭氏，生一子，锦篔，字竹君。陈启沅妾严氏生二子，第六子锦簪，字冠群。陈启沅妾罗氏生一子陈蒜直，一女早死。[④]陈启沅兄弟三人，陈启标、陈启枢分别是大兄、二兄。大兄在陈启沅开继昌隆不久已经死去。陈启沅那十个儿女，履历

---

① 陈作海：《缫丝风云录：记中国近代民族工业先驱陈启沅》，华南理工大学出版社，2016年，第132页。

② 陈作海：《缫丝风云录：记中国近代民族工业先驱陈启沅》，华南理工大学出版社，2016年，第134～135页。

③ 〔民国〕陈蒜直：《惜阴草堂诗集》，香港文化印刷所，1966年。

④ 〔民国〕陈蒜直：《陈氏近代族谱简略》，手抄本复印件。

比较清楚的有陈蒲轩、陈竹君、陈蕊直等人。

陈启沅有强烈的家国情怀，他出国一方面是家计所迫，另外是目睹国家内忧外患，民生凋敝，很想有一番作为，但决战疆场，投笔从戎非自己所长也不是自己所愿，才决定出国远游从商，学习商业和实业的本领，“以还哺祖国”。[①]从陈蕊直写的先人事略，以及宣统《南海县志》的《陈启沅传》中，都能感受到陈启沅强烈的家国情怀。这种家国情怀有现代价值。陈启沅不仅是自己具有这种情怀，还向自己的儿子们灌输这种思想，希望他们学到本领以普惠大众。

要实现“还哺祖国”的愿望，最重要的是有经商和实业的本领。由于商业和蚕桑丝绸业有很强的互补性，佛山地区民间很自然有重商的思想。嘉庆年间的一段记载很典型：“论曰：农以致粟，商以致财，民可一日无财，不可一日无粟。吾乡谬饶富闻，大抵薄农重贾。”[②]由于商业的重要性，所以佛山地区一般的人家从小就向子弟灌输商业致富的思想，并让他们参与经营，在实践中增长见识。但陈启沅是将经商和兴办实业作为报效国家的行为，除了使儿子们学习经商的本领，更向他们传授家国观念，从事商业活动，获得的利润要投放于慈善事业，使他们有要做善事积德的基本认识。他的儿子陈蒲轩等人跟他一起经商，都是接受这种教育的，所做的经商和慈善事业都是为了“还哺祖国”这一崇高理想。

在几个儿子中，以陈蒲轩商业技能最佳，他是陈启沅的左右手。在创办继昌隆的时候，陈蕊直称他“稍长，先父创缫丝厂及理蚕桑业，兄臂助独多，并能悉心擘画，勷助改良，父稍得舒肩任”[③]。陈蒲轩参与了《陈启沅算学》《蚕桑谱》《理气溯源》的校对，所以陈蒲轩基本继承乃父的衣钵，具有和父亲差不多的知识结构，商业经营中能得心应手。工厂的管理和昌栈

① 宣统《南海县志》卷二十一《方技传》，中国方志丛书本，第1728页。

② 嘉庆《龙山乡志》卷四《物产》，清紫金阁版。

③ 〔民国〕陈蕊直：《家中先人事略·先兄蒲轩公事略》，手抄本复印件。

丝庄的经营都由陈蒲轩负责，并且在陈启沅晚年时，应两广总督请求去广西开矿、到西北考察金矿，陈启沅逝世之后接替父亲行使惠济仓、广丰仓的职务等。不过，陈蒲轩在入民国之后，对民国乱局心灰意冷，将生意都交儿子陈廉伯打理，晚年“放弃商业，遨游苏杭二州间，再深究蚕桑之学，归而著《蚕业指南》一书，比先父所著《蚕桑谱》更发展详明。自后息影家园，享晚年之乐”。①但他一直对父亲宣传蚕桑改良和机器缫丝业的慈善之心深深体会，19世纪30年代还出版了自己的著作《蚕业指南》，希望使更多的人能掌握蚕桑改良知识和机器缫丝技术。陈蒲轩是一个杰出的丝业商人和蚕桑改良、新式缫丝业的技术专家。

陈竹君，陈启沅第五子，早年随父亲到越南经商，业余好研究医学，并参与地方公益活动，被推为红十字会成员，并且是一个爱国华侨。在陈启沅的支持下，他创办了奇和堂，成为清末民初著名的成药商人。奇和堂最先在越南创办，在越南改革怀孕妇女生产的方法，救了不少人。陈启沅还在世时，他又在广州创办了奇和堂，他创制的豆蔻油、止痛散都是清末民初著名的成药。清末，天花流行，陈竹君成功生产出大量合成牛痘苗，开创了广东生产牛痘苗的历史。光绪后期广东当局提倡机器缫丝业，陈竹君以奇和堂药局的名义，刻印一千本《蚕桑谱》广为散发。②

陈竹君还在崇正善堂的运营中起了很大作用。奇和堂药局在今十八甫路一百零二号，旧楼仍在，是广州市历史文化建筑。陈安薇说二楼有黎元洪亲笔书写的“奇和堂药局”牌匾，以及孙中山书写的“乐善好施”的赠字，四字下有“奇和堂药局主人雅鉴”，落款为“中华民国总统孙文题”。在“文革”中这些字用水泥涂抹了才得以幸存。③而门口左边门柱有“即已”二字的石刻。奇和堂药局产生的部分利润投入崇正善堂，陈竹君可以说是清末民

① 〔民国〕陈孺直：《家中先人事略·先兄蒲轩公事略》，手抄本复印件。

② 光绪三十三年奇和堂药局版《蚕桑谱》末页，以及扉页中有广东劝业道陈望曾的函件。

③ 陈安薇提供，2018年5月。

陈启沅第六子陈竹君在十八甫奇和堂药局遗址门左边的门柱刻字，即药到病除的意思

初的大慈善家。

陈竹君在清末还成为有立宪倾向的粤商自治会的骨干，积极参与该组织发起的爱国运动；邱捷评论粤商自治会在晚清商人组织中是比较激进的[①]。陈竹君还参与取消苛捐杂税的运动，如陈竹君作为成药行（番禺县志作蜡丸行，与参茸行、药材行并列）行商，在1906年与参茸行、药材行牵头三十余行出名担保，要求广东当局取消在珠江、佛山的珠江河面征收的挂销号饷，因为这项税收妨碍商务，且给官员刁难勒索的机会。这项税收最终得以废除。[②]

陈竹君在越南的奇和堂还是越南华侨对革命党人捐款的集合点，革命党人定期到越南奇和堂拿钱。陈竹君的孙子陈作滨在回到简村时说，孙中山在广州时不时召见陈竹君问他要药和捐款。看来陈竹君对辛亥革命做过贡献，和革命党人有交集。如此看来孙中山赠字和黎元洪的题匾都是有来由的。只是因为至今为止奇和堂旧址的产权尚未明确，上述赠字、题匾还未开封。[③]

陈启沅的孙辈中，陈廉伯被陈蒲轩及其家族寄予极大的期望。1916年陈廉伯赴美“报聘”，其叔叔陈孺直赠诗有“不知一飞冲天人皆惊。吸尽西方新陆风，谒遍彼邦私与公。归来富国与实业，黎庶无有嗟穷途。奚只荣家与

① 邱捷：《晚清民国初年广东的士绅与商人》，广西师范大学出版社，2012年，第176页、第199页。

② 邱捷：《晚清民国初年广东的士绅与商人》，广西师范大学出版社，2012年，第157页。

③ 据笔者对陈安薇和林润明的采访整理，2018年4—5月。

显祖，德泽高深山海同。”[①]显示陈氏族人对他的期望。陈廉伯在商业和慈善事业方面很有作为和成就，入民国，他除了担任慈善事业团体的职务，还一度名列同盟会籍，任交际处职员[②]。但为了商人的利益不惜与国民政府作对，甚至晚年错误地提议将香港献给日本而受香港总督通缉。陈廉伯没有学到乃祖为国家的博大胸怀。

陈廉仲也是清末民国著名的广州商人，是有作为的慈善家。民国十年（1921），政府委任其为广东造币厂厂长，后因商务繁忙，未暇兼顾，辞去此职。民国十二年（1923），其兄廉伯被推举为广州总商团团长，他便活跃于广东商界，更关心海外贸易的发展。他在丝业、银行、矿业、保险等方面均有丰富的管理经验，曾任公益保险公司经理，地利矿务公司及太华保险董事，并设立多家银号，借以调剂市面金融，同时，他也热心慈善，曾历任广东粮食救济会财政主任，广东慈善救济会财政主任及粤省商团理财长等职，每遇地方公益，家乡困难，市政金融问题等，他都鼎力相助，并捐垫巨额资金。1913年，政府以其热心公益，有功实业，奖给他四等嘉禾勋章。[③]

陈廉仲自商团事变之后，对政治心灰意冷，嘱咐儿孙不可从事政治和不可经商，认为商场和官场皆险恶，儿孙要在科学方面有作为。陈廉仲儿子陈少恂中学毕业于培英中学，高中毕业后选择学医，毕业于中正医学院（现在的江西第四军医大学），19世纪80年代曾被公派到德国留学，英语和德语熟练，当时在广医三院连病例和药方都是用德语写的。其间，还曾做过经鼻腔进入颅内的手术，这样的手术，即使在今天都算先进。陈少恂后在广州市红十字会医院担任院长，一直到八十一岁才退休。

陈廉仲之孙女陈安薇，是广州著名的血液病学专家，擅长对血液疾病，

---

① 〔民国〕陈孺直：《送廉伯侄赴美国报聘》，《惜阴草堂诗集》，香港文化印刷所，1966年。

② 见邱捷：《晚清民国初年广东的士绅与商人》，广西师范大学出版社，2012年，282页。

③ 陈安薇提供，2018年5月。

如红细胞、白细胞、血小板病变及高黏血症、高脂血症等的诊治，能开展造血干细胞移植工作，在化疗及预防其并发症方面有丰富经验。任广东省血液学会委员，广州市血液学会常委，广州抗癌协会血液肿瘤专业委员会副主任委员。退休后为广州市政府参事室参事，为广州市的发展出谋划策，还继续每星期在医院开一次门诊（2018年），常怀治病救人的慈善之心。陈孺直长孙女陈慕华在民国间就读香港大学医科，获得医生执照后，首为父亲看病。①陈慕华后来去加拿大行医，退休后受聘于香港某医院。②

在蚕学方面，除了陈蒲轩，陈启沅亦有继承人。陈作溥（1923年1月—2008年11月）是陈孺直的儿子，1948年毕业于广州岭南大学农学院，新中国成立后为华南农业大学蚕桑专家，在亚太地区蚕桑培训中心接待外宾、教学、做实验和蚕区考察等，获得了联合国官员和外国学员的一致好评。

在工程方面有陈作海。陈作海也是陈孺直儿子，早年毕业于岭南学堂，他在新中国成立后选择参军，参加过抗美援朝战争，从事专业技术工作四十余年，曾任高级工程师，副总工程师。

在军事方面，陈启沅的后人还有陈廉仲的儿子陈少慷，广州培英中学毕业。1945年抗战胜利前夕与同学毅然投笔从戎，加入缅中航线十四航空队，以后下落不明。陈少慷在抗战胜利之前奔赴战场，写下豪言壮语："国家正在百年来第一次翻身的胜利来临的时候，走在一切的前面的晨光儿女，怎能不把握着岗位，奋斗着呢？"③数句言语之间，饱含对国家、民族复兴而做贡献的伟大抱负。陈安薇称他为"六叔"，曾在腾冲寻找陈少慷足迹，未遂，归来写下《多少将士未归来》一文，表达对前辈的怀念。④陈启沅早年

---

① 〔民国〕陈孺直：《惜阴草堂诗集》，香港文化印刷所，1966年。

② 据陈树华叙述，2018年5月。

③ 陈少慷：《过去—现在—将来》曦社纪念刊《小引》，见陈安薇：《多少将士未归来》。

④ 陈安薇提供，2018年5月。

有心为国从戎，但认为执戈上阵非己所长，故从商。抗战时终于有陈少慷达成先辈的志向了。

陈启沅的后代今尚有百人，他们中不少人都是有作为的。1964年陈孺直长子曾在农林局任职，退休后复执教鞭；同年陈孺直长孙陈建华在加拿大获得硕士复攻读博士学位①。对先祖的怀缅之情，在陈启沅的后代一直传承着。陈孺直在1916年回过简村，有诗歌记之。1934年陈启沅三十周年忌辰、1942年陈启沅忌辰、1963年陈启沅忌辰、1964年陈启沅逝世六十周年，陈孺直在家中设席二桌与家人纪念先祖，均有诗歌叙述这些事和表达自己怀念先父的心情。②

1966年，陈孺直的发妻逝世，他将发妻遗像和父母遗像并列，奉祀于居所，在寒食节时祭祀并作诗歌纪念。③其子陈作海，虽身在海外，八十多高龄（2018年），还撰写纪念祖父的著作。陈作溥之子陈树华，陈廉仲孙女陈安薇在广州，积极整理和搜集祖先的史料。陈慕华虽到高龄，现在亦正写一本先祖的传记，准备出版④。陈安薇还到澳洲给祖父母扫墓。

陈启沅今尚有孙子上百人，多居留海外，不少后代与洋人结婚，他们的子女已经不是华人面孔。但他们之中仍有人回简村寻根，到陈启沅纪念馆怀念先祖。⑤

---

① 〔民国〕陈孺直：《惜阴草堂诗集》，香港文化印刷所，1966年。

② 〔民国〕陈孺直：《惜阴草堂诗集》，香港文化印刷所，1966年。

③ 〔民国〕陈孺直：《惜阴草堂诗集》自序，香港文化印刷所，1966年。

④ 据陈树华叙述，2018年5月。

⑤ 据陈安薇叙述整理，2018年5月。

第二章

亦儒亦农的贫寒家庭与出国谋生

一、亦耕亦儒到弃儒经商

陈启沅的曾祖一支被过继到“绮亭陈公”那一派时，是很贫穷的。因为绮亭公十七岁死去，媳妇程氏，生前没有分到财产，或者因为早死而没有积累。到陈启沅的父亲这一辈，还很努力地耕田。陈启沅在《蚕桑谱》自序中说：“先父奉政公号缉斋，晚年归隐，有堂曰乐耕。沅仅舞勺时，禀请其义，曰：‘耕以为民之本。’”勉励兄弟二人尽力农耕。简村处桑园围上游，是最早发展桑基鱼塘的地方，估计缉斋公是耕桑和耕塘的能手，陈启沅也就是在少年时跟父兄学习了耕桑和耕塘的本领。陈启沅原有兄弟七人，四人早丧，长成三人。行二的启枢、行三的启标，陈启沅排行最小。启枢、启标对年少和年轻的陈启沅耕桑和耕塘帮助很大。

在传统农业社会中，“耕”包括在农业生产各方面的技术传承，覆盖了农林牧副渔各业，种稻谓之耕田，而园圃称为“耕圃”，山林栽培称为“耕山”，海洋捕捞渔业称为“耕海”，淡水养殖业称为“耕塘”，在珠江三角洲的桑基鱼塘的农学操作，就称为耕桑和耕塘。“耕”的概念不仅包括技术行为和操作规范，而且含有对所“耕”对象的哲学认识。在传统农业社会中，随着科举的发达，耕与读就有了形式上的结合。家庭或家族成员通过科举仕宦能跻身社会上层，能在家乡的社会治理、经济活动中享有重要的话语权，带来实际的文化利益和经济利益。人们将农学操作中悟出的“耕道”，用于读圣人书，精研儒家经典，甚至用于对社会治理、家庭或家族治理的具体行为中。这样，家族、宗族的耕读行为完全被纳入国家正统的意识形态中。

因此，陈启沅跟着父亲“耕、读”，既耕塘、耕桑，亦做一个儒生应做的事，就是读经书进科举。但是，这种状态下，士子对八股应试的准备就肯定不足。加上陈启沅涉猎的东西太多，《南海县志》说他“笃学”，“凡诸子百家，星学舆地诸书靡不涉猎。尤邃于易理”[①]。涉猎面广，对经书八股文方面用的精力就减少了，中科举的机会很渺茫。

陈启沅自称：“既长，两赴童子试而父没矣。遂弃此（科举）而继父志，与两家兄以农桑为业。”[②]放弃科举转而从事其他行业，是清代大多数对科举感到绝望的士子的选择。虽然陈启沅勤于耕塘、耕桑，但由于人多地少，收入不足以维持生计，所以《南海县志》说他“少孤贫”。其实贫穷一直贯穿于他的少年时代和他结婚、生孩子以后。父殁，陈启沅还当过私塾先生。明代以来，乡村中的生员逐渐增加，加上捐纳的生员，人数就更多。没有机会登上政治舞台的知识分子，就以“耕砚”即教书为生。

在南海、顺德这些基塘区，商业、手工业和农业都很发达，人们虽贫苦，但都要送子弟到私塾读书，为的是让子弟将来能参加科举，做官之后让家族获得荣耀。其次，即使读书之后，考不上科举，也可以让孩子做塾师谋生。而且，在南海、顺德这些发达地区，无论什么人都要士农工商各执一业，所以考不上科举，做塾师的人也不觉得羞耻。私塾遍地，表明教育很发达。塾师不仅要教四书五经、三字经、成语考等，也要教算学。陈启沅对诸子百家都很通晓，算学也在行，足以胜任教书的资格。

科举制度的发达，造就了一个庞大的知识分子队伍。于是不能做官的知识分子，就以教书为业。在顺德、南海这样平民的启蒙教育非常发达的地方，一般人家的孩子六七岁开学就传习经书，贫户子弟亦入塾数年，学识文字。顺德、南海蚕业和淡水养殖结合的基塘农业与一般的田间劳作不同，这种集约型的专业化行业需要经营者粗通文墨和计算，这样就学的人数必然众多，对教师数量也有较大的需求。而且私塾因为收费低廉，很受穷人的青睐。民国的资料表明，19世纪30年代民国政府教育部门屡次下令取缔私塾，但在顺德等地屡禁不绝。本地从教人数过多时，还可以将“师资”输出到文

① 宣统《南海县志》卷21《陈启沅传》，中国方志丛书本，第1728～1732页。

② 〔清〕陈启沅：《蚕桑谱》自序，光绪十二年惜阴草堂本。

化不发达的地区。顺治南海《九江乡志》就曾记载，明末清初仅仅九江一乡到外地去教书谋生的人就有上千人之多。这是无田地者的无奈之举。只有名气大的人才能招到较多的学生，束脩才多，以维持生计。如学生少者束脩微薄，就需要教书之外，或业农或业贾，才可以足温饱。陈启沅在做塾师期间，只有十个八个学生，生活自然困难。他结婚之后，生了孩子，负担更重，就只能放弃耕塘耕桑和教书的生涯，转而经商。

明代兴起了“资生之术”，其内容包括士农工商。大儒们如陈献章、湛若水等对正当商人不歧视，反而称赞他们。以陈白沙为例，他有个弟子袁晖，是东莞茶园专门种植檀香的，白沙给他的诗歌说：“峡东湾湾一水长，商船无日不苏杭。千村万落无穷树，尽是袁郎柜里香。”[①]这是明代的事，到清代商品经济已经深入人心。清代珠江三角洲的商品性农业面更广，陈启沅的选择就更多。陈启沅擅长微雕和微刻，也能混饭吃。他的书法苍劲有力，尤长于微型书法，能在一个十五个轴的扇面上写下《康熙字典》收录的所有字，在两粒象牙米上，据说是用老猫的须毛（这是简村人的说法，陈安薇说是老鼠须）写两首唐诗，而且要用放大镜才能看得清楚，令人啧啧称奇。《南海县志》称他目力非凡，“深夜处暗室中能辨五色”，几乎是有特异功能。他的第九个儿子也记载，其父“黑房能诵书文，数十里外能辨旗帜，世人称为千里眼”[②]。他的工笔画与众不同，所画蝴蝶翩翩欲飞，而在显微镜下，蝴蝶的两须，竟然是两首绝句，宣统《南海县志》说两绝句“缀成其裙翅，皆韵语也”[③]。微刻也是其专长，他刻的章，直径很小，中间可以容纳百多字。

那个时代知道陈启沅这一本事的人，都说他是多才之士，将他比作古

---

① 〔明〕陈献章：《拟于精舍旁结小庵以处袁郎》，载《陈献章集》卷六，中华书局，1987年，第606页。

② 〔民国〕陈孺直：《家中先人事略》，手抄本复印件。

③ 宣统《南海县志》卷21《陈启沅传》，中国方志丛书本，第1728～1732页。

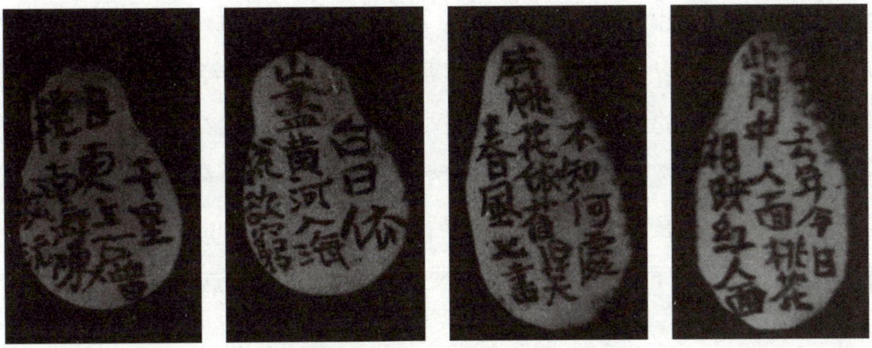

陈启沅的微刻作品

代擅长微刻的“离娄”。微刻来源于他的视力颇佳。如果陈启沅以书画、微刻微雕为业，养活一家人应该是没有问题的。但他认为他所擅长的微雕和微刻、书画都是些不足为外人道的雕虫小技，浑然不觉这是可以谋生的长技。面对鸦片战争的丧权辱国，四方多故，民生凋敝，他认为不能坐视不管。但他又认为自己是一介农夫，运筹帷幄，决胜疆场，不是自己所长，操兵器于兵伍之间也不是自己的志向。但生为中国人，他说：“惟天既生我于中国，睹此干戈扰攘，战争未息，岂可跼蹐乡间，转徙了此余生乎？于是决计远游，冀有所得以还哺祖国。”①陈启沅年轻时就萌生了这样的志向，绝不是偶然的。他阅读的书多于乡间的一般知识分子，忧国忧民之心亦远远胜于他同时代的知识分子，因此从青年时代开始，他就是一个有抱负的人。

二、出国谋生成巨富

咸丰初年，陈启沅的兄长陈启枢与妻子因为家中贫穷的状况而发生争执，妻子带着儿女回到了娘家。陈启枢到岳父麦宪培家劝妻子回去。岳父理

---

① 宣统《南海县志》卷21《陈启沅传》，中国方志丛书本，第1728～1732页。

解女婿的窘况。[①]他没有劝女儿回去，答应启枢他会照顾他的妻儿，同时劝陈启枢去外国发展以脱离贫穷。原来麦氏有亲人在越南经商，生意已经做得风生水起。麦宪培的意思是陈启枢出国，在越南的麦氏亲人会资助他经商改变贫穷的命运，但一定要靠他自己的努力。陈启枢答应了。此后陈启枢在越南经商三年，初受雇于表兄杂货店，后投资于西贡堤岸的一段工程，获得第一桶金，经营商业开始有些成绩。这成为“绮亭陈公”这一派子孙发迹的起点。[②]

晚清时期，华人出国的原因很多。鸦片战争之后，社会动荡不安，农村经济凋敝，人民的生活愈加困难，然而清政府却加大了对百姓的剥削，迫使人民不得不另外寻找出路。珠江三角洲经过红巾军起义之后，乡村残破，不少参加起义的农民乘船逃亡国外以避清政府的迫害。珠三角西部更因为土客械斗，加剧了人口的外流。在土客械斗的过程中除了互相杀戮外，双方还选择一些年轻的男女俘虏作为“猪仔”，通过澳门卖往秘鲁、古巴等埠做苦工。少数青少年妇女被卖为妾为妓。自然灾害也是人口外流的原因。在晚清时期，水旱灾害交加，尤其是在南海、顺德境内的桑园围，水灾来时，田野家园顿成泽国，农民失去财产，就只有出外谋生。人多地少，无地农民也就只能出洋。

香港和澳门成为贩卖劳工的基地。澳门的招工馆（猪仔馆）从数十家增至三百多家。他们掠夺劳工的伎俩多样：“其始炫之以财；或诱之以赌；或倏指为负欠；强拽入船，有口难伸，无地可逃。”殖民者的爪牙遍布珠三角，诱骗掳掠乡民卖身出洋。也有一些人是出国经商以谋生计。部分华侨因

---

① 贺喜说是此为陈启沅事，未知其据。贺喜观点见温春来主编：《“中华文化视野下的西樵文化”国际学术研讨会论文集》，广西师范大学出版社，2012年，第349～370页。陈天杰回忆录与陈作海说这是陈启枢事。

② 陈天杰等：《广州第一间蒸汽缫丝厂继昌隆机器创办人陈启沅》，载《广州文史资料》1963年第8辑，第58～71页。陈启沅发妻的姓也是麦氏；陈作海：《缫丝风云录：记中国近代民族工业先驱陈启沅》，华南理工大学出版社，2017年，第6页。

为从事海外经商摆脱了穷困的命运，于是珠三角流行“春天出去，冬天回来，捞一两百个大洋银，不久可以成个家”“在外面干得好，还会升官发财”“与其饿着肚子，不如远走高飞。不跑远程，有了金山银山，也不会流进你的口袋”。《北京条约》的签订使得华工出洋由非法变为合法，出洋的人越来越多。出洋的华工也有不少人将挣下的钱储蓄起来，有了一定的积累就经商。当然这类人是少数。更多的是珠江三角洲的商人远渡重洋去海外冒险。

在珠江三角洲这些富庶地区不少人热衷出国经营工商业，与当地的外向型经济有关。清代以来，珠三角就是中国南方崛起的新丝区，地跨南海、顺德两县以西樵山为中心的桑园围内，就是有田地数千顷人口数十万的蚕丝业中心，手工业、商业也很发达。此地的经济早就与资本主义的国际市场联系在一起。清初屈大均在《广东新语》卷十五《货语》中说：“广之线纱与牛郎绸、五丝、八丝、云缎、光缎，皆为岭外京华、东西二洋所贵。”不仅经营丝织业和缫丝业能致富，从事农业的人，只要经营得法，也能发财。地方志将农民的市场行为当作民俗来记载：“村人以鱼蚕为本业，新鱼花到海纷纷趁市。相逢偶遇辄问有鱼多少，承价若何？见担桑者辄问桑价，或问有蚕多少？蚕几眠？”[①]当时的蚕农，完全看着国际市场的丝价进行生产。所以当时南海、顺德的人，商业思想和实业思想都很浓厚，而且眼睛盯着国际市场，转换经营的项目。清代这些地区桑基鱼塘大发展，养殖业、种植业、手工业和商业都很发达。

陈启沅生长在外向型经济发达的南海，从小对蚕丝业和工商业耳濡目染，很早就萌生了从事商业和实业救国的想法。加上他的亲属有经商海外的背景，也很快实现了他的这一梦想。

华人海外经商多以相互提携的方式共同发展。陈启枢在1854年（咸丰四

---

① 光绪《九江儒林乡志》卷三《风俗》，清光绪刻本。

年甲寅）回国，偕同陈启沅到越南创业。[①]背井离乡是大事，按照家乡的风俗，陈启沅先拜了绮亭陈公的墓地，告知自己要承继祖业，自己要出洋了，请他在天之灵保佑自己。然后，兄弟二人去拜了土地神、北帝庙，请神灵保佑他们在异国他乡平安和事业顺利。

越南的西贡位于湄公河三角洲地区，1975年西贡改名为胡志明市。该市是个双联市，由东区的西贡和西区的堤岸组成。东西两区交通相连，两区几无间距。当地华侨惯称“西贡–堤岸联区”，简称“西堤”。西贡有五十万左右的华侨华人，在当地社会经济生活中起着举足轻重的作用。西贡堤岸是华侨聚居区，是华人贸易的旧街。“土人惮与洋人往来，必借粤人居其间，故土货、广货荟于斯。”[②]故粤人其实控制了当地的贸易，人数五万，华商有广帮、潮帮、琼帮、嘉应帮、闽帮等五个商人公所，土产以越南米为大宗，其余则有燕窝、鱼肚、槟榔、豆蔻等[③]。

越南还有一大批在明代末年到越南定居的中国人，他们已经变为怀着中国心的越南人，对他们来说，来自中国的土货也是非常受欢迎的。故越南是一个中国货的大市场。

陈启枢带陈启沅学习经商，陈启沅在这时也将一些算学书带到越南，学习商业数学并运用于商业活动中，提高在商海之中搏杀的能力，他很快就成为一个精明的商人。传说他们第一次合作贩卖浙江绸缎到越南，船只到海南时沉没了。但他们没有气馁，又重新开始新的生意。他们先设均和安号，经营杂货等，后又设钟表修理店。因为他视力好，还懂得机械学，钟表店的生

---

① 陈天杰等：《广州第一间蒸汽缫丝厂继昌隆机器创办人陈启沅》，载《广州文史资料》1963年第8辑，第58～71页。

② 〔清〕薛福成：《薛福成日记》，何新华编：《中文古籍中的广东华侨史料汇编》，广东人民出版社，2016年，86页。

③ 〔清〕薛福成：《薛福成日记》，何新华编：《中文古籍中的广东华侨史料汇编》，广东人民出版社，2016年，86页。

意很好，第一年杂货铺和钟表店的生意就赚了几百两白银[①]。他们继设怡昌荫号，专门经营染货纱绸，如佛山地区产的香云纱，以通透凉爽深得越南华侨和土人的欢迎。

两兄弟还会利用季风气候，在春夏间东南风盛的时候，将越南的大米运到广州交易，捎带些越南的槟榔、燕窝等土产回来。洋米进口是有关税优惠的，国内大米价格高，越南米便宜，利润很可观。在秋冬东北风季节时，他们会在珠江三角洲买绸缎或香云纱等土产，并且捎带其他省份出的夏布等越南华侨喜欢的土产到越南，赚取一来一回的利润。后来又承办了当地唯一的典当行“怡丰饷当”。这个典当行的利润，是原来陈氏兄弟所经营的各项生意的总和。他们在堤岸广东街有怡昌荫号纱绸、均和栈杂货、均和昌酱园、裕昌、东京行、陈记钟表店、怡丰饷当共七个商铺，占了堤岸广东街商铺的一半[②]。只是十年时间，兄弟二人就成为当地巨商。

陈启沅从此也可以实现他的实业报国的理想了。[③]

---

① 陈作海：《缫丝风云录：记中国近代民族工业先驱陈启沅》，华南理工大学出版社，2017年，第12～16页；陈安薇说此事为确。

② 陈天杰等：《广州第一间蒸汽缫丝厂继昌隆机器创办人陈启沅》，载《广州文史资料》1963年第8辑，第58～71页；陈作海：《缫丝风云录：记中国近代民族工业先驱陈启沅》，华南理工大学出版社，2017年，第21页。

③ 陈天杰等：《广州第一间蒸汽缫丝厂继昌隆机器创办人陈启沅》，载《广州文史资料》1963年第8辑，第58～71页。

第三章

对缫丝法的改良和工厂化经营

一、继昌隆创办之前佛山地区蚕桑业和缫丝法

黄河流域和长江流域都是中国蚕业的起源地。在岭北的蚕丝技术南传以前，珠江流域的蚕丝业也有一个独立发展的轨迹。尽管没有更早的出土文物和文献史料来说明这一点，但是基于对华南地区桑树和蚕种的特点的分析，1925年学者们认为广东的蚕桑丝业有其特点，是岭北蚕业所没有的。

美国蚕业专家考活在19世纪20年代写《南中国蚕丝业调查报告书》时，认为广东热带蚕有多种：黄金色茧，质地柔软，属于热带种多化性，一年可以饲育多次。尚有一种是混多化性。民国时期海南地方所产之茧，极大而极软，浅黄金色，也是纯多化性种，年可饲育九次，雷州的蚕与此同。广东蚕种还有半属于多化性种的轮月种，广东广西养育最多，其茧小，椭圆形，长约一英寸，丝质柔软如海绒，茧之外层和内层贴连，茧色混杂，由白色以至青黄色混合之茧。青茧作六成，白茧作四成。或有全作金黄色者。①

多化性蚕在岭北蚕区曾经有过，如隋代、唐代前期，气候暖和，江西的豫章“一年蚕四五熟，勤于纺绩，亦有夜浣纱而旦成布者，俗呼为鸡鸣布”②。这是多化性蚕。多化性蚕在寒冷地区是没法生存的，所以后来长江以南天气变冷就不见了多化性蚕的存在了。华南农学院蚕桑系的专家杨宗万教授，也认为华南地区的多化性蚕是独立起源的。民国时期海南的多化性蚕是典型的热带种，清代海南的方志上也有记载野蚕的分布，这说明《汉书·地理志》所载海南黎族先民所养之蚕，是不同于北方地区的多化性种。与一年饲养的多化性蚕种相匹配，华南的热带桑种一年四季都能生长，以适

---

① ［美］考活著，黄泽普译：《南中国蚕丝业调查报告书》，岭南大学，1925年，第64页。

② 〔唐〕魏征：《隋书》卷三一《志第二六地理下》，上海古籍出版社二十五史本，第3361页。

应一年四季都能养蚕的需要，这也是北方的桑种所缺乏的生理特性。

佛山地区蚕种和桑种都呈现比较复杂的现象。考活记载顺德等地饲养的头造和二造，是属于二化性的蚕种，只能在气候稍寒冷的正月和二月生长。其余时间饲养的三、四、五、六等造的轮月种，却是半属于多化性种。头造和二造的正造，其二化性特征，肯定是从岭北传来的；而轮月种则可能原本为多化性种，在后来与二化性种杂交的过程中，丧失了完全多化性的特征而成为半多化性或者混多化性种①。广东的桑种也一样复杂。广东的桑树一年四季都能生长，但是后来的桑种既有北方传来的鲁桑，也有江南地区传来的荆桑，都能一年四季生长，这一特征也是原来的鲁桑和荆桑没有的。这可能是鲁桑和荆桑传到岭南之后，和本地热带桑种杂交，就一年四季都能生长；也有可能是鲁桑和荆桑传到岭南之后，经过长时间的人工培育，都具有了对热带气候的适应性，一年四季都能生长了。

唐代广州及佛山一带已经有符合出口要求的缫丝业，宋元是佛山地区丝业发展的一个重要阶段。由于珠江口冲积平原的扩展，以西樵山为中心的南、顺平原的冲积地有所扩大，人们需要修筑堤围来开发低洼地，于是就有了桑园围的建设。桑园围是位于宋代珠江三角洲最南端的堤围，它的特点是利用西、北江顺流而下的形势，根据当地西北高、东南低的地势，上流之水和下流之水具有落差，将堤围建成向下开口的形式，在围的下游留下两个水口，利于潮水宣泄。围内田亩以西樵山为中心，横跨南、顺平原。宋代建成桑园围的若干基段，元代至正年之后合围，为堤内田地的开垦创造了良好的条件，也为蚕桑业的发展创造了很好的条件。

桑园围内顺德龙江简氏简岸系始迁祖英余公，其祖益卿公生于宋嘉定十四年（1221年），是宋遗民，“患寇乱，长子避居简岸，后世称曰街边祠

---

① ［美］考活著，黄泽普译：《南中国蚕丝业调查报告书》，岭南大学，1925年，第64页。

始迁祖，盖本乎屏山之古称也。其始聚族而居，芳树垂街，蚕桑富有”[①]。南宋后期方大琮知广州，作《劝农文》，说广州附近居民“二月卖新丝，五月粜新谷”，[②]他还说广州的妇人，织造“曰绸、曰絁、曰蕉”[③]，元代广州路土产中有絁、紬、纱等蚕丝产品，[④]说明顺德平原的桑园围境内已经有蚕桑业。这也说明桑园围的龙山、龙江、九江一带成为最早种植桑树和发展蚕桑业的地方。由于简村等地位于西樵山周围开发最早的地区，这些地方的蚕桑业可能会与两龙和九江同时或稍后。

明代景泰三年（1452年），顺德从南海分治出来。建县早期的县令，都以稳定地方的治安、发展农业为要务，如周亶为浙江人，是顺德最早任职的县令，在其任上“严行保甲，复谆谆劝导从逆众安插，还里者不敢复逞……下乡劝民务本力作”。钱溥，直隶华亭人，晚明时为县令，“尝为耕桑政教图，男妇老稚皆见知劝”。[⑤]“劝民务本”就是劝导人民努力进行农业生产。“耕桑政教图”当为古代“耕织图”[⑥]的一种，将耕作、播种、收割和养蚕、种桑、缫丝、纺织的农业生产过程很详细地画出来，然后每一张图都配上诗歌作为解释。这种图诗并茂的方式很容易被人们理解和采用。明代南海、顺德的农桑结合、耕织结合的小农经济得到了很大的发展。

明代顺德其他地方的水利建设，也为县境内的蚕桑业发展打下基础。

---

① 〔清〕简朝亮：《粤东简氏大同谱》，《北京图书馆藏家谱丛刊·闽粤侨乡卷》，北京图书馆出版社，2001年，第1321～1323页。

② 〔宋〕方大琮：《广州乙巳劝农文》，《全宋文》卷七三六六，321册，上海辞书出版社等，2006年，第85～86页。

③ 〔宋〕方大琮：《劝织吉贝布文》，《全宋文》卷七三六六，321册，上海辞书出版社等，2006年，第89页。

④ 广州地方志编纂委员会办公室编：《元大德南海志（附辑佚）》卷七《物产》，广东人民出版社，1997年，第28页。

⑤ 咸丰《顺德县志》卷21《列传文传》，中国方志丛书本，第1921～1923页。

⑥ “耕织图”是宋代开始出现的一种农业文献，每幅图展示耕种、栽培或者养蚕纺织的一个过程，以图配诗，最早的“耕织图”为楼铸所作，后代多有仿制。

墟市的出现，也为蚕丝这类产品的销售提供了条件。万历年间顺德墟市大发展。万历《顺德县志》卷之一《墟市》记载大型墟市的出现："今圩市之大者，豪植之徒以其势力招徕百物，廛而征之。"清代咸丰《顺德县志》，卷五《墟市》追述明代的墟市：葛岸墟"明万历年设，环绕廊舍"，龙山著名的以经营蚕丝产品为主的大冈墟也出现了。葛岸和两龙的生丝质量在珠三角蚕区中是最好的（陈启沅《蚕桑谱》）。这种情况当在明代万历年间已经如此，所以有葛岸墟"环绕廊舍"这类不是露天的墟市，以适应蚕丝的交易。

明代广州海上"丝绸之路"，刺激广东、福建的商人，将产品运到吕宋等地换取白银，然后在广东用白银换取本地的产品再逾岭而北贸易。丝产品是海外贸易中的大宗产品。万历二十八年（1600年）广州经过澳门出口往印度、欧洲的货物中，白丝有一千担，外商从中得到的利润率为百分之一百五；各种大量的丝线，在广州的售价为一点八两到二两白银；各种绸缎一万万到两万万匹，利润率为百分之八十到九十，此外还有种类繁多的消费品。[①]成书于康熙二十六年（1688年）的《广东新语》卷十五《货语》，很清晰地描述了明代中叶以后广东丝产品的情况："广之线纱与牛郎绸、五丝、八丝、云缎、光缎，皆为岭外京华、东西二洋所贵。"但是广东丝有其缺点，就是易脆，必须杂以湖丝织造。到清代鸦片战争前后，广州和佛山地区蚕桑业发展处于起伏的状态，但总趋势是向前发展的。

佛山地区的缫丝法，在继昌隆出现之前仍然停留在传统社会阶段，在国际市场竞争中不及江南。缫丝业和蚕业有很密切的关系。蚕吐出丝结成茧之后，要将茧的丝胶溶化，将丝缫出才能进入丝织阶段。早期是用冷水浸化茧，将丝缫出来。但这样的丝容易起毛，质量不高。到了秦汉时期，为了提高丝织品的质量，需要改革缫丝工艺。沸水煮茧就是在这种情况下出现的，这是中国缫丝工艺的一大革新。《淮南子·泰族训》中指出："茧之性

---

① 黄启臣主编：《广东海上丝绸之路史》，广东经济出版社，2003年，第414页。

为丝，然非得女工煮以热汤而抽其统纪，则不能成丝。”董仲舒《春秋繁露》：“茧待缫以涫汤而后成丝。”《说文》解释“涫”为“沸”。即要用热水煮茧才能抽出好丝。冷水浸茧，时间较长，且不易抽出优质的丝；而沸水煮茧缫丝，既能使丝胶溶化快，又能使蚕茧外围的丝胶适度而均匀地膨润软化，减少其胶着力，能使茧丝依次舒解，减少落绪茧，避免成丝产生疙瘩，这对提高缫丝质量，纺织高质量的丝织品具有重要的作用。

唐代丝绸文化较之汉代更盛，普遍采用煮茧工艺。白居易的《红线毯》中：“红线毯，择茧缫丝清水煮。”项斯的《山行》中：“蒸茗气从茅舍出，缫丝声隔竹篱闻。”煮过的茧可以去掉胶黏物，缫丝时效率更高。而且唐代普遍采用手动的缫丝车。王建的《田家行》中：“五月虽热麦风清，檐头索索缫车鸣。”这些古老的缫丝法，在清代晚期仍在珠江三角洲使用。尽管宋代已经出现足踏运转的坐缫和立缫的缫丝车，明代的《天工开物》也记载了足踏的缫丝车，但晚清的佛山地区仍然采用手缫车。

但是用古老的手缫车缫出来的丝质量很差。如果用来出口，就被称为土丝。在晚清时期，由于市场推动，导致对粤丝需求增大而丝价很高，蚕农有片面追求出丝量而不顾质量的情况，古老的手缫车缫制出来的土丝因为质量低劣，引起了外国丝商的强烈不满。根据粤海关的报告，在18世纪70年代初外国丝商已经警告：“制造商拒绝价高质劣的广东丝，其结果必然是生丝大大贬值，给出口商带来灾难性的亏损。1872—1873年丝季，可以说是广东生丝贸易最不令人满意的时期。……我（海关报告人）肯定广东缫丝近年无改进，尽管公认还有很大的改进余地。”[①]1879年外商抱怨生丝的包装很差，丝太潮湿使外商蒙受损失。[②]这些话，虽然在1870年后才出现在广州海关报

---

① 广州市方志编纂委员会：《近代广州口岸经济社会概况》，暨南大学出版社，1995年，第94～95页。

② 广州市方志编纂委员会：《近代广州口岸经济社会概况》，暨南大学出版社，1995年，第95页。

告中，但很久以前在国际丝业界就已经有这类评价。这些情况，国内的丝商和蚕农肯定是毫无所知的。

但是远在异乡的陈启沅，在越南考察丝厂时，在与外商交流时，肯定知道这些情况。他在越南十年间，又因经商多次回乡，[①]南海蚕桑业的落后状况更刺激了他。将法国的缫丝法和国内的缫丝法一对比，就能强烈感受到两者之间的差距，从而坚定了他改革国内丝业的决心。他注意到法国人在越南开设的机器缫丝厂所生产的生丝，品质精美，远胜于家乡的粤丝。陈启沅大受启发，于是就潜心研究新式缫丝工艺。陈启沅就在经商之余，到处访察缫丝厂，将其设备大小和工艺流程记于心，并参考洋人算书学习机械学和制图学。经过在越南十余年的研究，回国办厂时，他已经是一个精通丝业制造工艺的专家了。[②]

二、陈启沅对缫丝法的深入研究

陈启沅对缫丝法的研究，是建立在对蚕桑业全面分析之上提出的，是适应佛山地区缫丝技术的。因此，他的研究具有科学性和实用价值。

（一）科学分析蚕丝结构然后提出养殖改良方法

陈启沅对缫丝法的研究是从蚕丝结构入手的。他认为丝质量的好坏，首先是由蚕茧的质量决定的。

据陈启沅分析，蚕初吐之丝称为“忽”，忽忽相胶结而成茧，水冻，

① 陈作海：《缫丝风云录：记中国近代民族工业先驱陈启沅》，华南理工大学出版社，2017年，第21～22页。

② 《广州第一间蒸汽缫丝厂继昌隆机器创办人陈启沅》，载《广州文史资料》1963年第10辑，第59页。

胶未能溶化，所以要想忽忽相离，就得用热水缫丝。但是水的温度要掌握好。如果水过热，蚕所吐出来的丝，丝身就会起无数小毛丝；将来织造的绸缎，即使不起毛，也会不耐用。水的颜色如湖水色最佳，水色过清和过浊都不行。缫丝时，丝的圈数称为“较”，较的数量和松紧也决定了丝质量的好坏。但是这些工艺上的技术，仍取决于茧身成熟的时候，对茧的处理情况。如果是茧成熟的时候，天气晴朗，蚕箔放在树林下任风吹，不让阳光晒，则茧色光润鲜明，丝色自然光滑。如果在天雨时，要用无烟炭炕茧。①

陈启沅之所以能分析茧和丝的结构，重要的一点是他能应用显微镜。他将显微镜的应用纳入测量法：“以大测小者，如显微镜之类是也。更有以小测其大，又变而以大测其小者。”②《镜测比例谱》谈到了运用显微镜的方法。③就是由于懂得运用显微镜，陈启沅对丝的内部结构才能分析得如此准确。

缫丝之前，首先要剥茧，因为只有剥去茧衣，丝绪才会暴露出来。水的温度要适当，陈启沅提出的水的温度和水的颜色，就是缫丝厂的技术标准。蚕茧的丝纤很细，只有二十到三十微米，难以单根使用，所以缫丝时要集绪、绕丝，就是把若干个茧的丝绞合在一起，形成一根生丝。陈启沅称为“打较”。只有茧身很好，韧性好的丝才能获利，就是要好茧才能获得很好的丝。但是缫丝业无法一一对应一家一户的蚕农。陈启沅只有通过蚕书来表达自己的观点，并且设立专门的茧市，通过采购员对蚕茧分等级，等于向蚕农宣传了缫丝厂的技术标准。蚕农只有按照丝厂的技术标准才能提高茧的质量，获得好的茧价。这时的蚕农也变成了专门供应茧的茧农。

此外，对茧的干湿度处理也是一个关键的技术。广东由于天气潮湿，喜

---

① 〔清〕陈启沅：《蚕桑谱》卷之二，惜阴草堂本，页一。

② 〔清〕陈启沅：《陈启沅算学》卷十三，《广州大典》第45辑子部天文算法类第2册，第598~599页。

③ 〔清〕陈启沅：《陈启沅算学》卷十三，《广州大典》第45辑子部天文算法类第2册，第598~599页。

欢用“炕茧之法”使茧的湿度降低，但是江浙过去不用此法。陈启沅认为，不论南北方，缫丝“仍喜天气晴明，丝出便干，可无变色之虞”。如果遇到天气不好下雨，要用炭火放置在丝车之后，使丝上絚时，随时而干。

陈启沅建议新式缫丝厂收购了茧之后，即使都是好茧，仍要将茧分等级，因为最好的茧仍有好坏之分。一个技术原则是，缫丝之前将茧分为上中下三等，茧身光滑的缫幼丝，茧之粗（核）者缫粗丝，有一种两茧身的，称为“同宫”，又称“孖头茧”，茧相不好，丝质量亦不佳，必要时做下等丝用。继昌隆严格按照这个技术标准，所以缫出来的厂丝，“略与西人所制，大同而小异。故缫丝之器所出之丝，西人喜买之”。[①]这也是陈氏的丝厂一直获利稳定的原因。

（二）陈启沅提出缫丝厂的成本控制

在继昌隆建立之前，广东的丝厂并不知道成本控制。陈启沅说：“同治辛未以前，广东土人问每茧得重若干，每茧一万得丝若干，实渺渺然茫无知者。虽数传业蚕之家亦无一人能道其详。虽茧之厚薄尚难定式。而茧壳之斤两，得丝若干，大势断不能易矣。”[②]陈启沅分析了蚕丝结构，认为蚕不论厚薄，均有毛衣一层，叫作丝皮，将丝除去，才是丝肉，丝肉里边还有一层。除去里外两层丝皮，中间的才是好丝，所以一定是茧身厚才是上品。

陈启沅计算出茧一万枚共得丝忽二十七两，除去外衣约三两五钱，除去内衣二两五钱，实得生丝二十一两。用滚水煮过，泡去丝胶，只得九四。拆剩得熟丝一十九两七钱四分。再除丝骨约三两零。每万茧大约得净丝十六两左右。若成熟在天气佳的时候，皮骨略少，每万斤可得熟丝十八两。若天气不好，人事不足以补之，每万斤不得丝十二三两。但是如果有病茧，养蚕

① 〔清〕陈启沅：《蚕桑谱》卷之二，光绪惜阴草堂本。
② 〔清〕陈启沅：《蚕桑谱》卷之二，光绪惜阴草堂本。

虽然成功，结茧后，工厂采购不当，仍然会亏本。[1]预测了茧的厚薄情况，工厂的买手就能专门收购厚茧。如遇到收成不好的年份，会按照蚕茧情况缫丝，仍能保证生丝的等级质量，价格合理，不会发生退货造成损失。他经过周密的计算，得出了茧和好丝的重量之比，提出茧厚者为上等，由此可以对缫丝的投入产出计算出成本和利润。这对缫丝业的工厂化经营提供了十分宝贵的经验。

陈启沅认为国内的缫丝法，都是大同小异。但是相同的蚕茧，用不同技术水平的缫丝法缫出来的丝，质量相差甚远，价格有高有低。广东的下等丝，品种有山塘丝、肇庆丝、沙丝、古镇丝等名称，上等丝称为龙山丝、葛岸丝，中等丝就多得很。陈启沅认为如果将山塘或肇庆的茧，给龙山、葛岸的人缫，就一定能缫出上等丝，而龙山、葛岸的丝，也有最上等和次上等之分。上等丝和劣等丝，价格相差很大，所以龙山人缫丝得利远多于其他地方的人。他这句话是将传统缫丝法与新式缫丝法相比来说的。陈启沅的评判得

民国的缫丝机械厂

① 〔清〕陈启沅：《蚕桑谱》卷之一，光绪惜阴草堂本。

到清代晚期粤海关报告的证实。

1871年和1872年广州出口的生丝（都是土丝而不是机制丝），著名的品种就有产于顺德的龙江丝、甘竹丝、勒流丝，产于南海的九江丝，这些丝价格最高的是龙江丝，为每担五百二十三到五百六十三墨西哥元，甘竹丝、勒流丝为四百八十一到五百三十墨西哥元，南海九江丝为四百五十八到五百一十五墨西哥元。[①]这些手工缫制的土丝价格比鸦片战争前湖丝的价格还要高。[②]质量稍次的顺德杏坛丝，也在每担四百二十三到四百四十墨西哥元。[③]这说明历史上以顺德两龙和南海九江为中心的南、顺蚕丝中心区，土丝的缫制水平是最高的。但与新式缫丝法相比，土丝在质量和价格上缺乏竞争力。所以陈启沅根据西人的缫丝法，认为龙山的上等丝，也是未得其法，大有需要改进的地方。他变通缫丝法并将其方法公之于众，“实非自私，倘若为私，当必秘而不传”。[④]

陈启沅总结了旧式缫丝法和新式缫丝法的优劣。他说旧式缫丝法，难出上等丝，主要是因为旧式缫丝法以火煮水，丝胶易变，导致丝的颜色不好，丝身大坏。还因为用炭火，煮的水温度不好控制，丝的质量也很难控制好。而他十多年间，仿西人缫丝法，用蒸汽煮水，丝胶不变，丝身亦佳。再者，旧式缫丝法不能使丝身粗细均匀，而新式缫丝法能使丝身粗细自如，可以调整；旧式缫丝，去丝皮不能自如，所以缫出的丝带有绪毛，而新式缫丝，可以用筷子挑净丝皮，缫出的丝自然光滑。此外旧式缫丝法所出的丝，工人能同时管理的丝口很少，一定用人工开解，效率很低，质量也不能得到保证；

① 广州地方志编纂委员会编：《近代广州口岸经济社会概况》，暨南大学出版社，1995年，第77页。

② 广州地方志编纂委员会编：《近代广州口岸经济社会概况》，暨南大学出版社，1995年，第77页。

③ 广州地方志编纂委员会编：《近代广州口岸经济社会概况》，暨南大学出版社，1995年，第77页。

④ 〔清〕陈启沅：《蚕桑谱》卷之二《论缫丝之法》，光绪惜阴草堂本。

陈启沅纪念馆内根据《蚕桑谱》复制的缫丝机器

而新式缫丝，每工人一名，可以管理丝口六十条，多者上百条，还可以保证质量，而且光滑匀称。所以新式缫丝法缫出的丝，西人愿意用重价购买。

水的清浊也是影响缫丝质量的重要因素。珠江三角洲河水的特点是，尽管平时水很清，但农历五月的龙舟水，或是平时台风生成的雨水，使上游山区的泥土冲下河道，水就会变得很浑浊。这就需要过滤含有沙泥的水。普通人家过滤水很麻烦，农家图方便，对这一个环节很容易忽略，因此水质很容易污染丝。但新式缫丝厂会建滤水池，将水用水泵抽到水位高的水池上，过滤后的池水才流向锅炉，水的清洁会有保障，就不会污染缫出的丝。①

土丝缫制，具有非常顽强的生命力，并不会因为机器缫丝业的兴起而绝迹，但机器缫丝业毕竟有效率和效益，这使蚕丝缫制从小农经济中分离出来，成为晚清佛山经济的新兴行业。

---

① 〔清〕陈启沅：《蚕桑谱》卷之二《论缫丝之法》，光绪惜阴草堂本。

第四章

创办继昌隆缫丝厂和改良足踏缫丝

一、厂址的选择

继昌隆厂址取决于珠江三角洲乡村的宗族势力。明清佛山地区蚕桑丝绸业的发展与当地发达的宗族文化、家族文化有非常密切的关系。珠江三角洲的“农业耕作系统，不仅受制于自然条件，而且需要与之相适应的社会组织结构。珠江三角洲水陆交相起作用的农业系统，需要群体力量。从堤围的兴修，到沙田的开发，乃至沙田的耕种、管理和防卫，都需要有组织的群体力量，并且往往需要互相协作的一致行动。这是宗族制盛行，乡族士绅对地方的控制力得以建立的重要原因”①。以继昌隆为代表的新式缫丝业的发展历史，也说明了这一点。

在珠江三角洲流行一句俗话，“顺德祠堂南海庙”。咸丰《顺德县志》卷三《风俗》这样记载顺德的家族文化：“俗以祠堂为重，大族祠至二三十区，其宏丽者费数百金。而莫盛于碧江、龙津、古楼大族，亦二三十座，一楼费数千金。以铁为门，下有基，高一丈，中有板阁。”表面看来，这一记载与珠江三角洲其他地区的宗族文化没有什么区别。事实上顺德的家族文化有自己的特色。顺德很小的一个家族都要建立自己的家庙，所以顺德的祠堂特别多。但这只是表面的现象，最重要的是，顺德的宗族势力和家族势力渗透到了经济生活的各个方面，对推动本地经济发展有不可或缺的作用。

从明代开始，顺德由于人多地少，耕地不足，人们就向外寻找出路。顺德的宗族势力就向香山广阔的沙田区发展。沙田的开发就是围海造田，需要很多资金；向政府报垦的手续也很繁复，沙田的批耕面对的是众多的耕家；沙田要守卫，防止盗贼抢割；沙田受潮水风浪的冲刷，经营的风险很大。因此，沙田的开发不是个体农民能够完成的。比较常见的做法之一是宗族将族

① 叶显恩：《明清珠江三角洲土地制度、宗族与商业化》，香港中文大学《中国文化研究所学报》（30周年纪念专号）1997年第6期。

众的资金汇集起来，用作开发沙田的资金，然后开发的沙田就成为宗族的族产，收益在名义上归全体族众。

明代嘉靖《香山县志》卷二《民物志》记载：“弘治初，番、南、新、顺寄庄。”都是强宗巨族前来占垦沙田，其中最多的是顺德的“寄庄”。嘉庆《龙山乡志》卷四《杂税》记载：“香山田土膏腴，水旱不伤，乡有力者多香税，通计约数百顷。”“乡有力者多香税”即为龙山的大族占有香山的沙田。顺德龙氏家族在明代就占有香山东海十六沙，在清代是顺德的望族。

堤围建设和桑基鱼塘的发展，也体现了宗族的力量。清代顺德堤围建设在珠三角是最多的。清代顺德堤围的建设过程，就是连片基塘区开发的过程。堤围的建设要筹集资金，基塘区的建设要规划和整治水土，其中有不少矛盾和问题要解决。这就需要宗族的力量。咸丰《顺德县志》、民国《顺德县志》记载的很多“内包桑基鱼塘”的堤围，很多就是以宗族的名义和力量来修建的。如果是合多个宗族建设的堤围，也要在各宗族之间取得一致，否则堤围建设的计划就要搁置。如简朝亮的《顺德简岸简氏族谱》记载：简岸、禄洲、槎涌三乡围，本来这几个乡的宗族已经就堤围的建设谈妥了计划和条件，后来就是因为郑姓的反对而发生纠纷。简村就是内包桑基鱼塘的，基塘产业大都属于各姓宗族。

佛山地区宗族的族产，其收益除了供祭祀、支持族人读书中举之外，还设义仓之类的财产，以在饥荒时节帮助族人渡过饥荒。民国《顺德县志》卷二《仓储》记载：“大洲乡义田仓，道光间设，乡人集资建，岁饥拨款赈济；龙江广惠社，是同治向各大姓三十三人集义会，每人三百两，买田收租，备荒平粜。”龙山还有仓田。光绪以前定例米石过一两八钱即行平粜。又有温、黎两姓义田资助弱者，月给米一斗五升。宗族的这种慈善机构，能在饥荒时节起到缓解社会危机，维持社会稳定的作用。

宗族的势力对乡村社会新事物有着非常重要的影响。不管是单姓或是多姓氏都是如此。在顺德一个乡村的告示中可以看出，宗族势力可以左右缫丝厂的建立。在光绪二十九年，尽管机器缫丝厂已经风行南海、顺德大地，但是广州府知府沈某，根据顺德县里村的绅衿杨济昌等请求，在里村“一律禁设机器丝厂”，认为丝厂的设立“有碍田园”，设厂者“动借洋人恫喝势压，实为大患”。而且据碑记的记载，当时已经在四基坊等地禁止。①杨济昌是曾经做官的，大概是一个抱残守旧的士绅，在这些人的怂恿下，在个别乡村强行设立工厂会发生冲突。这些案例虽然是极少数的，但充分说明新式丝厂的建立，必须得到宗族和村落居民的同意和支持。

陈启沅在工厂的选址方面颇费了一番功夫。建厂之前，他到了江苏、浙江、上海等蚕丝产地考察，作为在广东建厂的参考。他也想过在广州这个商业发达的城市建厂，但是也考虑到广州官吏势力很大，经常滋扰厂家，此外广州四方杂处，人口来源复杂，工人不易管理。后来的个案表明，广州设立的缫丝厂受舆论压迫特别大。如富翁张某在广州附近设机器缫丝厂，“厂中用妇女为剥茧，用男子为供役”，但女工常受到家人等的阻拦，特别是丈夫的家人“闻妇赴厂操此抽丝之业，弥觉怒发冲冠，或迁怒寻仇，移祸于厂，以其男女混杂，乱俗败常，泾渭不分，祸胎所有伏也”。②

广州也远离蚕桑产地，收购原料也不方便，所以他放弃广州作为工厂选址。最后还是回到家乡南海西樵的简村。因为简村本来就是蚕区，原料根本不用担心。加工茧缫出丝之后的废茧（可以喂鱼）、水结（可以解丝重新利用）等都可以卖出。缫丝厂的操作工人，以女工为佳，而在简村招募的女工，大多有宗亲关系，容易服从工厂的管理；在当地招募女工，工人可以不用在工厂住宿，这样就能省去建设工人宿舍的一笔费用。而且，培训工人从八九岁的女工开始，指点其方法，待有人请假时可以“埋位”。天资灵巧的女子十岁就可以上机缫丝操作了。加上陈启沅曾在家乡当过塾师，也算是一个有身份的士绅，在当地人中口碑极好，有一定的威望，因此设立工厂不会

---

① 《禁设机器丝厂碑记》，光绪二十九年，谭棣华等：《广东碑刻集》，广东高等教育出版社，2001年，第427～428页。

② 吴建新：《陈启沅》，广东人民出版社，2008年，第31页。

有什么麻烦。

继昌隆的选址，就在陈启沅祖屋旁边的空地上，建筑厂房所需的人力，购置建造器材，也得到了乡人的协助。由于工厂建立能吸收劳动力，并且陈启沅做了不少善事，他显然得到了简村七姓耆老的支持。

后来在与经纶堂的斗争中，陈启沅也得到简村乡兵的支持，避免像学堂村陈氏的缫丝厂那样被捣毁，基本没有受较大的损失。证明他选在自己的家乡建厂，是一个非常精明的决策。

南海、顺德的缫丝厂建在蚕业集中的地区，原料易于取得，减少了原料的采购成本、运输成本，易于掌握蚕茧的质量。更重要的是，远离城市的乡村，旧的势力显然没有城市周边那么大，对新事物易于接受（因为对宗族有利益，宗族出租土地或厂房能获利）。可见，与江南相比，晚清民国广东的缫丝厂设在蚕区，显然有优势。江南最初的几间缫丝厂，如1861年英商怡和洋行开办的第一间洋商丝厂，设在上海，蚕茧经常不能收足，以致生产极不正常，在1870年宣告失败。直到19世纪70年代中期茧行出现，1880年上海才有美商旗昌洋行的旗昌缫丝局。直到甲午战争以前，洋行在上海只办了三家缫丝厂，都是远离蚕茧的生产中心。甲午以后未见洋行建缫丝厂，[①]远离蚕区导致原料不足是一个重要原因。

陈启沅将工厂设在简村，他选择厂址的思路，给佛山地区的商人、士绅很大启发，这也是光绪年佛山地区厂丝发展的重要原因之一。

二、缫丝机器的制造

陈启沅虽然懂得蒸汽缫丝的原理，但是对于机器的制造，还没有现成的图纸，都是他自己画的。“他在安南时常往各埠观光，特别注意有机器设

① 徐新吾：《中国近代缫丝工业史》，上海人民出版社，1990年，第181页。

备的工厂。他在安南河内以及暹罗等地，看到外国人所兴办的机械化工厂、缫丝工业等，都很细心研究，在安南十七八年间，用于此项工作的时间，达六七年以上。”[①]陈启沅算学中关于蒸汽机动力和机械制造的算题，就是他学习洋人著作之后，再结合他观察的缫丝机械画的。[②]他从越南带回了一套包括蒸汽机的旧轮船的发动机，以及缫丝机械的图纸，交给陈联泰号。陈启沅曾有一柜子的自绘图纸资料，但在抗战时期全部失去[③]，当是在制造缫丝机械时绘制的。

广州陈联泰号建于道光十七年（1837年），在广州十三行豆栏上街开办“联泰号”机器小作坊，制作纽扣、缝衣针等小五金，兼接各式机械维修业务。老板陈淡浦是南海人，年纪比陈启沅大。陈启沅找到了陈淡浦，相谈建造缫丝机器厂的事宜。陈淡浦没有接触过轮船机械，觉得是个研究制造新机器的机会，双方合作一拍即合。

陈启沅将他设计的图纸交给陈淡浦，后者吩咐徒工按图制作。部分机器制造完成之后，陈启沅雇用陈联泰的机器工人四名，专为继昌隆负责大修小改的安装工程，继昌隆也派出学徒跟陈联泰的工人学习机器部件修造技术，以便在以后的工厂运营中可以自己维护机器。缫丝厂建成以后，足踩式的缫丝工作位数百个，最初容纳女工三四百人。以一个工作岗位占地为五平方排尺计，工作位占地约一千五百平方排尺，焙茧室一间，连同锅炉、煮水大锅、焙房、焙舍、藏茧室等在内，工厂面积也够大的了。陈启沅与陈联泰号的合作，是广东缫丝机器制造业和民营机械制造业的发端。

陈启沅在《蚕桑谱》中将缫丝厂机位和蒸汽机的图纸都画出来了。陈天

---

① 陈天杰等：《广州第一间蒸汽缫丝厂继昌隆机器创办人陈启沅》，载《广州文史资料》1963年第8辑，第59页。

② 参看《实用算学家》一章。

③ 陈天杰等：《广州第一间蒸汽缫丝厂继昌隆机器创办人陈启沅》，载《广州文史资料》1963年第8辑，第61页。

杰认为，蒸汽炉的作用是：一、用来发动抽水器向外吸水入厂；二、煮沸水，并将沸水通过蒸汽管输送到各缫丝工位。尚未有推动丝絚自动旋转的用途。因此继昌隆的缫丝位，与旧式不同的是装置较灵活，且设备由许多小铁支柱做轴承，旋转较为合度，各女工用起来比旧式快，如此而已，但所生产的丝，已丝身幼而滑，质匀而白了。[①]因为是用滤水池，所以水质好，煮沸成蒸汽，茧在釜中得恒温舒解，生丝色泽光洁、均匀；高速丝车运转匀速、稳定运转，在提高效率的同时生丝亦保持得粗细均匀，拉力增强。

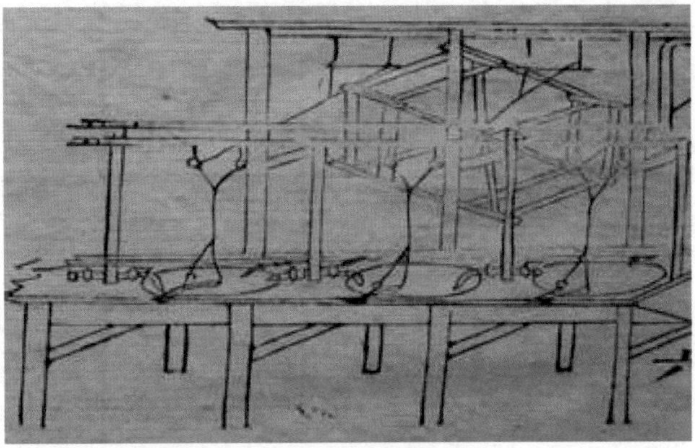
《蚕桑谱》缫丝机械图

工厂开工时，汽笛长鸣，也令乡人震惊不已，他们都称这是“鬼絚”。一来这些都是从外国“鬼佬”处传入的机器，此外，工厂的产品也是出口供应“鬼佬”的，于是“鬼絚”就成了新式机器缫丝厂的别称。陈天杰还认为因为继昌隆的蒸汽机早上就要响，像鬼叫，所以叫“鬼絚”。

蒸汽机的汽笛给在工厂工作的众多女工和少数男工带来了秩序，人生第一次受到声音的管束。工厂全年开工，蚕茧虽有淡旺季，但常年上市，工厂全年开工，不像务农有农忙、农闲。

厂里的蒸汽机是可以拉动马达的，陈启沅算书中有关于马达动力和大小齿轮的计算法，可见陈启沅具备机械传动知识。水是缫丝设备重要的资源，因为水的清浊直接导致丝的质量好坏。继昌隆的一个重要优势，是能装备

① 陈天杰等：《广州第一间蒸汽缫丝厂继昌隆机器创办人陈启沅》，载《广州文史资料》1963年第8辑，第62页。

滤水池。但是水要从高处流向低处，必须建一座高于锅炉的滤水池，水池应该是多级的，这样才能起到过滤作用，这就需要马达动力将水从河中抽到水池，水池位置高于锅炉，过滤之后从高处流向锅炉。陈天杰除了叙述抽水机之外，还描述了锅炉煮沸水，以及缫丝机械的应用，“还未能说得上完全是机器缫丝厂的”①。陈天杰等的观点为学界广为引用。中国近代缫丝工业史的研究者认同这一观点，并认为新式缫丝和足踏缫丝，都是运用了一种改良“共拈式”的拈鞘式装置。②“拈”的工序是将缫出的两根丝加拈合并，然后分别绕在丝车上互纽，大大增强了丝线的抱合力和伸强度。一个丝工在手车缫丝时只能管十条丝口，而继昌隆的女工能管六十条丝口，多的能管一百条丝口，生产效率是非常高的。

究竟继昌隆的缫丝位，是否需要马达传动？陈启沅的孙子陈作海认为，缫丝位有十个，必须马达传动，“蒸汽机用石灰作基础固定好，然后经过轮子和皮带的传动使缫丝机上的絚轮能匀速地传动”③。陈作海的作品虽然有演义性质，但他是学机械出身的，这个观点有些道理。陈启沅《蚕桑谱》上的“机汽大丝偈”上，五个缫丝釜旁没有足踏装置，而且缫丝工能管六十条丝，最多能管一百条丝，但单机汽丝偈就能看到足踏的装置，多釜位的没有。④

《蚕桑谱》的汽机图上，五个缫丝釜旁没有足踏装置，似乎表明是机械传动。陈启沅纪念馆中仿《蚕桑谱》上的“机汽大丝偈”复制品，就是以机械传动带动“机汽大丝偈”的。笔者到简村调查，林润明先生说继昌隆旧

---

① 陈天杰等：《广州第一间蒸汽缫丝厂继昌隆机器创办人陈启沅》，载《广州文史资料》1963年第8辑，第62页。

② 徐新吾：《中国近代缫丝工业史》，上海人民出版社，1990年，第113页。

③ 陈作海：《缫丝风云录：记中国近代民族工业先驱陈启沅》，华南理工大学出版社，2017，第38页。

④ 〔清〕陈启沅：《蚕桑谱》卷之二，光绪惜阴草堂本。

址（在百豫坊范围内）在“文革”时尚有两个马达基础，一个是抽水机的马达，一个是“机汽大丝偈”的传动装置的马达。如果上述观点能成立，则继昌隆还是第一间采用机械传动缫丝机的民营工厂。当然这个观点依据还很不足。1887年机器缫丝厂顺德有四十二家，新会三家，都是“由炭火蒸水改为蒸汽蒸水，俨如汽机缫丝厂焉。其所不同者，惟缺乏机械与转动机械缫丝，此无疑系受机器缫丝之影响所致”。[①]“缺乏机械与转动机械缫丝”就是说还没有马达传动缫丝机械。

有的研究者根据相关资料认为，1891年，陈启沅回到简村重办丝偈，要用蒸汽机动力，遭到女工的反对，“因为在原有半机械化，采用脚力的情况下，女工能获得相对高的工资；但如实现机器化、蒸汽化，女工的重要性便会下降，机器的重要性就会上升，那么女工的工资可能就会降下来。另外，与女工们原先已经熟悉的足踏缫丝车相比，蒸汽化的缫丝车无疑需要花费额外的时间和精力去熟悉操作，而且这个过程还可能导致心理上的焦虑以及经济收入的下降”。[②]这段话是根据陈天杰另外一个说法：1892年“世昌纶开始装置蒸汽动力带动缫丝车，这是广东最早出现的蒸汽缫丝厂。但实行仅两年，女工反觉不如足踩易于掌握，于是在1894年又恢复足踩。直到1937年”。[③]陈天杰这段话说明，在珠江三角洲的机器缫丝厂推广马达牵引缫丝机器，是有阻力的。

陈孺直又说，陈启沅过世之后，陈蒲轩要管理澳门和简村共三间丝厂。[④]澳门的丝厂不会因为南海县准许再建丝厂而拆除，因为那是盈利的工厂，而

① 彭泽益：《中国近代手工业史资料（1840—1949）》，第二卷，生活·读书·新知三联书店，1957年，第45～46页。

② 张茂元：《近代珠三角缫丝业的技术变革与社会变迁：互构视角》，载《社会学研究》2007年第1期。

③ “陈天杰致上海社会科学院1981年3月的信件”，转引自徐新吾：《中国近代缫丝工业史》，上海人民出版社，1990年，116页。

④ 〔民国〕陈孺直：《先兄蒲轩公事略》，手抄本复印件。

且有括丝场能生产盈利更高的六角丝。并且，光绪十三年（1887年）官府派候补知县李长龄到蚕区逐一确查，报告称机汽丝偈顺德四十二家，新会三家，并没有提到南海和其他县份的，如果有，李长龄的报告一定不会忽略。

李长龄的报告还提到缫丝位的机器："每人各有座位，左右分别配上缫丝机器木轮，冷热水铁喉，煮茧铜盆，并扭丝各茧造一丝之铜造颠拏竹箩等项，每位计需银六两七八钱。"[1]"缫丝机器木轮"就是足踩多釜位的由灵巧的转轮推动的。但没有提到南海有一家。[2]但陈启沅在澳门的工厂附设有括丝场，有马达牵引缫丝机木轮缫销往美国的六角丝，生产四角丝的就是继昌隆那种装置。陈天杰说陈启沅1892年将世昌纶改为马达牵引缫丝机，则此前光绪十一年（1885年）起码先恢复了继昌隆的缫丝机器规模，才有可能于1892年将世昌纶改为马达牵引。

光绪十三年李长龄的调查，没有提到南海有机汽偈。则陈天杰在1981年写的一份关于继昌隆的文件很可疑，而且陈氏的丝厂不是1937年才停办，而是1928年陈氏族人将澳门和简村的厂全部停产。[3]可能是陈启沅被准许回到简村办世昌纶时，就已经将缫丝机器用马达牵动缫丝机（才有林润明所说继昌隆遗址有两个马达基座遗址），后来因为女工的反对，才改为单车丝偈，所以光绪十三年李长龄调查多釜位的机汽偈时，没有提到南海的情况。

广东丝偈普遍应用马达牵动缫丝机，可能是稍迟的事。到20世纪初，几乎全广东的缫丝厂都用蒸汽动力运转丝车了，至此，珠江三角洲的机器缫丝才真正是名副其实。[4]1925年，考活调查了顺德等地一百四十四间丝偈，釜

---

① 〔清〕陈启沅：《蚕桑谱》扉页，两广总督和总理海军衙门来往文件，光绪三十四年版奇和堂药局刻本。

② 〔清〕陈启沅：《蚕桑谱》扉页，两广总督和总理海军衙门来往文件，光绪三十四年版奇和堂药局刻本。

③ 〔民国〕陈孺直：《先兄蒲轩公事略》，手抄本复印件。

④ 王翔：《中国近代手工业的经济学考察》，中国经济出版社，2002年，第59页。

位前的机械与陈天杰所说差不多，没有明显提到动力牵引缫丝机，但有一句说："引运木轮之皮带甚松，旋转之间，消耗动力也不少，大约相差一半。"[①]则表明缫丝机的木轮是用马达牵动的。珠三角丝厂应美国厂商的需求使用马达牵引的括丝场生产六角丝供应美国，也是民国开始的事，比陈启沅在澳门的工厂生产六角丝，迟了几十年。

官府准陈启沅回到简村再办丝偈，并没有办起来，在澳门的工厂也并没有拆除。但由于陈启沅留在简村的工厂的足踏机汽照样能使用蒸汽，而且能掌握温度和丝的质量控制，所出丝的质量大概不会低于用"机汽大丝偈"。所以自学堂村事件拆除继昌隆之后，直到1928年，陈启沅家族一直只有澳门一间多釜位的、带有能复缫的括丝场的机器缫丝厂，以及简村两间足踏汽机缫丝厂。

三、先进的管理方法和先进技术的结合

著名经济史专家汪敬虞说，中国的缫丝工业没有经历过工场手工业的阶段。这就是说，中国缫丝业中的民族资本主义不是按照西方资本主义的工业，从手工业工场逐步过渡到机器化的大工厂，其间既没有资本的原始积累，也没有经营的经验积累。[②]而陈启沅设立的也不是三五十人的工场作坊，而是拥有三四百人的较有规模的机器工厂。所以，陈启沅办厂时，也直接引入了资本主义的工厂化管理，这是近代广东民营企业管理方式的第一次变革。

在工厂的管理阶层，继昌隆设司理一人，由陈启沅自己担任。此外，

---

① ［美］考活著，黄泽普译：《南中国蚕丝业调查报告书》，岭南农科大学印行，1925年，第116页。

② 汪敬虞：《关于继昌隆缫丝厂的若干史料及值得研究的几个问题》，载《学术研究》1962年6期。

设司账（即会计）一人，被称为“行江”的买卖手数人。在生产阶段，有巡行、男女管工数人。缫丝工段的女工三四百人。此外还有杂工、纽丝（捆扎包装缫成的丝，八斤为一扎），管理机器的大偈（师傅）、助手共二十多人。陈启沅作为老板，掌握工厂的成本核算、生产决策、生产管理。他以下的管工、买手、焙茧、纽丝等工人，每年的工薪为八十两至一百两银之间。管理业务行政以及管理机器的工人、包装工、杂工等固定工，是领取固定工资。管理全厂机械的机器维护工人，按技术高低计算工资，比一般工人高些。其他缫丝、剥茧皮、入斛打水结、挑花勒线都是按件计算工资。派茧工无需技术，充当这类工人的，多是乡村里的中年妇女，每天按女工缫丝位的需要，送茧到缫丝位。缫丝女工于当天放工之后，就将自己的成品丝脱下来，搭在蒸汽喉管上，用大油布盖好，才放工回家。到了夜里，厂里的杂工将成品丝通通收起，放入焙丝房再焙干，然后挑花勒线，将丝扭成各种花样然后包装。这类工人和派茧的人数加起来十数人。

作为主要劳动力的女工，来自简村、杏头村、吉水村、龙仍村，年龄在十三四岁至二十三四岁之间。职工住家距离上班地址约为一里至三里，每天工厂的汽笛会鸣响三次。第一次鸣是起床信号，第二次是通知来厂开工，第三次是关闭厂门信号，上班时间一到，工人就必须到达工厂开工，如有迟到者因为厂门关闭就不得进厂。这项制度一直严格执行。工人一天工作八至九小时，每天上午七时至下午五时为工作时间，中午的十二时至一时为吃饭时间。缫丝女工可以从八九岁时开始指点其上位，即在缫丝工作位上操作，有女工请假时就作为临时替补上位。如果天资灵巧的，十岁左右就可以获取实位，成为正式工人。

对缫丝女工的工资计算，全部用计件工资，做得多工资就多，做得少工资就少。操作熟练者，每天可缫丝三两左右，手艺生疏的可以缫二两多些。缫每两丝的工资是三分六厘（半毫），每一女工每天的收入为一毫二三至一毫半。除了此项工资收入，还有伙食银每月二两，每年度和每季度还可以和管理层的职工一样获得花红奖励。此外每半个月，根据工人的出勤情况发放

“勤工钱”一次，如果职工半个月内没有缺勤，“出品质量保持平稳”的就多发三天工资，即半个月内发放十八天工资，如果有缺勤、迟到早退者就没有这项奖励。

民国缫丝厂的缫丝女工和监工

继昌隆有一套严格的制度，既鼓励工人努力生产以增加收入，又严格管理工人按照操作规程操作，以生产出符合质量的丝。女工产量超额有奖励，而低产和违反操作规程的就没有这项奖励，还要受到惩罚。违反操作规程的行为莫过于贪多产量，而多搭茧头。所谓多搭茧头，是指操作工违反规定，将每条丝只限三四个茧的，搭多些茧头，以企图达到出活多，多领计件工资的目的。因为，广东的土丝，既不是稳结洁白，且丝身粗大，不能达到出口的标准，只能供应本地土丝织业作为原料。继昌隆的厂丝，严格规定每条丝只有三四个茧，多了就不行。

民国时期丝厂中以检尺器检验丝的纤度

为了防止工人不顾质量，片面追求产量的行为，采用了严密监视的措施。一是明察：工厂的监工在车间内巡行，就是在明处严密督察工人的操作，发现有违法多搭茧头的立即予以纠正和处罚。二是暗察：暗察是在缫丝排位行上装置楼阁，巡工在楼阁上的小洞里窥伺，在女工不知道的情况下监视。巡工如果发现某一工作位有多搭茧，就将其工号写在纸卡上，投到管工处，管工处就会派人按照工号，将该号女工的已缫之丝拿去测量。这套测量法是继昌隆特有的。

陈启沅规定，每项丝成品按照茧的质量规定茧头数量，如果茧身好，一般三四只茧为一绺丝，茧身较差，丝绪较弱，就五只茧为一绺丝。缫丝上紽，是两条丝齐上，通常脱紽的丝，一束的重量是司马秤半斤上下，以焙干计算。测量紽是特制的一种尺寸较准确的小紽，把丝口一条夹上这测量的小紽后，转若干转，然后脱出焙干过秤，便知其一定重量。例如丝口四条上了这小紽后，转了五十转，这五十转的一小束丝的重量就是二两，二十五转就是一两，如此类推。如果被认为多搭茧的丝称过之后，符合标准的，算是刚刚加茧，不加追究，仍交回该女工继续开工。如果称过的丝超过标准数的三分之一，就被确定为故意超额搭茧，造成丝身粗劣，产品质量下降，当事人会受到严厉的处罚。

民国时期丝厂中以称丝来检验丝的质量

继昌隆的管理是严格的，而且有用童工的现象（八九岁为个别，一般十四岁至廿三四岁，少数廿七八岁），这是资本主义企业发展早期不可避免的。但一般每天工作八九小时，从早上七时到下午五时，中间十二时到一时为吃饭休息时间。这种接近八小时工作制度在现代是普遍的，但发生在100年前的清朝，在当时恐怕绝无仅有，有开创性的意义。①

由于有严格的质量监管制度和严格的管理，继昌隆的产品一直受到洋商的欢迎，而且能卖出很好的价格。个体蚕农所缫的丝粗且多绪，不够洁白，只做本地丝织业的原料。而继昌隆的丝细滑稳结洁白，产品全部出口，不但从未有退货的事件，还曾经获得过外国人送来的奖品。②

① 孙方一：《广东近代民族资本主义第一人——陈启沅企业管理思想研究》，载《哈尔滨商业大学学报（社会科学版）》2011年第3期。

② 以上根据陈天杰等：《广州第一间蒸汽缫丝厂继昌隆机器创办人陈启沅》，载《广州文史资料》1963年第8辑，第58～71页。

由于中国的缫丝工业没有经过工场手工业的阶段，后来兴起的民族资本企业就只能借鉴外国资本主义企业的管理方式。继昌隆就是走着这一条道路，它的创办给后来不同行业的民族资本企业都树立了榜样。它的建立，创立了近代工厂管理的基本格局和经营方式，具有划时代的意义。

晚清中国有三种类型的机器缫丝厂。一类是以洋商、洋行为背景创办起来的缫丝厂，主要分布在上海、无锡等江南丝区，这类丝厂常常离不开原来主人在经济上或者其他方面的支持。另一类是在官办、官商合办的基础上转化而来的商办缫丝厂，这类工厂在晚清的机器缫丝厂中不占主要地位。继昌隆代表的是第三种类型，它们一开始就是纯粹商办的民族资本企业。它处在国外资本主义和国内官僚买办、封建主义的夹缝中艰难生存，既是最早的民族资本企业，也显示出在中国资本主义发展史上的历史意义。

四、继昌隆与传统手工工场的比较

由于没有现成的史料，难以用生丝缫制的手工工场与继昌隆比较。我们只好选取一个相同时段的丝绸手工业加工场做比较对象。

现存的顺德《沙滘楚旺房陈氏族谱》[①]（以下简称《族谱》）就记载了一个普通的家族，如何从贫苦人家，经过不懈的艰难奋斗，白手起家，从经营蚕桑丝绸业走上富裕的道路。[②]

当时沙滘还没有织绸工场，沙滘陈竹虚兄弟办的是唯一一间。因为“连年绸业均有所收获”，乡人纷纷仿效，《族谱》称：“当是时也，乡内无人

---

① 顺德《沙滘楚旺房陈氏族谱》，广州博物馆藏本。这个族谱有几个版本，在广东档案馆、顺德档案馆均有收藏。

② 最早对这个工场做研究的是刘志伟。参看刘志伟、陈玉环：《清代后期广东丝织工场的个案研究——读〈沙滘楚旺房陈氏族谱〉》，载《中国社会经济史研究》1987年第3期。

执是业者。公（竹虚）竟自创始之，十余年间，艺传一乡，机业大盛，为开沙滘一埠绸业之祖，厥功伟哉！且能以三十金崛起，累寸积铢，所置产业屋宇，皆出于此。”陈竹虚兄弟的工场，最鼎盛的时候拥有织机五十台，织工上百人，绸业为一乡之冠。

陈竹虚的成功，固然有他个人的因素，但是族人的合股也使他在经营的起始阶段能渡过难关，这也是不可缺少的因素。因为区区三十两的资本对于开办织绸工场来说是太少了。等到族人先后两次中途要退出时，他已经积累了一定的资本，所以能继续独立经营。

从资金方面比较，这个手工工场主要靠买卖和节俭来积累开场的资金。陈竹虚少时非常贫苦。《族谱》上说他少时，“父子家居，食贫”，为人佣工时，“连年佣织桑麻蓬简等处，勤慎惜物，东主爱重之”。陈乔年八岁时也是“拾螺介以畜鹅鸭，采枝叶以供薪灶”。后来织机数十具，雇工上百人的工场，是他们“累寸积铢”和勤苦劳作得来的。到了他们年老时，还将这种节俭的精神传给下一代。光绪十年（1884年），他们已经有相当的家业。陈乔年的儿子陈彭孙到乐从买原料，因为天寒，用买货的十余钱购买肉粥吃了。归家时结数，遭到伯父竹虚的责备：如果你将买肉粥的钱买肉回来，那就大家都有的吃了！陈彭孙为此感到悚然色愧，从此不敢妄费一钱。陈彭孙后来成为一个经营有成的华侨实业家，与家族的影响不无关系。商业过程中的节俭精神，使经商者制约自己的消费基金的支出，等于间接增厚了资本的积累。由于起点低，沙滘这个陈氏工场显然在资金方面没有继昌隆的雄厚，显示它的先天不足。

另外，这个工场缺乏继昌隆的科学管理和效率。虽然陈竹虚兄弟他们为获得更高的利润，提高机具和工人的生产率，但用的显然是传统方法。《族谱》记载，咸丰四年（1854年），他们让两个工人共同使用一台机具织造杂号重绸，一个日班，一个夜班，让工人昼夜劳作，六天就能出一次货。每个工人每天的工作时间为十二小时，一台机具就能二十四小时不停运转，六天能出四五十端，每个工人每天能织绸零点七到零点八端，每个工人的产值约为三元左右。除了雇用工人，还使用了学徒制度。

《族谱》记载：清代顺德经营绸业的手工业工场中大量使用学徒，教以梭织，学徒与雇主订下若干年的合同，但是在学徒期间“有食无值”，即雇主只供给伙食，学徒没有工资。雇主“利其络纬给使”，其实是对学徒残酷剥削。学徒在合同期内，自习自织，只是操作机械，没有人教以如何织造绸缎，到了学徒期满，仍旧一无所成，卒业之年而不知如何织造者比比皆是。咸丰七年（1857年），陈乔年多招年长者为徒，“躬率实习，细心指授”，使招到的学徒，十天左右就能掌握织绸的方法。工场与学徒订三年期的合同，在学业期间，每月必须织成绸十二尺，织得多的照给工价，每尺工价为二钱八分，扣除伙食实给二钱，“业徒甚喜，无不勤身奋织”。当年陈竹虚兄弟工场的工人中学徒占了一半。

由于实行这项制度，当年所获“最稳最巨”，为工场带来了丰厚的利润。这个工场仍然有成本核算和利润，但是由于是低端技术，存在徒工学成则另起炉灶的风险，这个工场只能靠加大对徒工的压榨来增厚利润。这种经营方式与继昌隆是无法相比的。

这个工场也是家族企业，靠的是辛勤劳作、合作克服困难的精神。陈竹虚兄弟自小就勤苦劳作，即使创立了家业之后，他们仍保持着这种可贵的创业精神。咸丰九年（1859年），他们的家业正在鼎盛时期，陈乔年仍然“以大父昌贵公贫难为念，躬织弗敢少懈。先人而兴，后人而寐。然力弱体单，食少事烦，积劳，半月即一病，竹虚公以为忧”。陈竹虚即向其父禀告，欲使其稍休息。陈乔年“唯唯父命，而勤奋如故。曰：命之修短有数，非因勤惰以为转移，少年虽苦，何如老来贫耶？富之可求与否不可知，而要不可不早自勉。比年绸业略淡，惟家无冗人，教习业徒，所入殊丰，故能人亏我盈，人盈而我信”。仍旧保持其做法。陈竹虚兄弟亲力亲为，竹虚专司买卖，陈乔年一面参加劳动，一面兼理买卖，也作为学徒在工场络纬供织，以致手足溃烂，一身兼任多职。两人在假日期间，“冬月诸工罢织，则夜起继作，轧轧达旦，用戒不虞，颇年以为常”。即使除夕元旦也是“梭织不辍”。

这个工场老板兼做工人，无法实现对技术的深入钻研，以升级技术来增强竞争力，因而缺乏发展的后劲。这个家族一贯保持了“家无冗人”，所以在工场遇到困难的时候，尚能通力合作，共渡难关。同治七年（1868年），由于绸业市道不好，获利亦微，陈乔年就与其次妾潘氏等在屋宅中养蚕，帮补家计。竹虚兄弟之母招氏年老了，也做些力所能及的事情，如帮忙解丝络纬，或者“静坐以监女工”，真正做到了“人无废事，家无废材”。同治十二年（1873年），陈乔年次妾潘氏殁，遂失所助，不能继续经营蚕业帮补家计，只好将蚕具散卖。光绪初年开始，由于绸业衰落，这个家族的经济开始出现困难。

为了减少支出，竹虚兄弟让他们的儿子都来帮忙。光绪五年（1879年）的时候，陈乔年让他的两个儿子陈子余、陈子壮辍读，暂为机房业徒。次年，陈竹虚命其子永贞学习买丝，其侄用祺为业徒。这一年的十一月，陈竹虚也让他的侄子陈彭孙到佛山跟人学习辨别银色，为将来接手买卖业务做准备。所以这个工场实际上是在非常辛苦地经营，以多种经营、减少支出来实现利润的增加。陈竹虚兄弟工场虽然是家族股份制的形式，但由于它是劳力密集型的，家庭的成员也是工场的成员。而继昌隆的家族股份不需要全体家族成员都参与劳动，而是使用管理人员实行管理。

至于对比土丝的个体生产者，继昌隆更有绝对的产品数量优势和质量优势。因为一家一户的家庭作坊，不能实现生丝质量的标准化和质量划一，但机器缫丝厂可以使所产的生丝绝对匀称可靠，这正是外国丝商愿意出更高价钱购买的原因。[①]在未有继昌隆之前，西樵一带个体户所缫出的丝，只能用于本地织造的纱绸，不能在国际市场上出售。个体缫的土丝，丝车转速不规则，缫出的丝既不稳结洁白，且丝身粗，断头多，一般每条上絚的丝，总是六七个茧结成一条。而继昌隆所交的番货，每条丝只限三四个茧，丝身光洁，粗幼均匀，丝的质量自然高，产量也高。

---

① 李明珠著，徐秀丽译：《中国近代缫丝业及其外销（1842—1937）》，中国社会科学出版社，1996年，第28页。

个体户生产量虽高但质量很差不能出口，内销则价格低，个体缫丝获得利润亦低。而继昌隆每个缫丝位的丝产量虽少些，但质量高，卖的价钱也比土丝贵三分之一，加上工厂化生产，其产品质量和数量个体户都不能望其项背[①]。这就是近代工业对比传统手工业的优势。

从同治十三年（1874年）秋冬之交继昌隆正式开工，到光绪七年（1881年）春夏之交，继昌隆的经营是成功的。外销数量虽因为年代久远无从得知，但可以说是盈利可观的。陈天杰说在1874—1876年（即同治十三年到光绪二年）间，日本丝在国际市场上降价推销，当年丝价每磅由美元八至九元降至三至五元，继昌隆初期二三年尚可平稳度过，1877年以后丝价日涨，获利颇丰。[②]

五、创设足踏缫丝机

晚清顺德、南海的土丝缫制业，并没有因为机器缫丝的出现而绝迹。土丝虽然质量较差，其出口被厂丝挤压，但是可以内销，市场还是很大的。清末顺德蚕书《岭南蚕桑要则·劝业刍言》说，本地的蚕农“凡逢丝市胜茧市，则必卖丝，茧市胜丝市则必卖茧”。可见蚕农还可以根据市场的动向而决定他的生产行为，自主决定卖茧还是将茧留作家庭缫丝业的原料。家庭的手车缫丝可以作为副业，容纳多余的劳动人手，增加一点收入。此外，由于手工缫丝机器的改革，顺德农家的缫丝业也再度繁荣起来。

随着机器缫丝业的兴起，促使蚕业和缫丝业分离。这使得一般的蚕农往往将茧卖给丝厂，而失去了一个从事手工缫丝的机会。虽说家中的女儿或者

① 以上对继昌隆的叙述，根据陈天杰等：《广州第一间蒸汽缫丝厂继昌隆机器创办人陈启沅》，载《广州文史资料》1963年第8辑，第58～71页。

② 陈天杰等：《广州第一间蒸汽缫丝厂继昌隆机器创办人陈启沅》，载《广州文史资料》1963年第8辑，第68页。

年轻妇人可以到丝偈务工获得收入，但年长女人就只能在家，毕竟有部分劳动力不能消化，副业收入自然会减少。

陈启沅为了使更多的人享受到技术革命的果实，也为了打消人们对机器缫丝业的敌意，他和二儿子陈蒲轩对手工缫丝机器进行了改革。蚕乡原用的手缫车，是从古代沿用下来的，但是缫出来的土丝质量较差。陈启沅将手车改为足踏，手工缫丝的效率大为提高，缫出来的丝也比手车的要好，价格比手车缫的丝也高些。这种机器，较之机器缫丝，是化群机为单机，资本较少的投资者，就可以用它来开设工厂。《蚕桑谱》将这种机器称为“机汽单车偈”。

其实，足踏缫丝机在宋代和明代的江南已经普及，在《天工开物》这一著名的手工业巨著中就有图示和说明，但岭南七八百年来没有人改良过，陈启沅父子可以说是最先进行这一改良的。

既然称为“机汽单车偈”，那就有两种方式。一种是足踏机的缫丝釜是可以连接蒸汽机管道的，这样水的温度可以由气表掌握，缫出的丝和大机汽车偈的质量差不多，但是蒸汽机的投资要大得多，只有大资本的人才能造。一种是足踏机的缫丝釜是用炭火的，这样投资少得多，一般农家都可以使用，缺点是缫丝釜里面的水温度不好控制，特别是如果没有蒸汽炉配套的过滤水用的水池，水色和水质都不好掌握，这样质量就很难与蒸汽丝偈所产生丝相比。不过，不用蒸汽的足踏机，比仍然用手工缫丝车的质量好些，效率也高。

如继昌隆被迫迁走的几年间，陈启沅的儿子陈锦筠、陈蒲轩，在继昌隆的厂址上用这种足踏机器开办了利厚生、利贞丝厂，是用蒸汽机的。这两间厂利用陈家的昌栈丝庄将产品出口，也获得巨大利益。足踏缫丝机的好处，很快为人们所认识。据陈启沅在《蚕桑谱》中说，这种足踏机，“器则少而功则同”，不少人跟陈启沅学习。到光绪十三年（1887年），仅仅南海县，据陈启沅在《蚕桑谱》中记载：“用此法者不下二万人。以旧法比论，新法会计年中所溢之利何只数百万金耶？用茧如是也，用工如是也。而得丝之好

足踏缫丝机

售，价之贵几过半之。”①

足踏缫丝机也很快在顺德推广。这种足踏机一般家庭也可以购买和使用。最初的足踏缫丝机，在顺德主要是在养蚕的农家中推广，家中只设一二台作为副业。兴起之时，竟然一度也占出口丝的三分之一，并逐渐代替手车缫丝机。从此，顺德县的手工缫丝业日益发展。但是，民间的足缫机，水平和技术不够划一，其丝也有优劣之分。蚕农看到自己生产的茧质量太差，就用足踏机缫丝，然后上市售给织造土绸者。有的手工业者专门收买劣茧，用足踏机缫制土丝供应土绸业。也有资本家就以此为工具设立缫丝工厂。宣统年间，南海、顺德出现了一大批拥有缫丝釜五十釜至一百釜的手工业工场，其中部分工场在使用足踏缫丝机的基础上兼使用锅炉蒸汽煮茧。从生产技术上来看，这种工场可以说是手工和机器缫丝的混血儿。机器缫丝厂也往往附设若干台的足踏缫丝机，以便利用原料中挑拣出来的弱茧和废茧，缫土丝出

① 〔清〕陈启沅：《蚕桑谱》序言，光绪惜阴草堂本。

售，能够充分利用原料，降低成本。

虽然用足踏缫丝机织出来的产品未能称为厂丝，叫作“孖结丝”，但也是土丝的一种。足踏缫丝机投资少，办厂的费用大大少于机器缫丝。足踏缫丝机提高了土丝的质量，不仅可以出口，还可以提高手工丝织产品的质量。厂丝虽然能出口，但它的丝质细而脆，只可以被外国的机器丝织业接受，不能用于织造土绸。加上其价格高，本地手工丝织机房也不愿意出高价购买。所以厂丝只能出口，不能内销。在此情况下，土丝仍占据国内的市场。但是如果土丝的质量太低劣，使土绸业的质量也上不去。足踏缫丝机的发明，既提高了土丝的质量，土绸织造业也能接受，这又提高了省内手工丝织业的水平。

第五章

新兴机器工业和传统手工业的冲突

一、机器缫丝厂对顺德、南海不同的影响

虽然早在19世纪60年代初，部分官绅开始接触并尝试使用机器技术，兴建了一批近代机器工厂，如最初的安庆内军械所以及后来的江南制造局、金陵制造局、福州造船厂等，但那都是由官府建设在城市的，与民无关。而缫丝机器建在简村，是一种新鲜事物，特别是一只大烟囱拔地而起，工厂的汽笛每天一早鸣叫，打破了乡村的宁静和安详，使一般的人感到新奇，也使一些守旧的人感到惶恐。

有人认为它破坏了乡间的风水，说三丈长的大烟囱，在日影照耀之下，变成黑影从高处压下，被压处会破财损丁。也有人说，工厂是为番鬼缫丝的，在厂里做工对男女都不利；厂里的汽笛鸣叫，类似鬼叫，对人不利。但陈启沅是一个声望极高的风水先生，他对乡人说，工厂与风水无关，工厂的烟囱和汽笛对人也无害。除了对乡人进行解说，陈启沅更愿意通过慈善事业来化解乡人的疑虑和敌意。

在开办工厂之后，为了照顾缫丝女工的生活习惯，厂里开办了可以容纳数百人煮饭的伙房，厂房免费提供柴火，工厂雇用领取施米簿的老妇人为女工煮饭。缫丝女工自带米和菜，早上到厂之后，就将米和菜放在自己的饭煲内，十来个老妇就为女工煮饭，每月可得一元二角至一元五角的工资。简村、杏头、龙仍三村的老妇争相受雇，于是厂方就用按月轮流替换的办法让更多人受益。而缫丝女工也可以中午吃饭休息一下。①

陈启沅的慈善活动源于他的行善意识，但是乡人并不一定认可和接受他的善行。虽然简村中的七姓耆老接受了陈启沅的新式缫丝厂，却不等于整个佛山地区的人都接受了这一新鲜事物。到光绪七年（1881年），南海境内已

---

① 以上根据陈天杰等：《广州第一间蒸汽缫丝厂继昌隆机器创办人陈启沅》，载《广州文史资料》1963年第8辑，第58～71页。

经有了十间新式丝厂，改变了蚕农经济。丝厂需要买茧，陈启沅在官山等地设了茧市。茧市是从未有过的墟市类型，因为以前茧的交易都是在买卖各种商品的墟市内进行的。茧市的设立，使蚕农的茧都集中供应给丝厂，市面流通的茧忽然发生了变化，依靠茧供应的土丝织造、茧布、绸缎等行业，就受到严重影响。这与同样依赖蚕茧为原料的传统丝织业发生了矛盾。

新式缫丝厂对南海、顺德依赖茧的丝织业的影响，应该分别来叙述。顺德、南海都是广东丝织业的重要产区。丝织业本以南海县为最发达。手工丝织业者的组织叫经纶堂，它在南海有强大的势力。

虽然顺德有数量庞大的蚕丝业和丝织业，但不会与新式缫丝业发生冲突，顺德的农民可以有很多的谋生渠道，因为这里的手工业者往往就是基塘的生产者，或者兼营其他种类的手工业，假如他们的丝织业没有收来茧做原料，他们会放弃缫丝和织造，转而扩大基塘的生产或者经营其他的手工业。所以顺德的丝织业者往往兼业，或者说基塘生产者兼业，沙滘《陈氏族谱》“陈竹虚的织造土绸的工场兼种桑养蚕，还经营土丝的生意”的记载，就说明了这一点。

明清广东的商品性农业类型，有单一种植型、农工兼业型、农贾兼业型、种养结合型。[①]这些类型在顺德都有。明代万历年间到清初顺德县农业民俗的变化，说明了这一问题。万历年间《顺德县志》卷之一《风俗》记载，顺德县人“好稼穑，木石之工遍于邻郡。会城居肆，皆邑人也”。重视经商，习于经商已经成为一种风气，关于这一方面的情况，明代李际明的《龙津记》说得更清楚：“民半事农桑，半事商贾，究竟末富赢余，倍于本富，则子母之权，有相当习于素者矣。”[②]

据康熙二十六年（1688年）成书的《顺德县志》记载，顺德全县各地每个水乡都有自己的工商业或农业特色。该书除了记载容奇堡、北水堡、马宁

① 吴建新：《明清广东的农业与环境——以珠江三角洲为中心》，广东人民出版社，2012年，第119～123页。

② 康熙《顺德县志》卷十《艺文》，中国地方志集成本，第360页上。

堡、水藤堡等以经营蚕丝业为特色，还记载了水藤堡“为鱼米之凑”，龙山堡“范铜丝织诸作比屋”，新良堡“农什之五，工商十二”，登洲堡“贩木为商，余皆力本”，龙头堡“龙头治楮，勒竹治灰，赤花通粜有墟焉，夹水而肆，百货萃之”，甘竹堡“其民力农商”，桂洲堡“商、农半之。简岸多商，乾滘多农”，平步堡“人民业漆器。……俗杂农商”，葛岸堡“农半工贾杂之……工漆器”，龙津堡“陈村……贫者多业橐驼，花果之异，售于诸郡”，甘溪堡“俗杂农商”，石涌堡“农多于商”，大良堡“商贾阜通，为鱼米果布之凑”，冲鹤堡“五牸之畜，甲于邑城”，小湾堡“知业铅椠，民有山水之利，勤于耕织”。[①]再从也是康熙二十六年成书的《广东新语》中的以下记载，则更可知“末富赢余，倍于本富”的观念遍及整个珠江三角洲地区：

> 广州望县，人多务贾与时逐，以香、糖、果箱、铁器、藤、蜡、番椒、苏木、蒲葵诸货，北走豫章、吴、浙，西北走长沙、汉口，其黠者南走澳门。至于红毛、日本、琉球、暹罗斛、吕宋，帆踔二洋，倏忽数千万里，以中国珍丽之物相贸易，获大赢利。农者以拙业力苦利微，辄弃耒耜而从之。[②]

乾隆年间顺德人龙廷槐所举省城、佛山、石湾等城镇的“行店”，直接或间接都与农业有关。如布行、木行、铁器行、绸缎棉花行、青麻行、西货行、海味行、京果行、油行、豆行、谷埠米行、槟榔行、烟叶行、果干行、药材行、柴行、炭行、糖行等，就是直接销售农副产品，或者与农业产品的销售有关的商行。[③]商业直接导向着农民的生产行为，农民的生产决策以市场

① 康熙《顺德县志》首卷《图经》，中国地方志集成本，第28页上～68页下。

② 〔清〕屈大均：《广东新语》卷十四《食语》《谷条》，中华书局，1985年，第371页～372页。

③ 〔清〕龙廷槐：《敬学轩文集》卷之二《初与邱滋畬书》，北京师范大学图书馆编：《稀见清人别集选刊》第十二册，广西师范大学出版，2007年，第418页上。

变化为依据。如清代后期两首竹枝词，突出反映了农民对市场的高度关注：

呼郎早趁大冈墟，妾理蚕缫已满车。记问洋船曾到几，近来丝价竟何如？

——〔清〕张臣《竹枝词》，嘉庆《龙山乡志》卷十二《艺文》

一四七期趁大墟，近来生意竟何如？市廛不似田家乐，郎自耕桑妾养鱼。

——倚琴主人诗，〔清〕赖振寰辑：《龙山竹枝词》

在商品性农业高度发达和农民谋生机会多的情况下，也就缺乏了来自底层的对新式缫丝业的反对意见和势力，经纶堂在顺德的力量就微弱得多，顺德手工业丝织者也没有反对新式缫丝厂的冲动。

生丝出厂装运

最重要的是，新式缫丝厂得到顺德宗族的大力支持。顺德宗族有许多名为“堂口”的组织，是宗族某一个支派的号，甚至小小的支派也有堂口。“堂口”在经济上具有许多功能，如参与“义会”、投资实业和贸易，购买产业作为自己堂口的物业，将来立祠、修谱后可以转化为自己宗支的族产。[①]顺德水藤堡沙边乡的何氏“厚本堂”，就在晚清时购买基塘，继而建筑丝厂租给自己的族众经营以牟利，还向自己宗支的人发布告示：“该丝厂之设系列祖及族人集股而成，论

① 已故顺德龙江人张永锡告知。张氏有《龙江千年回眸》一书，叙述顺德龙江、龙山乡土历史甚详。

其地位足资保障。”说明丝厂租金收入可用作给太祖祭祀，而且八坊族众皆有受益，族人当任保护之责。[1]这不是水藤沙边的个案，而是整个顺德的很多宗族都是这样。这是顺德机器缫丝厂大发展的一个基础。

新式丝厂和土绸织造的原料都是茧。但顺德、南海民众对此表现出不同的态度。当光绪七年（1881年），蚕市不佳时，市场上流通的茧急剧减少，顺德农民几乎对机器缫丝业没有惊恐的态度。而在南海原来积聚的矛盾爆发出来，酿成严重的社会冲突。

二、经纶堂及其与新式缫丝厂的冲突

经济史家往往将发生在南海县的经纶堂与新式缫丝厂的冲突，描述为传统手工业与新式工业之间的冲突，并将经纶堂的行为与19世纪英国工人捣毁机器的行动相提并论。19世纪的英国，在纺织和挖掘等行业，都曾经发生工人捣毁机器的行动。19世纪初期，大多数的织造工厂主将机器租借给针织工，借此来控制工人。工人团结一致，以使工厂主就范而接受他们的条件。最有效的形式，就是捣毁机器。在家户制的时期，工人对机器的态度，严重影响工厂主的利润。此外，对原料和成品的破坏，也可以起到一样的效果。

将这一发生在欧洲的情况放在珠江三角洲做研究，以汪敬虞的观点最具代表性：“机器破坏手工业劳动者的生存条件，手缫工人因手工缫丝供应的减少而停织，他们受到失业的威胁，因而抵制机器缫丝，这是可以料想得到的。……继昌隆成立不久，‘机房中人’还是联群挟制，鼓动风潮要拆毁工厂。手工业工人要反抗机器的斗争……在新被采用的机器与相传下来的手工业经营互相竞争的地方暴露得最为分明。在这一点上，半殖民地半封建的中

① 顺德水藤何氏厚本堂《何氏族谱》卷一，1923年刊本。

国和资本主义的西欧，并没有什么两样。”[1]这一认识，深深影响了此后长达半个多世纪的对中国近代手工业的研究。[2]

但是对以上顺德的情况做分析后，可发现“反机器风潮”在珠江三角洲并不一定是绝对的。即使是在江南也不一定发生直接的激烈的冲突。清末民初，江南的机器丝厂发展很快，第一次世界大战后逐渐出现茧行。茧行范围扩大，威胁到产地丝行和绸缎机织业的利益。因为茧行的发展会减少茧种原产地土丝的原料供应量，从而使丝价高昂，增加丝织业的生产成本，减低其利润。例如江苏溧阳一带于1860年以后，蚕丝业勃兴，所产土丝百分之八十运往上海输出。19世纪末叶由于茧行的设立，农家生产的茧成为供应机械丝的原料，溧阳土丝遂绝迹于市场。江南的丝行曾经在晚清反对机械丝厂的设立，到民国初年（19世纪头十年），江浙绸缎联合会和丝商团体向政府请求取缔茧行，而与江浙皖茧业总公所公然对立，甚至当时省议会和北京政府亦牵涉其中，直到1928年，才由南京民国政府宣布茧行认可制度，表示只要缴纳两百元的费用，即随时可设立拥有二十间干燥室为限的茧行。[3]这说明江南新式缫丝业和传统产业的矛盾，是通过不那么激烈的途径解决的。

但经济史家所称的“反机器风潮”，在南海却发生了，而且冲突集中在以继昌隆为中心的缫丝机器厂。继昌隆带动起来的缫丝机器厂，在南海有十家，其中简村四家、学堂村一家、吉水村两家、大桐两家、南畔一家。[4]这需要进一步对经纶堂的情况做些分析。

---

① 汪敬虞：《关于继昌隆缫丝厂的若干史料及值得研究的几个问题》，载《学术研究》1962年6期。

② 段雪玉：《机器缫丝业：近代珠江三角洲社会经济一瞥》，温春来主编：《“中华文化视野下的西樵文化”国际学术研讨会论文集》，广西师范大学出版社，2012年，第329~348页。

③ 陈慈玉：《近代中国的机械缫丝工业（1860—1945）》，载台湾“中央研究院”《近代史研究所专刊》1989年第58期。

④ 〔清〕徐赓升：《不自慊斋漫存》卷六《学堂村滋事第一禀》，彭泽益：《中国近代手工业史资料（1840—1949）》，第二卷，生活·读书·新知三联书店，1957年，第47~48页。

经纶堂最初叫锦纶会馆，始建于清代雍正元年（1723年），先从广州开始，逐步衍生至佛山等地。广州的经纶会馆，是反映清代广州丝织业手工行业盛衰的历史见证。1999年，因为城市建设，需要将广州经纶会馆整体迁移，发现了馆内十九块碑刻。雍正九年（1731年）的《锦纶会馆碑记》记载，大致说：在广州城的西边业蚕织者数百家（属于南海县），建有关帝庙在西来胜地，作为蚕织者春秋报赛和“萃聚众心之所”。继之生聚日众，技业振兴，在雍正二年（1724年），集合蚕织者的资金和赞助者的资助，构建锦纶会馆在关帝庙的左边，以祭祀行业神“博望张侯”，因为“彼都人士擅衣冠人物志奇，远国商帆口载贸迁之盛，则合坊之经营于斯艺者，聚集于斯土者”，集合在一起，“信义交孚，勿作诈伪以欺人”，因此建此馆，每年主会者十二人，主持“祖师庙”的“诞节建醮”，“行众”设立锦纶主会，一年一届，并制定了换届的细则，每年“行众”出例金，由下手主会收贮。新开店铺，出助金二钱，等等。

这一通碑刻，说明这个行会组织集合了广州城西部属于南海县的机户，为一个行业组织，有凝聚“行众”之心的每年春秋两次祭祀的行会神。这样的组织，便具有封建行会的属性。清代，广州的丝织行业按产品种类分为五大行：朝蟒行、十八行、十一行、金彩行、通纱行；按照雇佣关系，分为东家和西家。东家聚会锦纶会馆，西家聚于中山七路的先师庙。按照销售地域，分为行庄三行（安南货行、新加坡行、孟买货行）、本地绸缎庄行及福州货庄行。其中孟买货要染色桃花，较他行货色更为讲究，贸易额也大。[①]

锦纶会馆是广州丝织业行会“锦纶行”的行业会馆，也是该行的议事地方。每年的农历八月十三日是“师傅诞”，行中的人敲锣打鼓，抬着烧猪到庙里举行贺神诞，一年一度的“造值理”也在这时举行，通过“掷杯”（据掷地的两块木牌的向背卜吉凶），选出值理多名，处理行中之事。锦纶行中有“放机”“揽头”和工人之别。“放机”即东家，拥有织机，雇工织造，

① 孔杜新：《锦纶会馆与广州丝织业史》，载《岭南文史》2003年2期。

有的人自己或家人都参加织造。工人受雇于东家，计件受值。

晚清时，锦纶行向西面发展，在南海县江浦司、九江、西樵一带机工有万余人，广州、佛山势力最大，与三水、顺德的机工联成一气。不过在顺德的势力较小，①官府的报告说锦纶堂中人“恃众横恣，从前叠经滋事。即如于同治五年（1866年）并有纠众环围抚宪衙署，勒免抽厘。光绪初年又有张前令琮赴大岗墟办赌，办理并无错误。辄被纠众围困，打烂行轿”。②经纶堂势力很大，人多习武，所以经纶堂也是民间的武装组织。

西樵是南海丝织业的集中之地，仅简村、大岗、民乐市、大索围等乡村，包括织机、糊经、整纬、绞丝等什工在内，机房工人有数千之多，连同南海九江、江浦一代，机工不下万人。西樵的经纶堂，还延请秀才、贡生之类文人为状师，以备有事时为其写状词和奔走衙门之用，为此每年花费的笔金（薪金）达一二百两银子（据陈天杰等介绍）。

经纶堂人认为，机器丝偈的创办，迟早会打破他们的饭碗，因为“鬼紅”的丝都是出口的，机器丝偈多了，丝都出口了，就没有丝可以织布了，市面也没有茧可卖了。从这种观念出发，机器丝偈与经纶堂的矛盾迟早会爆发。

经纶堂就有人“联群挟制，鼓动风潮”，放言：机器缫丝“此风一开，则工人失业，生计立穷。无知之民，相率附和”，策划捣毁丝厂。③

矛盾爆发在光绪七年，即1881年春夏之间。当年蚕茧失收，市上无茧可卖，土丝织业几乎要停工。这更激起了经纶堂人的恐慌，他们将此归咎于机器丝偈买断了蚕茧，蚕农没有土丝出售，使手工丝织没有了原料。

---

① 关于19世纪行会与政府关系，见科大卫：《皇帝与祖宗：华南的国家与社会》，江苏人民出版社，2009年，第329～333页。

② 〔清〕徐赓升：《不自慊斋漫存》卷六《学堂乡滋事情形第一禀》，彭泽益：《中国近代手工业史资料（1840—1949）》，第二卷，生活·读书·新知三联书店，1957年，第47～48页。

③ 〔清〕徐赓升：《不自慊斋漫存》卷六《禁止丝偈晓谕机工示》，彭泽益：《中国近代手工业史资料（1840—1949）》，第二卷，生活·读书·新知三联书店，1957年，第47～48页。

当年的阴历八月十三日，正是丝织机户的先师神诞，群聚了不少机工，神诞散后一起饮酒。酒后，忽然有一人说：“机器害我机工，不如聚众前往拆毁”，遂一倡百和。有人声言聚众必须建旗，将自己身上的一百文投入铜盆，扬言愿出资的，照此投钱。即时聚钱甚多。立即买白布制旗帜，上书“锦纶行”字样，大队浩浩荡荡前往与之结怨的学堂乡。原来，简村对岸的学堂村在光绪三年（1877年），由南海举人陈植棨、陈植恕开办了一间裕昌厚丝厂，其设备完全是仿继昌隆的，机位百余个，规模也不小。

大概裕昌厚丝厂的老板不善于与乡人打交道，与经纶堂的工人争执起来。因此经纶堂人借势前往寻仇，直奔裕昌厚工厂，将缫丝机位、机器捣毁，还趁乱抢劫，使工厂的生丝损失上万元，并打死了三名丝厂工人。而学堂乡的乡民，闻风而来，捕捉二人，机工二人因为掉入河中而淹死。经纶堂人马暂时被驱散。

在有人捣毁裕昌厚时，早有人飞报陈启沅。陈启沅即派善于辞令的士绅父老及厂内职员三四人，前往学堂村打探情况。他叫人报告驻扎在官山圩的清兵，希望官府能阻止这些不法行为，一面派出简村的武装乡丁，分守在简村和学堂村之间河道上的基围，阻止经纶堂的人马渡河，到厂里来捣乱。学堂村的绅士和乡兵，也连夜修筑土台，扼守要路，防范经纶堂人再次寻仇。第二天，经纶堂人为抢救同伙，再次聚集一二千人前往学堂村，准备抢救同伙之后，再渡河将继昌隆捣毁。

当气势汹汹的经纶堂人马到达学堂村时，学堂村由于有备，将进攻的经纶堂人击毙二人。这时得到报告的清兵赶到，驱散了群聚的经纶堂人马。

经纶堂人虽被驱散，仍不甘心失败。于是在十五日再次聚集，贴出鼓动宣传的“长红”，“勒派各机东家，每机科银二钱，立聚一千余金，以为斗费。又分赴采办军火，并截夺丝绸艇防御枪炮，以为器械”。十六日，经纶堂人聚集在大冈墟，约定十七日聚集，攻打学堂村和简村，同时勒令经纶堂所属各机房不得开工，必须派人参与。一场更大的斗祸在酝酿中。南海县令连夜在乡间张贴告示，严令经纶堂人不得聚集。但是经纶堂人仍有千余人聚集，意欲要烧毁缫丝厂房屋，尽毁机器。清县令徐赓升为使聚众滋事的经纶堂人解散，竟然口头答应封存各村缫丝机厂，才使部分聚众的机工解散。但是在华夏村、莘村两乡的机工，已经出发，沿途还有不少乡村的机工加入，共有三千余人前往学堂村方向。学堂村人早已闻风声，乡中老少撤退，只存二百人在守卫，而对岸简村乡民也严阵以待。大队清兵赶到，抄了经纶堂人马的后路，将其驱散，同时也将学堂村武装人员解散。避免了一次大规模的斗祸，继昌隆也算是暂时躲过了被捣毁的劫难。①

三、继昌隆缫丝厂被逼迁移澳门

但是南海的县政府，却极其昏庸。县令徐赓升认为机工惹事的根源是缫丝厂，认为“统计江浦一带，共有机器一十一座（徐的另一报告说是十间），应用四千四百余工，以一敌十较之，实夺四万四千余人之生业。夫以十一家股商之攘利，而失数万家贫户之资生，我国家民为邦本，非同外裔上下征利之邦，自应永远勒停，以安民业。随取到各店永不复开结状，勒将前项机器，依限自行变价，以示持平”②。就派兵把各处缫丝机器一一查封，禁止裕昌厚丝厂复工，命令继昌隆与各处机器丝厂也要停办，“永不复开”，并勒令各厂把机器依限自行变价出卖。陈启沅在昏官的勒逼下，同时简村中陈氏族人和其他宗族的耆老也劝陈启沅暂时将厂迁走，以避其锋。因为在传统乡村，宗族总是不愿意惹官非，出了人命更是大事。所以这次风潮

① 上述参看〔清〕徐赓升：《不自慊斋漫存》卷六关于经纶堂事件的文告，以及陈天杰等：《广州第一间蒸汽缫丝厂继昌隆机器创办人陈启沅》，载《广州文史资料》1963年第8辑。

② 〔清〕徐赓升：《不自慊斋漫存》卷六《禁止丝偈晓谕机工示》，彭泽益：《中国近代手工业史资料（1840—1949）》，第二卷，生活·读书·新知三联书店，1957年，第47～48页。

使原本支持陈启沅办厂的士绅们都动摇了。[①]这一事件也成为后来陈启沅家族的一件憾事。

在困逼交加的情况下，本想以举办实业报国报乡的陈启沅受到极大的打击，只好计划将工厂迁往别处。但是南海以外已无可以依托之处，广州、佛山经纶堂的势力太大，即使其他各县，也可能是昏官当道，更不是理想的办厂地址。只善于行善而不善于与官场人物周旋的陈启沅，决定将工厂迁到经商环境相对较好的澳门。

澳门在明代正德年间既是葡萄牙人进行商业活动的地方，也是环珠江口势豪的势力范围。如明代刘缨，弘治年巡按广东时，澳门有珠市，“世其业者十人。豪民张敢者先窜名番舶商海外诸国，货直数十万。夤结中人监舶者假以公牒，得捕盗海上，凭借声张甚因欲吞十人之业，不得，因诬十人为盗，捕置狱中”。[②]万历初年是澳门港早期发展的转折时期。葡萄牙人驱逐各国商人，独占澳门。[③]但却不能驱逐珠江口的本地势豪。这类澳门的势豪，与葡萄牙人和明代官府都有交易，清代这种情况更甚。从内地到澳门经商的人，几乎必要有势豪为靠山才能站稳脚跟。

1882年，在广东内地无法立足的丝厂，就有三家迁到澳门。丝厂无法在内地开办而外迁，却引起了外国殖民主义者的幸灾乐祸，有一家报纸为此事津津乐道：“满大人的愚蠢和偏见便宜了我们，我们希望中国资本家会看到这个殖民地（即澳门），对工业投资无可置疑地提供的利益。”[④]陈启沅迁厂，也颇费了一番心思。学堂村事件之后，他先到澳门考察厂址。当时的澳

---

① 上述参看〔清〕徐赓升：《不自慊斋漫存》卷六关于经纶堂事件的文告，以及陈天杰等：《广州第一间蒸汽缫丝厂继昌隆机器创办人陈启沅》，载《广州文史资料》1963年第8辑。

② 《国朝征献录》，转引自道光《广东通志》卷二四三，续修四库全书本，第163页。

③ 余思伟：《论澳门国际贸易港的兴起与明王朝的管辖》，《明清广东社会经济研究》，广东人民出版社，1987年，第267页。

④ 吴建新：《陈启沅》，广东人民出版社，2008年，第47页。

门报纸对此做了报道。陈启沅迁厂一事已定，唯独女工一事不好解决。继昌隆的很多女工都表示不会到澳门工作，因为远离家乡，家里人不会同意。陈启沅只好对愿意前往澳门的女工许诺给予一定利益，如先借给工资若干，备办寝具。

这样，在简村、勒流才雇用了熟悉缫丝的女工，中山石岐招收的女工是因为近澳门才愿意去。此外找了男管工十人。据此估计，初期在澳门重开的工厂规模比继昌隆要小。在澳门重设的工厂，陈启沅改名为“和昌”，取“以和为贵，五世其昌”的意思，后来又更名为“复和隆”，大概陈启沅想在家乡有朝一日要恢复继昌隆。

和昌丝偈在澳门的开办花费不大，因为是合作经营。晚清时，势力最大的是经营博彩业的商人，他们亦追求产业多元化。陈启沅迁厂之前，到澳门考察，并与澳门的势豪卢九商定合作事宜，决计将工厂迁来。迁往澳门的工厂，大概用了六千两白银，都是陈启沅的哥哥陈启枢从越南寄回，因为陈氏是家族企业，从不接受外股，估计陈启沅与卢氏的合作也是给他干股，由他摆平地方上的交际事务，以利于发展而已。

卢九（1848—1907），新会人，名华绍，字育诺。他和侄子卢光裕、其子卢若廉对赌博业投入了巨额的资金和毕生的精力，并寻求产业多元化。丝业获利很高，陈启沅和他可以说是一拍即合。当时在澳门的商人引进缫丝业的不止卢九一人，1882—1890年间，澳门先后出现了六间华商投资的缫丝厂，这些厂迁移到澳门都与南海严禁丝厂的事件有关。

内地缫丝厂迁移到澳门，其实还是有优势的，除了能避开土丝行业的骚扰和清朝官府的压迫以外，另一个重要原因是澳门接近珠江流域的蚕茧产区，而且澳门就是蚕丝出口的重要基地，获得原材料和产品出口均比较容易，且比南海乡间接受国际市场的信息亦容易得多。与陈启沅合作的除了卢九，还有商人何连旺。根据澳门《澳门宪报》1882年7月8日第四号公布的官方文件称：“照得现据华人何连旺前来禀称，恳准开设缫丝厂，内用水汽机器，设在和隆园内东便附近二龙喉花园马路，该厂名粤和昌。该厂四至：北向茶仓，东南向马路，西向街上……兹按一千八百六十三年十月廿一日上谕第四款之例，准该何连旺在以上所言和隆园开设缫丝厂。”

根据陈天杰的回忆录和《澳门宪报》的记载，何连旺在隆园内东便附近开办的粤和昌缫丝厂，应为何与陈启沅、卢九合作开设。在澳门的缫丝厂，一般经营很成功。[①]陈天杰说陈启沅时期的企业从来都是自己的资金，没有招收外人的股份[②]，澳门工厂可以说是特例。

陈启沅在澳门办丝厂，集中精力钻研缫丝业，这一期间他的工厂制出的丝运销欧美，产品出口的势头并没有减弱。[③]而且，后来这间厂没有拆除，它的生产规模是逐渐扩大的。在澳门，陈启沅“制出之丝别为两种。一曰四角丝，运销美国。一曰六角丝，运销欧洲，成效渐著”。[④]此条为宣统《南海县志》和陈天杰的回忆录中无。从这一记载看，陈启沅懂得根据客户需求而将产品分级。四角丝不需要复缫，而六角丝要复缫，就是将第一次缫的丝运到“括丝场”根据客户要求再缫一次，要另外设工场，设蒸汽机和马达，增加缫丝机器，费用会增加，但丝价高，能抵销成本，这是陈启沅对缫丝技术的进一步改良。

“括丝”技术，《蚕桑谱》没有记载。这一技术是民初美国丝商代表团到广东考察丝业，“殷殷以改良相勗，谓宜效法日本，用复缫机缫丝，以期适应彼国织造家需求”。但顺德丝业中人“深韪其说”，因为加设括丝场是一笔不小的投资。在民国初由顺德丝商岑国华采用复缫法，“一时同业靡

---

① 以上澳门丝厂事引自林广志：《晚清澳门商人赌商的产业投资及其特征》，载《华南师范大学（社会科学版）》2009年第6期。林广志为澳门大学澳门研究中心人员，所述多当时文件。

② 陈天杰等：《广州第一间蒸汽缫丝厂继昌隆机器创办人陈启沅》，载《广州文史资料》1963年第8辑，第58～71页。

③ 陈天杰等：《广州第一间蒸汽缫丝厂继昌隆机器创办人陈启沅》，载《广州文史资料》1963年第8辑，第58～71页。

④ 民国《顺德县志》卷一《物产》，中国方志丛书本，第20～21页。

然风从”，从前占主流的四角丝被六角丝所替代。[①]1925年考活在佛山地区调查丝业，说“括丝法”“五六年前始有之”[②]。则括丝法的推行大致是在1920年。但陈启沅在光绪八年（1882年）到光绪十三年（1887年）在澳门已经采用复缫法，生产六角丝供应美国丝商了。

在澳门，陈启沅还收获了爱情。在陈启沅招收的女工之中，有一位姓罗的姑娘，面目姣好，是诸位女工中“成绩独优者”。罗氏是开平人，“生而有懿行，家贫以手工仰事父母”，应募之后，“矢勤矢慎，不越厂规，故成绩独优”。当时陈启沅的二房、三房妾都已经故去，家中需人助理家务。陈启沅欲在这群女工中物色贤淑女子为妾。时总管为陈启沅族兄陈时君，代为做媒。

陈启沅与罗氏父母商洽，迎娶罗氏。其时罗氏才十七岁。其时继昌隆改组为利厚生，所产丝很畅销，女工恢复到五六百人，女工很多为邻里亲属，有犯厂规者，多碍于情面而不能处理。于是陈启沅请罗氏为工厂总管，以她熟悉缫丝工作中的情弊，易于处理。罗氏慨然应允，自是留意侦查，“恩威并济，赏罚严明，众皆翕服”，回到家里仍然“执灶”。[③]罗氏所理之家，不是“执灶”那么简单，还要出任丝厂的“总管”，所以，陈启沅与罗氏不仅是夫妻关系，更是其麾下最忠实的管理者。[④]

事实上广东没有很多丝厂继续迁至澳门，清政府并非对内地全部的丝厂下驱逐令，如果不是经纶堂挑起事端，清朝政府也不会下令关闭南海的丝厂。地方官员的态度是如不发生事端就不管，民不告则官不理。所以，在比邻南海的顺德，在继昌隆等丝厂被逼迫关闭的时候，顺德的丝厂一间也没有

---

① 民国《顺德县志》卷一《物产》，中国方志丛书本，第20～21页。

② ［美］考活著，黄泽普译：《南中国蚕丝业调查报告书》，岭南农科大学印行，1925年，第115页。

③ 〔民国〕陈孺直：《生母罗氏事略》，手抄本复印件。

④ 贺喜：《近代商人与商人家庭——以陈孺直的生活史为中心》，温春来主编：《“中华文化视野下的西樵文化”国际学术研讨会论文集》，广西师范大学出版社，2012年，第356页。

被下令迁移，反而后来顺德的机器丝厂比南海还要多。

而到了光绪二十九年（1903年），厂丝大兴时，顺德县福源社四基坊居民反对设立缫丝厂。但广州府并没禁止其他地方缫丝厂的设立。裕昌厚丝厂的被捣毁，继昌隆被迫迁移，是经纶堂挑起事端的结果，也仅仅是发生在南海境内的孤立事件。

经过这一事件，经纶堂的势力也遭受了打击。因为经纶堂在学堂村事件发生之前，“私立锦纶堂名目，恃众横行，凌铄乡里。其间抗官抗捕，犯有旧案，前禀业已陈明。此外，聚则成群，散即窜匿，小则酗酒打架，大则强劫行抢，所犯不一，约束最难”，早就是官府的眼中钉。而学堂村事件时，经纶堂纠集数千人，明目张胆“执持枪炮器械，出村横行，即系匪类”，官府就趁此机会杀杀经纶堂的锐气。南海县令令经纶堂设立类似于保甲制度的“祃首”制，实行连坐，不得滋扰地方；新设机房须经“祃首”担保连坐方能开业。[①]三年之后，官府派员到澳门劝陈启沅回乡再办厂。陈天杰说陈启沅将厂全数迁回简村是错的。实际上澳门的工厂继续办，陈蒲直说陈蒲轩在陈启沅逝世之后还兼理澳门和简村共三间厂，可证。[②]

① 上述参看〔清〕徐赓升：《不自慊斋漫存》卷六关于经纶堂事件的文告，以及陈天杰等：《广州第一间蒸汽缫丝厂继昌隆机器创办人陈启沅》，载《广州文史资料》1963年第8辑。

② 〔民国〕陈蒲直：《先兄蒲轩公事略》，手抄本复印件。

第六章

华南丝都的崛起

1872年，陈启沅创办的蒸汽机缫丝厂，引起了晚清珠江三角洲传统缫丝业的技术革命，并且产生了一系列的影响，导致了佛山丝区——华南丝都的崛起。我们指这个华南丝都，主要在顺德、南海，而又以顺德为主，因为“在不到一个世纪里，顺德多样化的经营，急速转为单一的作物经济，专一化的蚕丝出口地”[①]。

一、晚清华南丝区的崛起

（一）机器缫丝和缫丝机器制造在顺德、南海的兴起

在陈启沅被迫将继昌隆迁往澳门时，顺德却大力发展机器缫丝业。顺德龙山乡有机器缫丝厂是在同治甲戌年即1874年[②]，这是顺德境内最早的机器缫丝厂，比陈启沅于同治壬申即1872年在西樵简村办厂只是迟两年。这显然得力于陈启沅身体力行的技术传播。以致南海的丝厂都以简村为中心发展，“附近二三十里间，约有机器十座，久为业丝工人饮恨”。顺德也有一部分，但光绪七年（1881年）时还没有南海多。

当继昌隆经营数年，陈启沅等被迫将工厂迁移到澳门之前，在光绪七年发生学堂村事件时，南海县令的告示中说：“查沿海各省制办机器，均系由官设局，奏明办理，平民不得私擅购置。”[③]这就是说，从继昌隆开办到光

---

① 苏耀昌：《华南丝区：地方历史的变迁与世界体系理论》，中州古籍出版社，1987年，第118页。

② 民国《龙山乡志》卷四《物产》，1930年刊本。

③ 〔清〕徐赓升：《不自慊斋漫存》卷六《学堂乡滋事情形第一禀》，彭泽益：《中国近代手工业史资料（1840—1949）》，第二卷，生活·读书·新知三联书店，1957年，第47～48页。

绪七年这段期间内，开办的所有机器缫丝厂从根本上来说，都是非法的。如果没有经纶堂事件，它也可能会因为“非法”而被取缔。当然，前提是有人告官，官才取缔；如不告，则官不理。虽然在光绪二十九年（1903年），顺德的福源社四基坊有人试办机器缫丝厂，遭到反对而停止。[①]但如果没有人反对，这个丝厂是可以办的。

陈启沅是一个伟大的工业家，他回到南海，办起的不仅是一间工厂，而是带来整个行业的技术革命。他精通算学，能够用数学公式计算蒸汽机的动力和构造，设计整条生产线。他回国时，懂得新式缫丝法的原理，而手头却没有现成的机器设备，还需要图纸和会造机器的人。所以办厂时只是带回了一套旧轮船的发动机，以改装成蒸汽机。其余机器，都是他自己设计和绘制图纸，由广州制作机器的陈联泰号负责制造。在继昌隆缫丝机器厂安装设备过程中，陈联泰号工人已经掌握了缫丝机器的全套设备图纸和技术，至1873年继昌隆机器设备安装完毕时，陈联泰号也成为广东首家能够制造和安装缫丝机器的厂家，1876年正式更名为陈联泰机器厂，宣统《南海县志》说陈联泰号生产的“全火力”的缫丝机器“最精”[②]。

“全火力”是包括蒸汽机牵动缫丝的马达在内的缫丝机器。《南海县志》这一记载也可与陈天杰等的回忆录相对照。直到清末，从陈联泰号衍生出来的“均和安”仍是最重要的丝厂设备生产厂家，能生产缫丝位五百的丝厂设备，而清末陈联泰号已经歇业[③]。原来，陈联泰机器厂在光绪年间因为其他方面的经营业务失败而破产。陈桃川自小即随父在陈联泰号学艺，主要从事生产方面的管理，对缫丝机器的制造工艺也十分熟悉。陈联泰号生产的缫丝机器，大有供不应求的趋势。

---

① 光绪二十九年《禁设机器丝厂碑记》，谭棣华等编：《广东碑刻集》，广东高教出版社，2001年，第427～428页。

② 宣统《南海县志》卷四《物产》，中国方志丛书本，第622页。

③ 宣统《南海县志》卷四《物产》，中国方志丛书本，第622页。

陈桃川在陈联泰号破产后，在顺德龙山温氏的贷款支持下，于1888年在广州十三行附近晋源街设立均和安机器厂，以部分陈联泰工人为基本的技术队伍，开始承接生产缫丝机器。[①]均和安机器厂晚清时是继陈联泰机器厂之后广州一间重要的民营机器厂，而它的发展壮大，是与顺德人的资金支持分不开的。

晚清的机器缫丝，兴起于南海，大发展于顺德境内，后来顺德机器缫丝厂的数量竟远远超过南海。这其中有一个很重要的原因是，缫丝机器制造业在顺德的发展超过南海。“陈联泰”和“均和安”虽然可以算在南海县，但实际地址是在广州城内外，而顺德的缫丝机器厂在本县蚕区内。

清末时顺德境内有两间重要的缫丝机器制造厂，是由顺德籍人、著名实业家薛广森创办的。薛广森，字公奋，1865年出生于龙江镇一个佃农家庭。幼时读过三年私塾，十七岁随堂兄在香港谋生，先后在铎也船厂、红磡船厂当钳工，学成一手出色的机械技术。他1895年回到顺德忠信缫丝厂当大偈，由于已经有机械技术的基础，所以能通过机械维护而精通缫丝机械的制造工艺。为此薛广森受到丝商曾秋樵的赏识，与他合股在大良开设顺成隆机器厂，被曾委任为经理。工厂集资总额为一万银元，薛广森兄弟虽然只占二百五十元，但对于他是极大的激励。1898年，机器厂正式开业，面积三百平方米，工人五十余名，机床十多台，主要经营缫丝机械及其零配件。1905年，薛广森自行招股，在乐从墟开设规模更大的顺栈机器厂，自任经理，经营业务和“顺成隆”相同。[②]

晚清顺德缫丝机器厂的迅猛发展，也吸引了广东缫丝机械制造的鼻祖——陈联泰机器厂后人的注意。陈联泰机器厂破产之后，该厂老板的后代陈泳江看到顺德机器缫丝厂的数量多，有很大的业务发展潜力，就将余资

---

① 陈允耀：《我忆均和安机器厂》，广州文史资料委员会编：《广州文史资料存稿选编》，中国文史出版社，2008年，第13页。

② 余德晃：《本（20）世纪早期的事业家——薛广森》，载《顺德修志》1988年第24期。

一万余两作为本金，招收一批“陈联泰”的旧工人，于1908年在顺德乐从墟开设了德祥机器厂，以制造维护缫丝机器为主要业务。[①]

这样，晚清顺德乐从一地先后有了顺成隆机器厂、顺栈机器厂、德祥机器厂三间专业制造缫丝机器的工厂，开办“鬼絚”的人就不用专门跑到广州订造机械，原料在乐从、佛山就能解决，缫丝的框是木的，丝釜是瓦的，可以在佛山石湾解决。蒸汽机广州造的最好，后来顺德乐从也能造了，加上缫丝的其他部件，乐从的机器厂都能造。清末乐从就成为继广州之后制造缫丝机器的另一个重要基地，这对推动顺德境内机器缫丝业在清末民初的发展起了很大的作用。长三角的缫丝机械最初全部从外国引进，采用意大利的直缫六绪铁制机器，后来才由上海的工厂仿造。[②]珠三角和长三角在缫丝机械的制造道路上，可谓异曲同工。

中国历史上最早的蚕业中心在黄河流域。在唐代中期到宋代，蚕业中心转移到江南。而珠江三角洲作为新兴的南方重要蚕桑区，是从晚明开始的。到了清代中期以后，这个蚕桑区变得越来越重要，它的中心地带，就在顺德、南海。由于顺德、南海在近代中国蚕业史和丝绸史上的重要地位，把佛山地区誉为近代的“华南丝都”，实不为过。

（二）广东最大的蚕桑产区

顺德刚好在珠江三角洲的中部，属于西北江三角洲的范围。境内大部分是属于珠江老三角洲的下游三角洲平原。它的地形分为三区。一是西北部南顺西北江老三角洲，即围田区。二是西江切过甘竹滩后在杏坛、均安形成的中山冲决三角洲，杏坛、均安即在中山冲决三角洲的顶部。三是东部潭州水道下游的大洲、鸡洲、乌洲、逢沙、五沙一带，为番禺冲决三角洲，是沙田

① 伍锦：《解放前广州私营机器工业概况》，载《广州文史资料》1981年第23辑。

② 张茂元：《社会地位、组织能力与技术红利的再分配——以近代缫丝女工为例》，载《中国社会科学》2013年第7期。

区。境内大部分地区是水网地带，基塘遍布，主要分布在西部、中部和西南部。境内除了大良、容奇、桂洲、陈村、龙江、龙山等地有小山起伏，其余均为平原，这就是广东面积最大的基塘区，也是最大的蚕桑产区。

民国早期的调查记载，桑基面积，约占顺德全县耕地的七成，约六千六百五十余顷，其余三成，为稻谷、蔬菜和鱼塘；在南海，“产蚕区域主要在官山九江以及佛山一带，其次为沙头、平洲、吉利、石湾、澜石。佛山为交通之中枢，银号最盛，故附近多有丝厂之设立”，其中官山一带承袭继昌隆时代的情况，是南海的蚕业中心，全县“官山为蚕桑最盛之区，有丝厂七间，茧市五间”。①晚清时方志的记载说南海、顺德“境内无复有稻花之香”，但只是很粗略的描述。

考虑到晚清时期顺德、南海已经是蚕丝业的极盛时期，估计当时的桑基面积已经和民国前期的桑基数相去不远。1894—1895，广州出口的生丝超过两万担的大关，稳步上升，一直达到1897—1998年的两万四千担，此后在1899—1900年达到三万两千担的高峰，1900—1901也达到三万两千担②。按此生丝产量估算桑田的面积，晚清顺德的桑田数量比民国初年少些。晚清时期顺德桑田约为四千六百顷，清末可能有五千顷。清末南海县的桑基则“不下数千顷”，③大都在桑园围内。

根据1924年考活的统计，顺德全县有六千六百五十余顷桑基，扣除受潦水浸泛等因素的损失，可以得桑叶一千七百二十九万担，按每担三元五毫计算，则共价值三千八百三十七万元。扣除气候和蚕病等因素，桑叶

---

① ［美］考活著，黄泽普译：《南中国蚕丝业调查报告书》，岭南农科大学印行，1925年，第25页。

② 广州地方志编纂委员会：《近代广州口岸经济社会概况——海关报告汇集》，暨南大学出版社，1995年，第862～914页；刘永年：《近代广东对外丝绸贸易研究》，中华书局，2006年，第110页。

③ 宣统《南海县志》卷四《物产》，中国方志丛书本，第611页。

一千七百二十九万担，可得干茧二十四万两千担左右，以每担三百元计算，全县产茧价值银七千二百六十一万八千元。①一年中育蚕七造，须用蚕纸七十六万八千四百余张，以每张八两蛾单价为三元左右，则价值为两百零六万四千元。这样，仅仅在蚕桑业中产生的桑叶、干茧、蚕纸三种产品的总价值，就达一亿一千三百零五万两千元。在蚕桑业环节产生的商品价值，总量是非常可观的。

由于机器缫丝业的兴起，促使养蚕业与家庭缫丝业分离，“育蚕家将蚕茧多售与丝厂，其获利较以人工者尤厚”②，是促使晚清蚕桑产区扩大的因素。桑田不仅取代稻田，还取代了果园等经济作物田地。清末南海平洲堡产什叶龙眼胜于他处，光绪年间到清末遍地皆种桑麻。耕沙田的傍海疍民多业蚕桑，岁获厚利。③南海九江“土物以鱼桑蚕丝为大宗，虽荐绅士族不废，自春至秋不患无业，有资本则鱼蚕之利转毂如轮，否则刈草摘桑犹能养活”。④“虽荐绅士族不废”，说明士绅经营蚕桑业和丝业，这与一些研究文本说“顺德、南海的士绅一般不参与蚕桑业和丝业，蚕桑业走小农生产者的道路，丝业则建厂房以收租”的情况有些不同。⑤

（三）缫丝技术水平最高

中国历史上的蚕业中心，其缫丝技术水平都是最高的。唐以前，中国的

---

① ［美］考活著，黄泽普译：《南中国蚕丝业调查报告书》，岭南农科大学印行，1925年，第12～13页。

② 广州地方志编纂委员会：《近代广州口岸经济社会概况——海关报告汇集》，暨南大学出版社，1995年，第403页。

③ 宣统《南海县志》卷四《物产》，中国方志丛书本，第604页。

④ 光绪《九江儒林乡志》卷三《舆地略风俗》，清光绪刻本。

⑤ 持此说者，见苏耀昌：《华南丝区：地方历史的变迁与世界体系理论》，中州古籍出版社，1987年，第138～139页。

丝业中心在黄河流域。宋代中国蚕业中心开始转移到江南。到了晚清继昌隆出现之后，中国的蚕业中心一度转移到佛山地区，因为蒸汽缫丝业始于佛山地区，有一段时期还超过江南。只是后来被上海地区重新超越。无论传统时代的缫丝业，还是晚清的机器缫丝法，顺德都处于一个最高的水平。

晚清时期陈启沅写的《蚕桑谱》中，专门有一卷谈及他对缫丝工艺的见解。他的研究说明，历史上以顺德两龙和南海九江为中心的南、顺蚕丝中心区，土丝的缫制水平是最高的。

顺德的龙山、龙江、甘竹、勒流等都是顺德著名的丝区。其中龙山、龙江、甘竹位置都在桑园围内，在宋元时代就有蚕桑业，明代永乐四年（1406年），龙山和龙江土丝市场的贸易，每担生丝税银为六钱，年收土丝税银二十五两，折合生丝产量四千一百多斤。[①]可见，顺德两龙地区的缫丝业历史悠久。龙山、龙江、甘竹人用古老的手车缫制的丝为上等丝，其在传统缫丝工艺上的优势，不止晚清，而是宋元到明代就已经如此了。

自陈启沅创制新式缫丝法，厂丝就风行南海和顺德。顺德人善于学习，很快就迎头赶上了南海。在陈启沅开办继昌隆的第三年，在龙山就有顺德最早的机器丝厂。以后顺德人大办“鬼絚”，新式缫丝法的技艺水平，总体高于南海，在全省来说是最高的。19世纪80年代，正是顺德缫丝业发展的关键时期，当时尽管日本已经有生丝发展起来，但是西方丝商认为“最好的中国丝比日本丝优良得多”。[②]19世纪80年代江南一带的机器缫丝业尚未发展起来，当时外商所说的“最好的中国丝”就是广东的厂丝，主要是顺德所产。在欧洲市场，法国人偏爱购买中国优质的生丝生产高档丝织品，19世纪20年代海关贸易报告明确地说：广东机制丝“几乎独占了欧洲大陆市场”。[③]

① 康熙《广东通志》卷十《盐法·商税附》，清刻本。

② ［美］西甫·里墨《中国对外贸易》，生活·读书·新知三联书店中译本，1962年，第105页。

③ 刘永年：《近代广东对外丝绸贸易研究》，中华书局，2006年，第111页。

这说明顺德、南海的机制丝在外贸出口中很早就引领潮流，大出风头了。1920年前后，顺德等地出现了括丝，“其构造设备，尚属新法。然其中改良之点颇多，所用各种器具机械，俱在本土制造。小篗之丝经在缫丝厂内缫成之后，即携至括丝场，安置于括丝机下，将其丝绪穿过丝摆之孔，系于括丝之木或，而重新缫之”①。其特点是能够按照外国厂商规格，将缫丝厂缫过的丝在括丝场再缫一遍，产品更受外商欢迎。

缫丝完毕入仓

（四）机器缫丝工厂最多②

距离1872年陈启沅创办继昌隆之后两年，1874年龙山出现顺德第一间“鬼絚”，光绪初年，又有县人在大良北关兴办了名为“怡和昌”的新式缫丝厂，从南海九江、大同雇用女工。③但19世纪70年代还不是顺德机器缫丝厂出现最多的时期。宣统《南海县志》卷二十一记载，自陈启沅创办继昌隆之后，“三四年间，南、顺两邑相继起者多至数百家”，则顺德缫丝厂多于南海，这一数字估计偏高，应该是将足踏

---

① ［美］考活著，黄泽普译：《南中国蚕丝业调查报告书》，岭南农科大学印行，1925年，第117页。

② 对清末顺德机器缫丝厂的讨论，主要参考了程耀明：《清末顺德机器缫丝业的产生、发展和影响》一文，见《明清广东社会经济形态研究》，广东人民出版社，1985年，第237～278页。

③ 民国《顺德县志》卷一《物产》，中国方志丛书本，第20页上。

缫丝工场计算在内的。光绪十三年（1887年）两广总督张之洞给“总理海军衙门”的一个文件中提到，继昌隆迁到澳门以后，“嗣后顺德各县陆续添设，顺德一县共设四十二家，新会共设三家”。[①]并没有提到南海的陈启沅儿子办的利厚生、利贞缫丝厂，表明光绪十三年李长龄的调查，只是调查了多釜位的蒸汽缫丝厂，表明学堂村事件和经纶堂事件，令南海境内机器缫丝业竟一度停顿。

当时的候补知县李长龄报告厂丝和机器缫丝厂的发展态势异常迅猛：“查光绪十二年（1886年），由顺德等县运省之洋庄丝约二百二十八万斤之多，较往年几增十分之四。盖小民唯利是趋，比年获利颇多，故机器之计（偈），年多一年。出丝既多销路亦夥。现在正相仿效，到处开设，有益于贫户之资生，无碍于商贾致贸易，似属办有成效。”[②]可见，顺德超过南海成为最大的厂丝出产地，顺德丝厂数和出产生丝约占当时全省机器缫丝厂的百分之九十以上。

《顺德县志》认为陈启沅复从澳门迁回简村影响很大，加上官府提倡，“复设厂于西樵，为内地倡，于是各处闻风兴起，纷向南海、顺德产茧地方竞相设立，蚕桑区域亦逐渐扩充。至光绪末全粤丝厂已有百一二十间”。[③]这一记载表明，后来陈启沅的确回到西樵再设厂并宣传缫丝新技术，但我们根据陈蒲直的记载和相关文献，认为陈启沅没有再设多釜位的丝偈，而是扩大了两个儿子原设的蒸汽单车丝偈。而光绪八年（1882年）前后《蚕桑谱》手抄本出现，光绪十一年（1885年）陈启沅复回西樵宣传缫丝新技术，比同治十三年（1874年）初设继昌隆时的影响还大，真正开始了多釜位的汽机丝偈和足踏汽机的大发展。

19世纪90年代以后，顺德县的机器缫丝厂以更快的速度扩张。据1912年

① 〔清〕陈启沅：《蚕桑谱》扉页，光绪三十四年奇和堂药局版。
② 〔清〕陈启沅：《蚕桑谱》扉页，光绪三十四年奇和堂药局版。
③ 民国《顺德县志》卷一《物产》，中国方志丛书本，第20页上。

北京农工商部的调查，顺德有八十六家机器缫丝厂，其中四十二家是在19世纪90年代以后创办的。1900年，《海关十年报告》称，顺德有蒸汽缫丝厂两百家以上。这些数字还是偏高了，估计是将用足踏缫丝机所办的工厂都计算在内了。由此到清末，经过十多年，由于丝价比道光、咸丰年间涨了几倍，民间对机器缫丝厂的投资亦增加了。无论多釜位的汽机丝偈和足踏汽机，都是顺德最多。宣统《南海县志》记载：“丝厂以顺德最多，南海次之，新会亦有。约近百家。近数年日更多设，其大厂有用至八九百人，大率以四五百（人）居多。”①这正是佛山地区新式缫丝厂的盛期。

顺德、南海的机器缫丝厂有一个很显著的特点，就是它们持续的时间长，说明它们的经营很稳定，对维持顺德缫丝工业的优势很有作用。如最早的机器缫丝厂之一的“怡和昌”，光绪初年创办时是只有工人五百到六百人的中等规模工厂，到1911年，扩张为拥有工人八百多人的大厂了。有的丝商见有利可图，还开办多间工厂。如“永贞祥”的老板，在1884年开办第一家厂，又分别于1900年、1906年再创办两间厂。陈启沅家族的缫丝厂经营时间最长，从同治末到1928年才歇业。

清末顺德机器缫丝厂所拥有的资本也是十分可观的。同治年间和光绪初年投资一间机器缫丝厂的资本还不多，如同治初年陈启沅在创办继昌隆时，三四百人左右的规模，投资厂房用了三千两，加上流动资金，总共用了七千两银子。因为继昌隆的机器很多都是陈启沅自己设计和制造，省下了大量费用。如果全部购买机器，自建厂房，创办一家四五百工人的机器缫丝厂，在机器缫丝业兴起之初需要一万五六千两银。以后投资费用逐步提高，到宣统末年则需要二万两以上了②。如此巨大的投资，一般都是由家境殷实的士绅独资或者合资进行。根据1912年中国政府农商部的调查，顺德县八十四家工厂便拥有二十二万六千元的资本，八十六台共一千一百二十二匹马力的蒸汽机，年产生

① 宣统《南海县志》，卷四《物产》，中国方志丛书本，第622页。

② 宣统《南海县志》，卷四《物产》，中国方志丛书本，第623页。

丝三万四千九百四十九余担，价值两千五百九十四万一千四百七十三元。若加上副产品五百五十二万八千多元，其年产值已达三千一百四十六万元以上。这只是八十六家工厂之数，若加上调查之外的五十六家工厂之数，其资产规模和产量、产值就更为可观了。

机器缫丝业每间厂的工人都在数百人，到1911年，顺德机器缫丝业已经发展为拥有六万多产业工人的近代工业部门了，如果加上南海的就更可观了。这是根据1912年公布的北京农工商部《第一次农商统计表》统计得出的数字。这在清末中国的近代工业中是少见的。著名经济专家汪敬虞根据海关报告所说的“19世纪90年代的后期顺德一地就有缫丝厂二百家以上（这一数字可能是将足踏缫丝的工场也计算在内了）”，推论当时顺德有缫丝产业工人在四万至六万之间。他说：“一个行业集中这么多的现代产业工人，是十分值得注意的现象。人们研究中国工人阶级的产生和发展，总是首先提到上海、天津等大城市。事实上，19世纪末，上海现代工业中的工人还不到五万，天津则不足五千，而顺德一县竟然超过这两个数字，实在不容忽视。”[①]19世纪90年代后期顺德机器缫丝工厂数为一百家，每厂工人三百人，如果此行业的产业工人为三万左右，人数也是十分可观的。

在世界经济危机发生前夕，1925年顺德有丝厂一百三十五间，雇工不下六万人。南海县二十三间，新会县四间，三水县两间[②]，没有丝厂的其他县份，茧多运往顺德等地茧栈，再交丝厂加工生丝。

（五）出产生丝最多

继继昌隆以后广东蚕业虽然发展很快，但一向没有精确的调查，缺少全

① 汪敬虞：《关于继昌隆缫丝厂的若干史料及值得研究的几个问题》，载《学术月刊》1962年第6期。

② ［美］考活著，黄泽普译：《南中国蚕丝业调查报告书》，岭南农科大学印行，1925年，第12～33页。

省的总额[①]，但总量肯定是增加的。晚清顺德人大办机器缫丝厂，是因为这一新兴行业的利润很高。《顺德县志》记载："惟汽机则费用虽繁，然条柔而价值高，其法尤良，其利尤巨。"[②]顺德的机器缫丝厂最多，机制生丝的产量也最大。在1882年至1891年这十年间，广州的机制丝稳定发展，很快占出口生丝的大部分。光绪十三年（1887年）的调查：自继昌隆创办之后，光绪十三年"其出口之丝每年已二百四十余万斤，则卖出价银不下一千六百万元。至光绪三十一（1905年）、三十二（1906年）两年每年出口之丝四百余万斤，价银已逾四千万，为粤省绝大之利权"[③]。二十年间出口丝价值增加了两倍多，主要是顺德的丝厂增加所致。

从全国生丝的出口形势来看，机制丝占有很重要的位置。1894—1895年度，广东机制丝占全国生丝出口总量的百分之八十九点四。1882—1891的《海关十年报告》中指出，广东的厂丝，"几乎独占了欧洲大陆市场，成为那里意大利丝的廉价替代品"。19世纪末20世纪初，广东机器缫丝业也提高到三万担以上，土丝所占比例已经微不足道。1900年至1901年厂丝占了生丝出口的百分之九十六点八。从此，厂丝成为广东对外贸易的最强支柱。[④]这主要是顺德机器缫丝厂产量大所致。

这种情况在清末《岭南蚕桑要则·劝业刍言》中也有反映："近来岭南蚕丝，欧美各国皆有巨商来购……先年广东厘务总局，禀覆制府所云：遵札查得光绪三十一、二两年，每年洋商所买广州蚕丝出口，其数皆在四百余万斤，均时价一千元计，则每年卖出外洋蚕丝，得银已逾四千万，尚有丝皮、茧壳、水结几宗，亦皆洋商买去，今亦日以加多。另有买归本省织造而销之

① 徐新吾：《中国近代缫丝工业史》，上海人民出版社，1990年，第221页。

② 民国《顺德县志》卷一《物产》，中国方志丛书本，第20页上。

③ 光绪三十四年陈竹君编辑"总理海军衙门与两广总督来往文件"，《蚕桑谱》扉页，光绪三十四年奇和堂药局版。

④ 刘永年：《近代广东对外丝绸贸易研究》，中华书局，2006年，第109页。

粗幼蚕丝，其数尤巨。即照顺德之墟市而论，每墟沽十余万银茧丝者，不需两个时辰，辄可销完。”丝皮、茧壳、水结都是机制缫丝业和土丝业的副产品，它们和机制丝一起出口，所形成的出口价值量是非常大的。

此外还有土丝的产出。土丝有出口和内销两个渠道。自从机制丝出现，土丝的出口便被挤压。但土丝在整个蚕丝产量所占的比重仍然很大。清末，“洋庄丝居十之六七，土庄丝十之三四而已”①。土丝主要是足踏机缫制的，数量也很可观。足踏机缫制的“孖结丝”，比手车缫制的土丝较易为外国厂商接受，所以一度“与车丝并行欧美”。②只是后来因为民间的缫制技术水平不一，“孖结丝”质量变差，出口的渠道才断绝，而转以内销为主。

清末，广东织业则“织绸缎、云纱、花绉、素绉、牛郎纱、机纱、花绸、天鹅绒、官纱等。其机房工人约以十万计。但本地织造多用土丝，车丝则全运出洋”③。土丝和厂丝有各自的市场，《南海县志》记载：“案土丝一项，全省每年约出四千万，顺德四之二，番（禺）香（山）新（会）占其一，县属占其一。九江西樵大同沙头出丝最盛，从前未有机器缫丝，以手工为之，其丝略粗，只供土人织绸及绉纱之用。近来洋庄丝其价倍昂，其利愈大，洋庄丝居十之六七，土庄十之三四而已。”总趋势是机器缫丝占大头。

《南海县志》还记载：该县每年丰收及洋庄生意旺时约有三百万斤，份额顺德占四之二，南海四之一，番禺、新会、香山合在一起四之一。④《顺德县志》记载是咸丰、同治间手车缫丝，光绪初用足踏缫丝，所出丝还不多。“及光绪中叶用汽丝一项，全省每年所出约值四千万，吾邑占四之三。此就光（绪）、宣（统）间言之。”⑤至此，机器缫丝业在清末达到高潮，

① 宣统《南海县志》卷四《物产》，中国方志丛书本，第625页。
② 民国《顺德县志》卷一《物产》，中国方志丛书本，第20页。
③ 宣统《南海县志》卷四《物产》，中国方志丛书本，第625页。
④ 宣统《南海县志》卷四《物产》，中国方志丛书本，第625页。
⑤ 民国《顺德县志》卷一《物产》，中国方志丛书本，第20页。

顺德是机器缫丝最多的县份。

（六）广东蚕、桑、丝、茧的贸易中心

由于顺德是广东的蚕桑业和丝业的中心，加上交通便利，作为流通环节的墟市十分繁荣。清代中期的主要蚕区都有墟市，而且是专业化的。不仅有专门买卖桑叶的桑市，还有丝市、桑秧市、蚕纸市等专门交易蚕、桑、丝的墟市。

晚清墟市变化最大的特点，是茧市的出现。机器缫丝业的兴起，带动了蚕桑业经营方式的重大变化。这种变化从陈启沅创办继昌隆时就已经开始。缫丝工厂是一个集中化生产的实体，它采买原料，需要面对的是分散的小农经营，其茧的质量参差不齐，需要买手根据工厂的标准来采购。所以陈启沅最早实行了让买手来购买蚕茧，以及支持茧市的创立。由于收购来的茧是湿的，就需要焙茧，继昌隆就在当地设立焙茧场。于是，从继昌隆开始，珠江三角洲的蚕区就出现了一个新的经营体系。原来的蚕区中，多只有蚕种市、桑市、丝市，而缺少蚕茧交易的茧市。茧的价格是依据当时的丝价来定，大约广东双毫八钱上下，可以买湿茧一司斤，干茧则要九钱多。在南海出现广东最早的茧市后，直到清末，南海官山墟仍是南海茧的流通中心，九江、沙头虽然有茧市，但比不上官山（但也差不了太多）[①]，后来则以顺德为最大的茧流通中心。

茧市作为一个交易场所，其创办是珠三角蚕丝经营结构的一个重大变化。茧市是在茧农和工厂之间的中介，对蚕农而言，认为在茧市自由交易，自由议价，比较公平。而工厂在茧市进行贸易，可以不用面对众多的蚕农，用较少采购成本而获得符合标准的茧。茧市的行规是，经营茧市者必须向茧市所在乡投承，付出一大笔费用之后才能获得茧市的经营权。茧市负责将农

---

① 宣统《南海县志》卷四《物产》，中国方志丛书本，第620页。

民蚕茧运输到茧市出售，通常是每乡设有茧船一只，运输费用由茧市负责。这利于分散的茧农流向集中交易的场所。茧市流通所需的资金，由茧市经营者向银号按揭，金融流通为茧市的经营提供了便利条件。茧市不负责买卖，只是负责代客包支包结，而茧市则向茧农和收购茧者都收取一定的佣金作为收入，卖方为百分之六，买方为百分之二，现金交割，这给交易双方都提供了便利。

茧市和蚕市、桑市、丝市都不同。茧市是工厂要采购原料，工厂不直接面对蚕农，而由中间人评价茧的质量和议价，在茧市中代工厂收购蚕茧的中间人称为“水斗”。水斗将收买的生茧转手给茧栈，茧栈是丝厂在丝市的经营机构。水斗在茧市设立户头，每户茧市户头有三四百户。蚕农被接到茧市后，在市面由买方水斗看茧议价，水斗凭经验评茧的优劣，首先取茧二三颗在口嚼湿，用手将茧开解，以定茧解舒的难易，其次是用手掂量茧的厚薄，再将茧全包抽起，衡量茧的重量，以确定茧的干湿程度，根据这几项标准与蚕农议价。双方协商不成，就由下一家水斗再行议价。这种议价方式能够使茧的质量和价格保持在一个合理的水平，保证了茧厂原料质量的稳定性。茧市后来趋向垄断性，水斗组成水斗公司，轮番压价使蚕农饱受压榨，是茧市的一大弊端，但毕竟茧市是随着机器化的丝厂而出现的新生事物，是丝厂原料的来源。

在顺德成为全省最大的机器缫丝厂的集中地之后，容奇、桂洲发展为全省最大的茧市，拥有数量最多的茧栈。仅容奇一处，就有茧栈约百间。在这里交易的不仅有顺德本地所产的茧，茧栈的水斗还走出顺德、南海，到珠江流域各县收购蚕茧，各地的茧都流到容奇、桂洲和官山的茧市。如香山县产桑之地主要是北部邻近顺德的小榄、古镇、曹步、黄圃、海洲一带地区，香山县到民国都没有丝厂。其他生丝缫制业不发达的蚕区如番禺、新会、东莞、三水、高明、鹤山、清远以及西江各县的蚕茧，也运到顺德交易。顺德、南海等地的缫丝工厂都在容奇、桂洲设茧栈采买原料，甚至外县的丝厂也来采买。蚕茧卖于茧栈，流向顺德、南海的机器缫丝厂和足踏缫丝作坊，生丝又流向广州转出口国外市场，土丝流向本地的丝织工厂和作坊织造绸缎，供内销或者出口。

容奇、桂洲不仅是一个茧的流通中心，而且是蚕丝生产的信息中心。因为各地的丝厂产品在很大程度上与国外的市场丝价脱节，特别是不知道生丝供求关系如何，在做生产决策时就多了一层盲目性。当属于农业环节的茧生产供应量减少或者增加，将造成茧价的起落；此外国际市场的丝价走高，茧市对此也有反应，茧价也会走高，这些情况都会影响缫丝厂的生产成本。因此，各地的缫丝工厂在这里采买原料，也会获得原料环节的信息，从而决定缫丝厂的生产决策。一个庞大的物流和资金流、信息流，就在顺德、南海的专业化茧市中涌动。

（七）广东丝织业的重要产区

在机器缫丝业的推动下，南海、顺德的蚕桑业大发展，所生产的茧除供应机器缫丝之外，多余的部分就流向缫土丝，供应土茧绸、丝绸的手工业。顺德还是广东丝织业的重要产区。丝织业本以南海县为最发达。手工丝织业者的组织经纶堂在南海、佛山有强大的势力。而经纶堂在顺德没有很强大的分支，所以在同治年间没有发生捣毁机器丝厂的事件。但这并不是说，顺德的手工丝织业不是很繁盛，而是顺德的丝织业受经纶堂的影响不大。

顺德的伦教、勒流、沙滘等地是手工丝织业的重要产地。根据顺德《沙滘楚旺房陈氏族谱》的记载，乾隆年间，沙滘陈氏楚旺房的十六世祖连亲就是以手工织天鹅绒为生。天鹅绒是用蚕丝的下脚料制成。陈连亲死后，兄弟分家，十七世祖杨敬、权敬分家之后，还是以织天鹅绒为生。到十八世祖竹虚公在勒流“寻师学艺”，学得织造丝绸的方法，后来就与族人合资在勒楼开办手工织绸工场。后来又将织绸的工艺传到沙滘。沙滘本无织绸业，“公（陈竹虚）竟自创始之，十余年间，艺传一乡，机业大盛，为开沙滘一埠绸业之祖，厥功伟哉！”[①]

晚清顺德最重要的丝绸产品是黑胶绸。黑胶绸原为勒流南二村麦、叶、廖三姓所创，是将织成的纱，用碱水或者苏打水洗漂，除去胶浆，晒干后放在薯莨汁液中浸泛，放置在晒场，反复涂抹薯莨汁液至褐红色，然后经过泥浆产生化学作用，变成深黑色，称为过乌泥。最后，经过漂洗、晒干、水煮等工艺，成为色泽光鲜、质地硬挺的成品。纱绸的晒制很讲究，碱水、薯莨、涌泥的稀释比例，煮泡漂的适度和涂抹汁液的厚薄、力量均匀度，工序十分复杂细致。陈竹虚从勒楼传到沙滘的可能就是这种黑胶绸。《沙滘楚旺房陈氏族谱》记载陈氏屋宅有浆经房、机房，应该就是织造黑胶绸的场所。

香云纱是另一著名的产品。香云纱原为南海西樵乡林村程家所创，穿来沙沙、悉悉有声，因被誉为“响云纱”之名，后来美其名曰“香云纱”。此产品创自南海，却盛行于顺德，全县染晒薯莨地广布各乡，鼎盛时工人多达万人。纱绸的过乌泥环节，是经过不断地摸索和改进的。据说纱绸原先没有经过过乌泥的制作，销路不是很好。有一次，县中一个晒薯莨工厂，因为土匪来抢劫，将纱绸埋藏于沟渠的乌泥中，事后挖出，发现部分已经变成深黑色，且鲜艳光亮，后再复埋，亦如此。于是在制作纱绸的过程中，就增加了过乌泥的技术。后来经过研究，发现薯莨中含有单宁，涌中泥土含有铁，两种元素的结合，就会变黑。香云纱已有上百年的历史，产品除了供应本省，还远销省外和东南亚。[②]茧绸是用茧壳缫成茧纱织成的，产品身爽耐用，本是黄连的特产，[③]后来传到甘竹，晚清时龙山的官田、海口，又向甘竹堡学习了织造茧绸的方法。[④]

本来，顺德等地的手工织布在鸦片战争以后已经衰落，“自西洋以风

① 顺德《沙滘楚旺房陈氏族谱》，不分卷，广州博物馆藏本。

② 《顺德特产》，载顺德方志办《修志简报》13期4版，1987年4月。

③ 李本立：《顺德蚕丝业的历史概况》，载《广东文史资料》第15辑。

④ 民国《龙山乡志》卷三《风俗》，1930年刊本。

火牛运机成布，市舶至贱售，女工几停其半”。[①]顺德妇女将她们的聪明才智转移到织绸业。顺德纱绸在晚清时大盛，主要是由于土丝缫制业的存在，特别是足踏机的出现，土丝质量提高，为南海、顺德一带的土丝织业提供了充足的、质量优于手车缫丝的生产原料，从而促使手工丝织业的生产日益增长。丝织产品质量也大大提高，除销售于本地外，还有大批土绸、云纱输往外地。不仅有较大规模的丝织工场，也出现了绸缎庄向机户放机的方式。

机户是介于农户和手工业者之间的角色，资本少，生产能力不高，家庭中只有数台机。绸缎庄将生丝贷给这些机户，机户按时交丝织成品时，减去生丝价格和利息，余下的就是机户的收入，绸缎庄就将报酬以现金给机户。南海西樵一带就有很多手工丝织作坊，是一个很重要的土绸织造中心。顺德县丝织最发达的地区要数以伦教、羊额为中心的第二区。1888—1893年间，是这一地区手工丝织业迅速发展的第一个阶段，主要生产茧绸、素绸、云纱等。这时，茧绸的织造主要是家庭妇女的副业，素绸与云纱的织造则达到工场手工业的阶段。

茧绸有织机一百三十架，分布于一百多家，而云纱的织造只有五十家左右，产量不过一千二百匹，这些机户与南海的类似。后来一些机户有了一定的积累之后，就利用绸缎庄赊丝的便利，自设工场，由家人、学徒及雇一二名织工分操各种工程，这类织造作坊日见增多，到1893—1908年，顺德这种小型作坊数量不少，在伦教就有三百家。根据清末的调查，宣统年间顺德县伦教、羊额、大良、容奇、龙江等地，每年有大量丝织品输往天津、上海等港口及南洋群岛一带，平均每年输出土绸值三百万元。按此价值计算，折合三十七万五千匹至四十万匹，云纱值三百万元，折合二十万匹左右，其他绢织土布值四百万元。[②]所以，晚清时，顺德也是广东丝织业的中心之一。

本来广东的丝织业比不上江南，但某些产品有很高的知名度。明代“粤

---

① 咸丰《顺德县志》卷三《物产》，中国方志丛书本，313页。

② 程耀明：《清末顺德机器缫丝业的产生、发展和影响》一文，见《明清广东社会经济形态研究》，广东人民出版社，1985年，第273～275页。

缎”就闻名全国，其质密而匀，其色鲜华，光辉滑泽。但是仅仅用粤丝织造产品就达不到这样的效果，粤籍织工将吴丝与粤丝混织，避免了粤丝的弊端，所出产品有线纱与牛郎绸、五丝、八丝、云缎、光缎等，早就畅销国内外。晚清，广东生丝缫制水平提高，丝织品的质量也提高了。如佛山在光绪年间，有“大机房二十余家，小者六七十家，工人二千余人，多织丝品，丝由顺德各乡购回，出品颇多，最著名为金银缎、八丝缎、充汉府缎、充贡缎，售于本地者十之二三，外埠四乡之量亦相等，赴外洋则十分之三四”。①

光绪和宣统年间，中国每年丝织品的出口额约为一千万两乃至一千二三百万两。其中上海地区出口为五六百万两，广东出口为六七百万两。广东的丝织品出口居全国首位，占输出总额的一半有多。这些丝织品的出产地，主要是顺德和佛山、南海。

土布织业衰落之后，刺绣织品兴起，顺德的刺绣产品还是广绣的重要一支。顺德初无刺绣，有精于此技者名为“日娘”，是顺德刺绣的始祖。据咸丰《顺德县志》记载：“先是县东门外有某妇名日娘者，素工刺绣，小女子从学者多。既死无子。其徒遂相率于其生日致祭，八月廿五日即其生日也。故他县皆无之。因其为女红师，故其祀事遍一邑也。”②咸丰《顺德县志》注明此条据采访册，乾隆十五年刻本《顺德县志》卷三《风俗》以及另外的章节中无关于日娘的记载，则日娘的故事应发生在乾隆十五年以后，咸丰以前。日娘开刺绣之风，此技遂传遍闺中，顺德妇女业此者有技艺高深的，刺绣织品成为出口产品。

咸丰《顺德县志》卷三《风俗》在最后提到碧江的草纸、陈村的锡箔、冥镪等，“贸迁于西粤、贵州甚远，与刺绣之出洋同也”③，则顺德的刺绣

① 民国《佛山忠义乡志》卷六《实业》，民国刊本。
② 咸丰《顺德县志》卷三《风俗》，中国方志丛书本，第302页。
③ 咸丰《顺德县志》卷三《物产》，中国方志丛书本，第324页。

并非仅为闺中秘技，而是出口产品中的大宗，在晚清时尤其如此。

二、晚清“华南丝都”的历史地位

“华南丝都”的地位，还可以从两个方面来进一步说明。第一方面，从近代广东财政史的角度说，顺德丝业庞大的资金流，可以起到平衡广东财政收入的作用。此外，从广东外贸史的角度说，顺德丝业也占大头。晚清广东经济的基础很薄弱，每年不得不从外国进口大量的工业用品和生活消费品，如矿物油、五金、机器、棉织品、毛纺织品等物资。在农业方面，由于广东粮食不能自给，大约六分之一的粮食，约一千万担需要进口。而广东的出口物资中，主要是桂皮、席草、蔬菜、果品、爆竹、土纸、药材、香料、矿砂等低值产品，出口量也少。因此广东贸易入超的情况十分严重。

这种情况一直延续到民国时代。从1912年到1937年间，广东贸易入超达一千万元，最高时为两亿元以上。虽然贸易入超，但广东仍然维持富庶省份的地位。主要原因，一是广东有数量庞大的外汇。外汇的来源不外华侨的汇款。二是生丝出口赚回的巨额外汇，缓解了每年的贸易入超现象，使广东的社会经济生活能够正常进行。如1890年珠江三角洲的生丝出口值为五百八十八万一千八百七十五海关两，占广东对外贸易总额一千四百八十四万六千三百六十六海关两的百分之三十九点五七。[①]可见生丝出口是平衡广东入超的一个重要因素。在这一贸易总额中，顺德生丝占了大头。由此可见“南国丝都”在广东经济中的重要地位。

第二方面，是从近代中国经济史看“华南丝都”的地位。近代上海是与广州齐头并进的沿海商埠，其在中国经济史上的地位十分重要。但如果从近

---

① 吴振兴：《近代珠江三角洲机器缫丝业的发展及其对社会经济的影响》，载《广东社会科学》1991年第5期。

代蚕丝史的角度说，顺德、南海的风头一度超过上海。而顺德、南海还只是广东的两个县。

从19世纪80年代到20世纪的头十年，广东的机器缫丝业一直在全国居领先地位。在1890年以前，广州机制缫丝就占生丝出口量的百分之五六十；1895年上海机制生丝仅占生丝出口的百分之十一点七，而广东已经达到百分之八十五点二；1910年机制缫丝在上海生丝出口量中尚未占一半，而广州竟然占百分之九十六点四，几乎全部是机制生丝。①而1894年，顺德等地新式缫丝厂数达七十五家，长江三角洲十二家。②广州海关出口的机制生丝，有九成是顺德所产。

从技术来说，长江三角洲有优势，但从1860年到1936年近八十年间，珠三角的机器缫丝业却较长江三角洲有长足的进步。1900年到1920年，长三角蚕茧的商品率分别小于百分之二十和百分之四十；而珠三角的蚕茧商品率分别为百分之五十三和百分之九十六。这就是说，珠三角机器缫丝业引起的蚕业分工（茧种商业化，土丝缫制大大减少）大于长三角。不仅如此，长三角机器缫丝业的绝对规模长期落后于珠江三角洲：1894年，珠三角的厂丝总产量是长三角的四倍多，产值约为后者的两点六倍。1924年之前，珠三角厂丝产值都要高于长三角。在长三角蚕茧总量和总值高于珠三角的前提下，无论从绝对量和相对量来说，长三角缫丝技术不能不说是一种失败。③这似乎可以说明，珠三角曾经是除了江南之外中国蚕业的另一个中心。

广东机制生丝的迅猛发展，极大地促进了全国的丝绸外销事业。从1895年到1912年，在全国的生丝出口价值中，生丝的出口量前后能占到百分之七八十。再就全国生丝出口量来看，1894年机制生丝仅仅占百分之五点五，

① 刘永年：《近代广东对外丝绸贸易研究》，中华书局，2006年，第112页。
② 徐新吾：《中国近代缫丝工业史》，上海人民出版社，1990年，第143页。
③ 张茂元等：《技术应用为什么失败？——以近代长江三角洲地区机器缫丝业为例》，载《中国社会科学》2009年第1期。

1900年提高到百分之五十二点二，1905年占百分之六十二点五，1910年为百分之六十七点四，以后更增加到百分之八十以上。可见生丝出口的增长主要是机制丝的增长。广东机制丝在全国首屈一指，因此这一时期中国丝绸出口量增长的关键，是广东机制丝的迅速发展。[①]在这方面，顺德、南海机器缫丝业增长的作用是主要的。

到1894年，广东各地丝厂发展到七十五家，有两万六千三百五十六部丝车。上海蒸汽动力丝厂仅十二家，仅四千零七十六部丝车。甲午以前，中国近代缫丝工业无论在家数、资本总额和雇用工人数上，都是在中国近代工业中占有最大比重的行业，其中顺德县的机器缫丝业有举足轻重的地位。到了1913年，广东蒸汽丝厂亦已普遍向动力蒸汽丝厂过渡，连同上海又发展一批丝厂，全国近代缫丝厂共有两百四十家，丝车八万两千一百九十七部，其中最多的还是广东一百六十二家，丝车六万五千部，上海四十九家，丝车一万三千三百九十二部，余为江苏、浙江、四川、山东等省有少数丝厂、丝车。[②]广东的生丝出口一度超过了江南，名列全国前茅。

广东机器缫丝工厂的设立，获得了丰厚的利润，也刺激了洋务派兴办缫丝工厂。光绪二十年（1894年），张之洞在给朝廷的《开设缫丝局片》中奏称："近十年来，上海、广东等处商人，多有仿效西法，用机器缫丝者，较之人工所缫，其价顿增至三倍，专售外洋，行销颇旺。于光绪十二年（1886年）曾经海军衙门咨行粤省，劝导商民广为兴办。"[③]从官督商办到劝导商民自行投资广办生丝缫制业，是晚清洋务派官员实业思想的重大转变。

所以，晚清时以陈启沅的"继昌隆"首开风气之先，顺德、南海人紧跟

---

① 刘永年：《近代广东对外丝绸贸易研究》，中华书局，2006年，第112页。

② 徐新吾等：《中国近代缫丝工业的有限发展和全面破产》，载《上海社会科学院学术季刊》1986年第1期。

③ 〔清〕张之洞《张文襄公全集·奏稿》卷35《开设缫丝局片》，载《近代中国史料丛刊正编》第475种，第21页。

其后的广东机器缫丝业的发展，具有全国性的意义。这是岭南经济史上没有出现过的现象。

三、晚清“华南丝都”的危机

尽管晚清时期顺德、南海的蚕丝业飞跃发展，顺德、南海的经济也达到了传统时代的最繁荣阶段。但是这个南国丝都的繁荣背后，也隐藏着深刻的危机。

从大背景来说，清代在鸦片战争以后，已经进入了半殖民地半封建社会，中国的经济被卷入世界资本主义的国际市场体系之中。世界列强用军舰和大炮轰开了古老中国的大门，然后将它们的魔爪伸向中国，掠夺中国的财富。中国的经济也依附于资本帝国主义的经济体系。顺德蚕丝业的片面繁荣，也是这种半殖民地经济的产物。

欧美国家为了掠夺中国的原材料，加强其工业国的地位，在外贸体系中用各种形式打压中国的成品制造业，常常只是购买中国的原材料。在蚕丝和丝绸贸易中就是如此。中国的蚕业和丝织业都很发达，但是欧美国家只是购买中国的生丝。帝国主义控制中国的海关，也有意引导生丝出口而抑制丝织品出口。而外国商人大量向中国倾销丝织品，使中国的丝织成品处于不利的地位，出口数量大减。中国能够出口的丝织品，都是很低档的成品，面对的主要是东南亚的华侨。欧美国家购买中国的生丝，并且抬到很高的价格，使中国生丝的生产出现一种近乎畸形的发展。由于生丝价格畸高，生丝缫制业有利可图，于是刺激了机器缫丝业的兴起。而丝织成品价格很低，所以其制造业长期停留在手工业的阶段，没有机会向机器工业的阶段发展。

此外，由于丝织业原料中质量最好的生丝都卖给欧美国家，广东能够做丝绸成品的都是质量很差的原料。如茧绸是以野生蚕茧织成，丝绒是乱丝头所出，即使后来能够出口的薯莨纱绸，也是土丝织成。本来名闻天下的粤缎，原料之一是湖丝，但成本很高。种种原因，限制了广东丝织业的发展，出口中只能让生丝一枝独秀。在19世纪90年代以后，洋绸、洋缎、毛尼、人造丝织品由于价格便宜、外表华美、样式变化快等特点，排挤了广东丝织业的发展。中国丝绸业这一特点，为20世纪30年代的危机埋下了伏笔。

顺德、南海的生丝缫制业，连接着世界的市场体系，丝价起伏涨落无常，这又使蚕业经营充满风险。特别在外贸方面，洋行控制了生丝的出口价格，生产者和经营丝业的丝庄对国际市场上丝价的变动、质量的要求无法获得直接的信息，都是洋行说了算。这就使生丝的生产者和经营者都处于十分被动的位置，受市场供求关系和价值规律的支配。

广东的生丝也很早遭到资本主义国家同类产品的竞争和排挤。人造丝在20世纪初兴起，美国最早使用人造丝代替天然真丝，日本也造出了人造丝。只不过晚清出现的人造丝还处于早期发展的阶段，当时对中国生丝的威胁也不大，但也使中国的丝业隐藏着危机。

虽然陈启沅最先引入西方先进的机器缫丝法和管理方法，但是由于中国资本主义经营的先天不足，机器缫丝业的发展仍然是缓慢的。机器缫丝法可以学，但管理方法则可能会因人而异，从而导致生丝的出品会有差异。缫丝业经营者在本行业的技术革命和革新方面，是非常有惰性的。清末粤海关的官员批评“本处业丝工艺，又因水土不佳，以致近年丝造愈久愈坏，似有江河日下之势”。“水土不佳”一句说明，缫丝厂缺乏过滤水设备以供给干净的水，特别是小型的足踏缫丝厂。“水质好则出丝好，但土地不齐不能划一。”①如果丝厂为了节约投资而省去过滤水池，或不能经常清理水池污垢，生丝质量就会受影响。

而且，如果其他方面的管理未达现代企业的要求，“即如选茧不加慎，女工缫丝不如法，监工人不认真，与夫丝结未经检验，遽尔扎叠”，就会影响生丝的整洁，导致粤丝质量下降。在生丝出口方面，则受到日本和江浙丝

① 宣统《南海县志》卷四《物产》，中国方志丛书本，第622页。

区的强有力竞争。[①]说明了近代广东的缫丝业技术发展，缺乏内生的动力。由于缺乏持续的技术改革动力，陈启沅所创造的缫丝工艺，直到1949年以前尚在大多数的机器缫丝厂里应用[②]。1932年，虽然有容奇广昌丝厂、大良大华丝厂曾经采用鼓轮瓷眼、单撚式缫丝，可以提高产量和生丝质量，减少设备消耗，但当时缫丝行业中保守的企业不接受改革，反而制造舆论说大华丝厂的丝经过改革质量不好，以致这些新技术丧失了市场信誉，以后再没有人敢尝试。[③]

缫丝工业在技术和管理方面的惰性，源于这一行业资本的流动性和经营方式的投机性。一方面，旧中国的丝绸贸易体制使中国丝厂不能在对外贸易中掌握主动权，生丝的外销价格完全“是和纽约、里昂的现场价格直接联系在一起的”。[④]这就使得缫丝业的资本家的经营，完全看着国际市场的生丝价格为进退，“仅计一时丝价”“毫无永久营业性质”[⑤]。资本经常在缫丝工业领域和生丝流通领域中游离与变动，加上丝业经营风险很高，“费用浩繁，近年以来，亏损甚巨，人怀恐怖”。[⑥]由于资本的缺少和丝业的巨大风险，使经营者不愿意进行技术投资，更无暇关注蚕桑业。

---

① 广州市地方志编纂委员会：《近代广州口岸经济社会概况——粤海关报告集》，暨南大学出版社，1995年，第891页。

② 李本立：《顺德蚕丝业的历史概况》，《广东文史资料精编》上编第3卷，中国文史出版社，2008年，第317页。

③ 李本立：《顺德蚕丝业的历史概况》，《广东文史资料精编》上编第3卷，中国文史出版社，2008年，第317页。

④ D.K.Liu，*The Silk Industry of China*，1940年版，转引自汪敬虞：《从中国生丝对外贸易的变迁看缫丝业中资本主义的产生和发展》，载《中国经济史研究》2001年第2期。

⑤ 《大公报》1917年4月，转引自陈真编：《中国近代工业史资料》第4辑，第171～174页；汪敬虞《从中国生丝对外贸易的变迁看缫丝业中资本主义的产生和发展》，载《中国经济史研究》2001年第2期。

⑥ 广州市地方志编纂委员会等：《近代广州口岸经济社会概况——粤海关报告集》，暨南大学出版社，1995年，第501～503页。

另一方面，机器缫丝业的经营者技术和管理方面的惰性，还表现在对工厂日常管理的粗放式经营。这在民国的调查报告中有很多的描述，相信在晚清机器缫丝业的起步时也是如此。机器缫丝业的经营者多采用租赁制度，厂房是租来的，顺德的丝业经营者多不在利润中提留企业发展的预备金，而是企业一有利润就分光。这说明经营者并不打算对企业做长久地经营。

在蚕桑业和缫丝工业之间存在共存共荣的关系。一般认为，机器缫丝工业的兴起，“大量收购蚕茧作原料，从而使农民多不自缫丝而只卖蚕茧，将精力集中于栽好桑养好蚕采好茧，茧的质量也有所提高”。①实际上，机器缫丝业的兴起，并没有解决分散的一家一户的小农生产与集中的工厂化生产之间的矛盾，反而使这一矛盾成为缫丝业发展的障碍。

机器缫丝业促成了蚕农和桑农的专业化，却使蚕茧的质量有下降的迹象。如果蚕农“自有桑基则可依其蚕儿之长幼，以定桑叶之品质”，就不会用过老或过嫩的桑叶，而经常有新鲜的桑叶喂蚕，但专业育蚕而没有种桑的蚕农，“买桑看多不理其叶之老嫩，质之优劣，只顾图利而育蚕，对于选择桑，亦难虑及，只见桑而买。故饲蚕之桑，或老或嫩，在所不免，且市上所贵之桑每多凋萎，又常以水湿之。育蚕者每利桑价低廉，防风雨骤至，多购贮之。若贮桑不得其法，容易发酵，坏及桑叶，以之饲蚕大碍生理”，这样就容易使蚕发生软化及其他病害。②蚕农为追求利润，并不考虑茧的质量，“年来丝价高涨，凡业蚕者务求速成，以炭火加温而促其早熟，虽损茧质亦所不计”③。可见专业化的农户，在缺乏约束机制的情况下，只会追求利润，不会格外关心产品的质量，尤其不会考虑终端产品的质量问题。

---

① 颜泽贤、黄世瑞：《岭南科学技术史》，广东人民出版社，2002年，第496页。

② ［美］考活著，黄泽普译：《南中国蚕丝业调查报告书》，岭南农科大学印行，1925年，第97页。

③ ［美］考活著，黄泽普译：《南中国蚕丝业调查报告书》，岭南农科大学印行，1925年，第78页。

此外，广东专业制造蚕种的农户，由于都不是专业养蚕的，无法控制育种过程中蚕病防治，缺乏检测手段检验蚕种质量好坏，所制的蚕种难免带有病害。生产丝茧的蚕农由于缺少生产资金，也只能购买价格便宜的蚕种而不会购买价格较贵的优良蚕种。[①]而丝厂主要通过“水斗”（民间的茧种检验者）凭经验检测蚕茧的质量，也无法控制桑业—养蚕—制种的一系列生产技术环节，以获得优良的蚕茧供应丝厂。这就严重影响了机器缫丝厂的生产效率。这一情况可以从清初到民国间担桑产丝量呈下降的趋势中看出。

清初每担桑叶可以生产生丝十三两，光绪间为九点一两，宣统间为十二点一两，1924年为七两，1933年为六点四两。除了宣统年间的数字稍有回升之外，总的趋势是下降的。[②]这一数字虽然不尽是机器缫丝厂的，但至少说明茧受蚕病或者其他原因而使废茧增加，或者因为工厂管理的原因以致水结和废丝的数量大增。光绪年间由于丝价激增，顺德蚕农倾向于增加寒造的生产，即在桑正常生长之外的六造完成后，“等诸遗秉滞穗”的“桑花”，原来是任人采摘和拾取的，但由于寒造兴起，桑花禁人采摘，也用作饲蚕。[③]“桑花”都是些嫩叶，营养逊于正常季节生长的桑叶，喂养之后对寒造蚕体的发育会有影响，从而也影响丝的质量。

在明清时期，广东的生丝贸易曾经有过辉煌时代。鸦片战争之后国门洞开，近代的蚕丝业仍然出现了一段时期的繁荣。但在清末民初，广东的生丝出口已经出现危机。用土法制造的生丝被冠以“土丝”，新式缫丝工业制造的生丝被冠以“厂丝”，以示与“土丝”有别。实际上，即使珠三角的缫丝工业自陈启沅开始使用新式缫丝技术，继昌隆的技术外传了，但管理方法并不一定被其他厂家所接受和认识而真正实践。外国丝商仍然抱怨广东的生丝

---

① ［美］考活著，黄泽普译：《南中国蚕丝业调查报告书》，岭南农科大学印行，1925年，第159页。

② 黄慰愿：《广东近代蚕业畸形发展的技术考察》，载《中国农史》1989年第4期。

③ 民国《顺德县志》卷一《物产》，中国方志丛书本，第19页。

价格高，但是质量很差，就是明证。[①]在欧洲市场，广东生丝价格由于质量问题，比不上上海生丝的价格。所以，从陈启沅开始的广东机器缫丝业，在后来的发展过程中，同时又隐藏着深刻的危机。

陈氏家族或者是最早看到这一点的。不扩大缫丝工厂，固然有陈启沅不与人争利的思想因素在内，但可能也有缫丝工厂这一行投入风险较大，需要谨慎保持一定生产规模，避免再投资管理不到位，影响生丝质量的因素在内。所以陈氏的产业资金从创办继昌隆，到陈启沅重返简村，再到1928年，对缫丝业都没有投入太大，而是逐渐投向丝业的流通领域，使资金走向呈多元化的倾向。[②]

可以从缫丝研究者的成果，来看上海丝厂后来居上的原因：上海的丝厂所使用的设备是意大利式或者四直缫式，而在珠江三角洲使用的是法国式或者说再缫式，后者只能同时缫两绪，所以被认为是低级的。在20世纪20年代，杭州和其他地方的一些丝厂从直缫式过渡到效率更高的日本机械。[③]这是江南厂丝后来居上的原因。广东丝后来落后于江南，原因是技术方面不能保持持续的先进性，这是佛山地区整个缫丝行业的问题。

---

① 广州地方志编纂委员会：《近代广州口岸经济社会概况——粤海关报告集》，暨南大学出版社，1995年，第448页、891页。

② 参看《陈氏家族资金的走向》一章。

③ 李明珠著，徐秀丽译：《中国近代缫丝业及其外销（1842—1937）》，中国社会科学出版社，1996年，第26页。

第七章

以继昌隆为代表的机器缫丝工业对佛山地区的影响

以继昌隆为代表的机器缫丝业的兴起，在促进蚕桑业和相关行业发展的基础上，对清末民国佛山地区的经济与民俗产生了巨大的影响。

一、对妇女民俗的影响

机器缫丝业雇用数以万计的妇女，对佛山地区的妇女民俗，产生了巨大影响。广东的妇女，在宋元时期保留着岭南的风俗，在做生意、把持家务方面都是家庭的顶梁柱，地位高于男性。故宋元广东仍有妇强男弱的说法。以致北方移民来到广东，入赘于经济情况较好的女户；或者妇女出嫁时，女家给男家很多嫁妆，最盛行的是“奁田”，通常数十亩，大的数百亩甚至千亩，男家以此作为改善经济地位的一个重要机会。带着庞大土地数量出嫁的妇女，在男家也有重要的话语权。妇女可以出嫁之后不到男家居住，女子也可以不出嫁，梳起属于蛮俗的发髻以表示不嫁人。但到了明代，妇女地位开始下降。由于里甲制度的施行，强行实行丁户登记制度，杜绝了宋人笔下的“女户”现象，富家女子出嫁虽然还有“奁田”做嫁妆，但并不普遍，入赘的情况几乎绝迹。加上道学的盛行，士大夫宣传贞女，三纲五常的道德观开始束缚女性，妇女在家庭中的地位急剧下降，清代更进一步以礼法束缚妇女，女性在以男性为中心的家庭中备受欺凌。民间流传着一首凄凉的童谣，描述的是旧时粤地女子因旧婚俗的陋习，当了人儿媳，不分昼夜地拼命干活，表达了在公婆虐待下的压抑之悲情：

鸡公仔，尾弯弯，做人心抱（粤语“心抱”即媳妇）甚艰难！
早早起身都话晏，眼泪唔干入下间。
下间有个冬瓜仔，问安人老爷煮定蒸。
安人又话煮，老爷又话蒸，
蒸蒸煮煮唔中安人老爷意，

大揸拉盐又话淡，
手甲挑盐又话咸，
三朝打烂三条夹木棍，
四朝跪烂四条裙！
咁好花裙俾你跪烂，
咁好石头俾你跪崩！
横又难，直又难，不如苦命落阴间！
人话阳间条路好，我话阳间条路好艰难！

虽然这首童谣有不同的版本，它产生的确切年代亦不可考。但推测它可能产生在道学盛行的明清时代。这一首童谣恰好说明家庭妇女所处的地位之低下。

但佛山地区在晚清仍有女人出嫁后不落夫家，自梳不嫁的风俗，史家有说是机器缫丝业出现，妇女地位提高之后出现的。其实这两种风俗都产生于机器缫丝业出现之前。如著名诗人屈大均有妻子是不在屈家的，就是不落夫家风俗。道光年间，南海九江乡，“旧俗女子不乐返夫家，强迎之，则自尽以图陷，多有因致破家者”。有九江士绅首领冯汝棠“悬为厉禁，有犯者许夫家藁葬之，母家无得过问，由是俗渐革”①。《南海县志》为此发了一通议论：“论曰：……而顺德之俗大率以反夫家为耻，常有还夫聘金使之买妾，遂与夫绝者矣。九江与顺德为邻，为恶俗所渐习为风气，间有不囿于俗者则群起而笑之，其因逼还夫家愤而自尽以图陷者比比也。佳偶而成怨偶，婚媾而为寇雠，相沿不革，风俗尚可向哉？汝堂深痛其弊……转移风气造福乡间，伟矣。”②由于地方严禁，清末，南海归宁不返的风俗原在江浦、黄

① 宣统《南海县志》卷十五《人物传》，中国方志丛书本，第1503页。
② 宣统《南海县志》卷十五《人物传》，中国方志丛书本，第1504页。

鼎最多，“近十年（宣统以前，亦即光绪后期）稍稍改革”[①]，或与士绅的倡议有关。

可见南海、顺德都有不落夫家的风俗，出现在缫丝业兴起之前。顺德基层社会对待不落夫家和自梳女风俗比南海宽容得多。顺德不少建缫丝厂的乡村，宗族还建“姑婆屋”给缫丝女群居，20世纪末乡村的“姑婆屋”还有年事已高的自梳女居住。不落夫家和自梳女风俗不会对乡村的婚姻习俗产生很大的冲击，毕竟她们只占女性总数的小部分。

明清蚕桑业在佛山地区兴起，妇女是撑起蚕桑丝绸业的半边天，使得这里的妇女风俗与其他地区有区别。如农家采桑喂蚕，多是妇女为之，在桑蚕和手工缫丝结合的家庭经济中，耕塘和种桑是男人的专业，妇女担任喂蚕和采桑、缫丝等主要劳动。在手工织造丝绸的工厂中，男人虽是主要的劳动力，而妇女也任解丝络纬。清代倚琴主人《龙山竹枝词》有云：“一四七期趁大墟，近来生意竟何如？市廛不似田家乐，郎自耕桑妾养鱼。”[②]说的就是自得其乐的耕织结合的蚕丝业家庭经济。即使是薄有家产的人家，妇女也不能歇着，要以养蚕缫丝弥补生计。

如顺德《沙滘楚旺房陈氏族谱》记载：陈竹虚和陈乔年的工场不景气时，就要养蚕缫丝来弥补收入，陈乔年的妾潘氏充当主要劳动力，后来潘氏死了，养蚕缫丝的活就没有人干了。在陈竹虚的工场开工时，他年老的母亲除了监视雇用的女工干活，还一边舒解散乱的经丝。在家务方面，即使是富人的主妇，也要承担起主持家务的职责。生儿育女、勤俭持家和主持内务是她们永远需要秉承的家训和职责。勤苦的主妇多不能享受永年而早于丈夫先逝。这或者是主妇操持家务造成的过劳现象所造成。如陈启沅的原配和二妾、三妾都早死。四妾罗氏是在澳门娶的，十七岁过门，她白天帮忙管理工厂，“每日工罢归家仍执炊灶，日无暇晷，其勤朴一如平昔侍”。其寿年

---

① 宣统《南海县志》卷四《风俗》，中国方志丛书本，第591页。

② 〔清〕赖振寰辑：《龙山竹枝词》，光绪刻本。

六十三，已经算高寿了。[①]罗氏子陈孺直的原配潘氏，丈夫给她的评价是：“总其一生，勤俭持家，不务奢华。一典型主妇也。”[②]潘氏一生生育子女十三人，亦早逝于陈孺直。

由于明清道学的兴起，以致家庭妇女地位低下，在机器缫丝业兴起之后，古老的妇女民俗再度兴起。只是机器缫丝业的出现加强了妇女的地位，梳起和不落夫家成为妇女反抗封建礼教的手段之一。人们也多谈到顺德妇女的金兰契。这一风俗起源也很早，机器缫丝业的出现使妇女之间在劳动过程中接触的机会多一些，由此产生了友谊，结拜为姐妹。有人将金兰契与妇女的同性恋相提并论，这是错误的。金兰契中可能有同性恋，但不是普遍的现象。清代曾苏绍《顺德竹枝词》有云：“结拜金兰有女儿，相沿积习最难移。新婚不许郎轻薄，生怕同行姊妹知。”[③]很显然金兰契并不排除结婚。应该说，自梳女、金兰契中的同性恋、不落夫家，都是佛山地区妇女风俗中的畸俗，但绝对不是佛山地区妇女的常态。

以往的研究对新式缫丝业引起的妇女地位的改变，太多渲染不落夫家和自梳女这些畸俗的作用，其实与佛山地区当时的社会情况是不一致的。如《顺德县志》提到：当地“妇女最重名节，妇人青年夫死多不改嫁，有再醮者乡俗皆非笑之”[④]。可证传统婚俗仍占主流。蚕桑丝绸业中的佛山地区妇女，很多人有幸福的家庭和丰富的感情生活。试看清代诗人的吟咏。

张琳《龙江竹枝词》记载：“趁墟三六九为期，侵晓催郎去买丝。往省卖仍归里买，与郎别喜不多时（原注：估客带丝往省城贩卖，每届圩期即归买丝）。”[⑤]这首诗说的是一个买卖生丝为生的小商人和妻子依依惜别的感

---

① 〔民国〕陈孺直：《家中先人事略·先主母事略》，手抄本复印件。

② 〔民国〕陈孺直：《家中先人事略·先室潘氏事略》，手抄本复印件。

③ 《前人咏顺德》，顺德方志办《修志简报》第14期增刊3～4版，1987年1月。

④ 民国《顺德县志》卷一《风俗》，中国方志丛书本，第16页。

⑤ 〔清〕张琳：《玉峰诗抄》卷十六，清刻本。

情生活。

叶念曾《龙山竹枝词》记载："被温蚕子不温郎，伴妾蚕花占半床。冷斗岂如郎斗冷，感郎子夜独看塘。"[①]描述的是一个蚕妇在夜里用被子温蚕时想起了独自看鱼塘的郎君。

曾苏绍《顺德竹枝词》记载："东风吹暖养蚕天，蚕食新桑起复眠。妾似蚕兮郎似茧，有丝都把妾身缠。"[②]诗人用蚕和丝比喻桑妇和郎君的感情。

潘鸣球《云路竹枝词》记载："农家岁暮共鸣锣，新旧墪人娶妇多。（原注：新墩旧墩俱是农家。笔者注：墩是沙田区疍家居住的村落，沙田变为基塘区，这一村落称呼仍保留）今日郎家添一物，脱来嫁服即披蓑。"[③]"墪"即墩，往往是指上岸居住的疍家人在河涌旁的屋舍，这首诗歌反映了顺德疍家人上岸务农，男婚女嫁的生活。

旧时代诗人的竹枝词，用白描的手法，描述了顺德妇女在蚕桑丝绸业中的活动和作用，在今天看来，仍然具有一定的史料价值。

以继昌隆为代表的机器缫丝业兴起之后，妇女更是近代产业工人的主力。一般的机器丝厂中，男工只有十几人，女工则数百。关于机器缫丝业中女工的情况，描写顺德风俗的竹枝词有反映。

曾苏绍《顺德竹枝词》记载："丝局机湖仿外洋，百千妇女竟成行。朝来暮去凭吹号，一缕幽情比茧长。"[④]"丝局"其实指的是缫丝厂，所谓"号"即缫丝厂蒸汽机鸣叫，提醒女工上班。

张琳《龙江竹枝词》记载："红蚕成茧女工忙，相约缫丝过别庄。朝去暮回纷彩伴，沿街风送鬓云香。"[⑤]"相约缫丝过别庄"一句表明缫丝厂的

---

① 〔清〕赖振寰辑：《龙山竹枝词》，光绪刻本。

② 《前人咏顺德》，顺德方志办《修志简报》14期增刊3～4版，1987年1月。

③ 〔清〕潘鸣球：《寸草山房诗钞》，清刊本。潘鸣球，字韶石，顺德冲鹤人。

④ 《前人咏顺德》，顺德方志办《修志简报》第14期增刊3～4版，1987年1月。

⑤ 〔清〕张琳：《玉峰诗抄》卷十六，清刻本，张琳为顺德龙江人。

女工不一定是本村的。

诗歌吟咏的，只是机器缫丝业出现之后社会表面的东西，但也写出了缫丝女工的新貌。大批妇女成为近代产业工人，才是重要的社会变迁。在顺德，1911年的一百四十家丝厂，工人数量六万多，其中大部分为妇女。有的学者指出，在19世纪八九十年代，顺德、南海中不从事手工缫丝的妇女，大部分被丝厂吸收，因此经营种桑养蚕养鱼的农民几乎全是男性。[①]1925年，顺德“人口约一百八十万人，从事缫丝和养蚕者，准有一百四十四万人”，共有丝厂一百三十五间，雇工不下六万余人，另外“踊紙丝厂且有二百具以上之足踏车者，不过二百间，雇工不下六千人。三十具之踊紙，不计其数”，则顺德从事缫丝业的女工超过或接近十万人。[②]

机器缫丝业对提高妇女的地位很有作用。丝厂使妇女摆脱传统的农家角色，改变了女性以农业为主的职业观。同时也改变了社会上传统观念中男女同工有伤风化的看法。在机器缫丝厂刚开始出现时，男女同工受到了社会上一些人士的责难。史载：“初时鬼紙之招致及训练紙女，颇多困难，而乡人更以鬼紙内男女工人混集，认为有伤风化，诸多留难。惟当鬼紙发展到相当时期，乡人皆知鬼紙原为可以兴旺蚕桑非荣农村及养人之所，而一般观念都认缫丝工作为一种正当的职业，紙丝女的地位由是得到社会的承认。且每当鬼紙开工，此等紙丝女工皆争先恐后到厂，务求占得一位置为荣幸矣。”[③]传统的旧观念毕竟不能阻挡缫丝女工这一新的职业的诞生，因为丝厂的缫丝职业是为女工而设，而不是为男工而设的，而且可以给人们带来经济利益，人们很快接受了这一新事物。但是在丝厂中工作的女性，工作劳累程度大多

① 陈慈玉：《近代中国的缫丝工业（1860—1945）》，载台湾“中央研究院”《近代史研究所专刊》1989年第58期。

② ［美］考活著，黄泽普译：《南中国蚕丝业调查报告书》，岭南农科大学印行，1925年，第12～13页。

③ 吕学海：《顺德丝业调查报告》，见彭泽益：《中国近代手工业史资料》第二卷，中华书局，1962年，第53页。

甚于都市钢铁厂的男工，她们一天工作十二小时以上，工场潮湿炎热，卫生条件十分差，日子一长，健康状况严重受损，虽然薄有积累，也远远不足以弥补身心的损害。而且，缫丝工作是青春饭，缫丝女工多是二十五岁以下，甚至十多岁的童工。所以缫丝女工也是受压迫很深的。

由缫丝女工开始的女性加入职业大军的潮流，对传统的家庭制度也是一个冲击。一个缫丝女工，“一人工作所得之资，可供三人之用而有余”①，这对农家来说是一笔不小的收入。直到进入民国时期，国际经济危机未到来之前，尚可见到缫丝女的经济地位很好。丝厂工作虽然辛苦，但是与其他行业相比，工薪还是较高的。1925年以前丝价低时工薪每天约四到五毫，1925年丝价高昂，技艺娴熟者每天可以八到九毫，最差也有四毫，括丝者每日一元。工作虽然辛苦，但是颇为活泼，衣着整齐，一看就知道是缫丝厂的工人。②有人通过比较分析，发现从19世纪70年代到20世纪20年代之前，长三角缫丝工的日产值总是高于珠三角一般缫丝工厂的缫丝女工，但在20世纪20年代，珠三角缫丝女工工资竟高于长三角缫丝工工资百分之六十，由此认为珠三角（主要是佛山地区）缫丝女工获得的“技术红利”高于长三角。③

职业化的女性提高了自己的社会地位，她们的脸上往往洋溢着骄傲和自足的神情，打扮入时，外貌娇美，休假时经常出入戏院。因为她们不再完全依赖丈夫或父亲，而用她们自己的血汗挣来的钱养活家人，为改变自己的地位提供了经济条件。女工离家到缫丝厂工作，对传统的蚕农家庭来说，反而是一个凝聚家庭关系的机会，因为缫丝女工有相对高的工资收入，且由于丝

---

① 卓正丰等：《广东农业调查报告书续编（上卷）》，国立中山大学农学院编印，1927年，第135页。

② ［美］考活著，黄泽普译：《南中国蚕丝业调查报告书》，岭南农科大学印行，1925年，第134页。

③ 张茂元：《社会地位、组织能力与技术红利的再分配——以近代缫丝女工为例》，载《中国社会科学》2013年第7期。

厂在家的附近，女工晚上可以回家，无背井离乡之苦。[①]

缫丝女工也是人，社会经济地位提高了，也会追求自己的爱情。清末佛山地区诗人赖振寰《龙山竹枝词》记载："红桥西畔柳塘东，何事冬请辄旷工。想得缫丝诸女伴，郎偎热过茧炉烘。"[②]这首诗歌描述的是在缫丝工厂里，一个普通女工对爱情生活的迫切追求。所以随机器缫丝业兴盛的不落夫家、自梳女现象，只是佛山地区妇女风俗的一部分而非全部。这是我们叙述这一段历史时需要讲清楚的。

有人通过比较，认为珠三角的缫丝女工不仅多次成功抵制和延缓了机器缫丝厂的技术变革，展现了她们在丝厂里的谈判地位和谈判能力；在她们所处的村落里，同样具有较高的社会地位和自由度。[③]作者的依据，主要是不落夫家和自梳女现象。但我们认为这两种现象是次要的，因为不落夫家和自梳女现象都不是近代佛山地区妇女民俗中的主流，况且南海、顺德对这两种民俗的容忍度都有一定差别。

最重要的是，民国时期佛山地区妇女地位的改变，提升了民族革命中妇女的组织能力。近代化的生产，使女工们很早就具有工人阶级的特质，懂得运用罢工手段来维护自己的权益，显示了近代工人阶级的抗争意识。近代广东较早的工人罢工行动，就发生在机器丝厂中。1906年广州出版的《赏奇画报》报道："迩来女工忽停工，要挟加价，连日纠众滋扰，凡同类有照常工作者，即行截殴，廿一日截广昌号，廿三日之截永昌成，尤为汹涌，歹类因而丛集，辄思乘间掠夺，各丝偈势颇岌岌。"到了20世纪的20年代，丝厂女工罢工更是常见。1925年的五到六月间，南海、顺德的丝厂女工为提高工资

① 张茂元：《技术应用的社会基础——中国近代缫丝技术的比较研究》，载《社会》2009年第5期。

② 《前人咏顺德》，顺德方志办《修志简报》14期增刊3～4版，1987年1月。

③ 张茂元：《社会地位、组织能力与技术红利的再分配——以近代缫丝女工为例》，载《中国社会科学》2013年第7期。

而罢工，致各丝厂停工。

顺德县农村中，“因为丝厂停工而影响蚕桑业，各乡内士绅和自卫团局，纷纷贴出长红，禁止本村之本族的女工参与缫丝女工入会。查出则将父兄出族和取消太公猪肉”。当时省府当局令顺德县长、广东丝业研究所，责成丝厂办理：承认女工工会；用回已经开除的女工；赔偿受伤女工的医药费以及停工期内之损失。[①]虽然当时的缫丝女工在各种压力下复工，但也为自己争得了权益。1925年3月，顺德西滘缫丝厂广顺贞栈女工因减资而罢工，且不畏宗族等各方各种压力坚持数月，终于迫使资方在1926年1月妥协，赔偿被打女工损失，罢工取得了胜利。[②]

最重要的是，在中国共产党领导的民族民主革命开始之后，佛山地区机器缫丝厂的女工，很快就成为其中的一员。大革命时期，顺德西滘缫丝厂女工罢工之后，女党员区大妹、区桂在厂内女工中进行妇女运动工作。当时顺德已经成立全县工会，派出谭竹山、周冠卿两位同志到厂组织工会，公开领导罢工。全厂工人在罢工中向厂方提出了合理的复工条件。厂主勾结国民党的李福林部镇压工人，并拘留了区大妹、区桂两位同志。但是经顺德县工会和农会一起施加压力，厂方和李福林部被迫释放区大妹、区桂，但又继续和区姓宗族的值理勾结，命令区大妹、区桂劝服工人复工，否则将她们“出族”，如不复工丈夫就同她们离婚，再不行就要“浸猪笼”（将人放在河水中的猪笼里浸死），那是最严厉的族规。同时各宗族和区姓宗族也一起向参与罢工的女工施加压力。在大多数女工经不起家庭压力复工的时候，罢工暂时失败。

毕竟西滘缫丝厂的罢工行动影响太大，1926年大良十五家丝厂的老板聚集在一起商议如何防止罢工的再发生，并决定挑起工人罢工，到时暗杀工人领袖以杜绝罢工的源头。他们故意克扣工人工资以激起民愤，同时收买七个

---

① 《农事月刊》，新闻，第三卷第十二号，岭南农科大学农学院，1925年6月。

② 《西滘丝厂女工风潮之解决》，载《广州民国日报》1926年2月6日。

工人败类准备好枪支，以便在罢工时杀害工人领袖。但是顺德县工会得知这一情况后，组织女工识破了厂主的阴谋，将准备杀工人领袖的七个工贼解送县政府要求给予惩处，挫败了敌人的阴谋。[①]这次顺德工人运动的主角就是缫丝女工。这一事件表明了缫丝行业中觉醒的女工，在民族民主革命中的自觉性。

二、对蚕业民俗的影响

佛山地区位处珠三角的腹部地带，蚕业有悠久的历史。从明清到近代，都是华南最大的桑基鱼塘区，晚清时是最发达的机器缫丝业集中地，有“华南丝都”的美誉。但是文献上关于此地蚕神崇拜的资料很少。

关于中国古代蚕神崇拜的记载很多。最早关于蚕神的传说是嫘祖。嫘祖是黄帝元妃，传说蚕桑就是她发明的，后代人都把嫘祖当作蚕神来崇拜。“马头娘”也是古代的蚕神。“马头娘”又称“蚕花娘娘”“马鸣王菩萨”。最早的传说记载于东晋干宝著的《搜神记》，说这个神是一个女子包裹一张马皮变化而成的。后由宋高宗封为“蚕神”，传谕各地建庙供奉。南朝刘宋时江南地区还有紫姑神，也是蚕神之一。

明清顺德地区的蚕神崇拜是从岭北传过来的。顺德人多奉祀“马头娘”。清代南海、顺德都有蚕姑庙。清末陶浚宣有诗云：“缫丝新制出西洋，万轴齐飞眩电光。门外桑田青不断，大家争拜马头娘。”[②]前两句是吟咏顺德的机器缫丝业，后一句是指祭祀蚕神马头娘。珠三角还将对蚕桑业发

---

① 李本立：《顺德缫丝业的历史概况》，《广东文史资料精编》，中国文史出版社，2008年，第318～319页。

② 清末陶浚宣光绪己丑《顺德杂诗》，原刻在大良锦云岗东庵，载顺德方志办《修志简报》第10期，1987年1月4版。

展有贡献的人奉为蚕神，如“邓宪忠，沙头人，游肇庆至禄步墟，地宜蚕桑而土人未尝业此。宪携种往教之治具，于是植桑饲蚕缫丝，渐广其传，而蚕桑之利兴。家祀宪忠以为蚕神”①。

人们在节日期间祭祀蚕神是具有功利性的行为。如南朝时记载荆楚风俗的《荆楚岁时记》记载，人们在正月十五做膏粥祭祀蚕神以祈望来年的蚕造丰收。还有以巫术占卜祈蚕的活动。《荆楚岁时记》还记载在正月十五迎紫姑神，以占卜将来蚕桑。唐代人在蚕上箔吐丝的时候施巫术，以祈望蚕造丰收。王建《蚕辞》诗云：“蚕欲老，箔头作茧丝皓皓。……神蚕急作莫悠扬，年来为尔祭神桑。……新妇拜簇愿茧稠，女洒桃浆男打鼓。三日开箔雪团团。”②诗歌说的是在作茧抽丝时，新妇拜簇许愿，洒桃浆和打鼓都是巫术的行为，祈望的是丝多和雪白。这一隆重的蚕神崇拜现象在清代的岭南也有，晚清学海堂生员谭宗浚有《岭南新正乐府四首·送蚕姑》：“拂莞席，陈兰汤，家家出户送蚕娘。清水一盂香一炷，迎得娘来愿娘住……岁晚村前陈百戏，共喜蚕娘今日醉。”③这一仪式与广府地区的神诞没有什么区别。从蚕神庙里请出蚕娘，然后游村，各家焚香迎神，礼毕还要演戏酬神，摆宴吃喝。笔者2007年到顺德调查，里海观音堂的长者说，旧时代顺德也有请蚕神游街的习俗。对蚕神的奉祀也有时间规定，农历正月初八拜蚕大姑，二月十五拜蚕二姑，三月十八拜蚕三姑。

不过在佛山地区人眼中，蚕姑不过是与门官、土地、灶神之类一样级别的神明。顺德人家庭中一般奉祀的神有十二位，如果加上蚕神就是十三位，只有蚕农才奉祀蚕神。两龙的蚕房一般是在家宅的旁边，因为两龙都是制作茧种的，只有养育丝茧的蚕农才将蚕房安置在桑基旁。两龙的蚕房中入门口的地方贴张红纸，写着蚕姑娘娘神位，就如门官土地神一样，神位前有个小

---

① 同治《南海县志》卷26《杂录下》，中国方志丛书本，第444页。

② 〔唐〕王建：《蚕辞》，《全唐诗》卷二百九十八。

③ 〔清〕金锡龄辑：《学海堂四集》卷二十三，学海堂刻本。

香炉插炷香。蚕姑位背后有厕所，供奉厕所神紫姑娘娘。古代正月十五的祈蚕风俗中，紫姑娘娘也与蚕事有关，厕所带来的粪土和农桑有关。[①]

除了上述拜三位蚕姑的时间，一般蚕农在农历每月的初一、十五奉祀蚕姑，还供奉一种称为“炸软蛋”的食品。其制法是将番薯煮熟，捶烂，加上糯米粉，捏成汤圆大小，用油炸过，奉祀完蚕姑就可以吃。在桑基上的蚕房中，蚕农多用米粉捏成小的蚕茧，供奉在蚕房中，每蚕造必拜。可能这样供奉蚕神，也方便在祭祀蚕神时施巫术。清末《岭南蚕桑要则》有一段记载：“凡遇新产及新丧之喜庆污秽，若不用姜而解，则必于蚕有碍。如果卖桑者，遇此秽气，交桑时，须将生姜几两，放于桑面送交。收桑者，一见该姜，则必将以放于蚕姑庙前，及放桑架，有此则其秽则可解矣。”人们认为产妇生产和新丧都会产生秽气，对蚕造成不利，因此用姜，将巫术和蚕神崇拜结合的做法，以辟除污染蚕和桑叶的秽气。

古代蚕农不知道蚕病害产生的原因，所以发生蚕病害之后，往往归咎于对蚕神的供奉不够虔诚。陈启沅也受了这种民俗的影响，他在《蚕桑谱》中说：“上箔之时，最忌污秽，如新丧及孕妇人看过，竟有将成茧而走出外者，各造皆然，非独头造忌也。”[②]陈启沅这一看法显然是错误的，不过他也在蚕桑谱中阐述了用人工方法祛除蚕病害的方法。

机器缫丝业使蚕农不再用蚕茧缫土丝，除非茧造不佳，蚕茧生长很差，缫丝厂拒收，或者是土丝价格飙升，蚕农才会开动缫丝车自己缫丝。追求好茧就成了蚕农的生产目标。这直接影响了蚕业民俗。蚕神崇拜与蚕农对好茧的追求，可以说是机器缫丝厂兴起的新的蚕业民俗。我们可以以顺德蚕业崇拜的一些新变化来说明这一点。

顺德的蚕姑庙很小，不如天后庙等辉煌壮丽，且蚕神多附在其他的庙之中。顺德的蚕神崇祀很有特色。如顺德沙田五社供奉的西山大圣蚕姑娘娘牌

---

① 常建华：《岁时节日里的中国》，中华书局，2006年，第50页。

② 〔清〕陈启沅：《蚕桑谱》卷之二《头造宜忌篇》，光绪惜阴草堂本。

位，牌位设在沙田的中心——回龙社，蚕姑神的左边是道教神黄大仙、吕洞宾。顺德沙田五社蚕神位置上的大字是“西山大圣蚕姑娘娘”，这行大字的两旁是对联：“田蚕旺相，十足收成。”蚕农祈祷时希望禾稻收成好，蚕造也兴旺。顺德龙江南坑管理区里海的马氏蚕姑娘娘是供奉在观音堂里面的，蚕神旁边就是观音娘娘，庙里还有其他神祇。

蚕姑神的手上捧着的是蚕儿和蚕茧。蚕神的背后供奉着有特色的对联。龙江南坑的马氏蚕姑娘娘的背后正中是“西山大圣”四个大字，大字的正中是“马氏蚕姑娘娘”，马氏的“马”字两旁是“邓”和“凌”两字。“马氏蚕姑娘娘”旁边的对联是“起眠逢日午，成熟遇天晴”，起眠是指蚕儿生长过程的生理变化，蚕农要根据这个变化掌握下桑叶的量，而蚕的起眠时间是正午，下桑叶的量就好掌握了。“成熟”是指蚕儿结茧的天气，如果是潮湿天气，蚕儿吐的丝不能快干，丝的质量就很差，这时就要加炭火；如果天晴，加的炭火不用多，或者不必加炭火，丝的质量就好上加好，所以蚕农祈望天晴。

有意思的是，“西山大圣”和“马氏蚕姑娘娘”旁边又有一副对联：“嚟渣自吾少吾多，喂咪嘈有分有数。”这完全是顺德方言口语化的对联。上联的“嚟”，当为“来”，“渣自”为粤语“揸住”（拿住）的谐音。下联的“喂”当为语气词，“咪嘈”意思为“不要作声”。这副对联源自蚕农的日常生产活动，两个喂蚕的人，一个切桑叶，将切好的桑叶递给另一个喂蚕的人，对喂蚕的人说：“来，拿住，（桑叶）不多不少。”而接住桑叶的人则说：“喂！（你）不要作声（恐惊动了蚕儿），（我）自有分数。”将日常生产活动中的要点转化为祈神时的话语，在民俗学上是罕见的，也算是顺德蚕农的创造了。奇怪的是，发现这副对联的时候，已经是蚕桑业衰落的1996年，而且对联是用红纸写的。可见蚕业文化在顺德根深蒂固。这副对联将蚕桑业中喂养蚕儿的行为纳入祭祀蚕神的过程，证明在机器缫丝业引发的蚕桑业大发展中，人们更注意技术的进步，希望蚕神能保佑人们的技术行为获得好报（即好的收成）。

不过龙江南坑的马氏蚕姑娘娘的旁边的两位女性是什么神？马字旁的“邓”和“凌”两字，又是代表当地的宗族还是别的什么？南坑只有邓氏，没有凌氏，因此这两个字并不是代表当地的宗族。在里海附近的双桂街，村后有一间“太尉古庙”。进入庙的门口，右边有三个蚕姑的神位，其位置前有个香炉，上写“蚕神”，从右边数起，三位蚕姑座下分别写有“蚕大姑”“蚕二姑”“蚕三姑”的文字。大姑穿红衣，右手握的是黄色的圆圆的东西，二姑穿绿衣，端着一个盆子，上盛三条很粗壮的蚕虫，三姑穿蓝衣，也端着一个盆子，上面盛着的也是一个黄色的圆圆的东西，和大姑手中握的东西大小相同。这黄色的圆圆的东西应该就是种茧，不过大得有点夸张，其寓意应该是蚕大姑保佑能选得大的强壮的种茧，蚕二姑保佑能育成大的强壮的蚕儿，蚕三姑保佑蚕儿再育成强壮的种茧。

南坑照片中的蚕神，穿的衣服和这个太尉庙中的蚕姑一样，不过手中拿的东西看不清楚。双桂街蚕神手中的东西，和南坑蚕神的是一样的。同时供奉三个蚕姑，这是古代文献上没有记载的。我们将那副对联的意思和蚕姑联系起来推测，南坑的三位蚕姑中，马氏娘娘是岭北传过来的，而凌姓和邓姓的蚕姑，可能就是民间养蚕技术很高超的女性，她们将技术传授给各地的蚕农，人们就将这两位女性奉为神。但是人们在奉祀蚕姑的时候，往往又没有很严格的规定，所以有的人拜蚕姑时，将三位蚕姑依次称为大姑、二姑、三姑。但是也不一定是各地都同时奉祀三位蚕姑的。在龙江镇的西约，有座医灵神庙，神庙后面只有一位蚕姑的神位，沙田的蚕姑庙也只有一位。

在这里，我们要注意蚕姑手中拿的蚕儿。这表达了在机器缫丝业发展的过程中，蚕农更注意蚕茧能养得强壮，因为卖给丝厂的茧儿，是按照茧的大小和茧身是否粗厚来定价格的，薄身和很轻的蚕茧不会有丝厂接受。蚕大姑、二姑、三姑手中拿的大茧，表达了农民在蚕神面前朴素的愿望。

令人奇怪的是，沙田五社和龙江南坑的蚕神前都冠有“西山大圣”，也是其他地区的蚕神文化没有的。“西山”即大良的西山，这是古代顺德县城的主山。按照古代风水学，每一个县城都有一座主山，主一县之风水运数，

民国蚕业改良中祭祀蚕神的场景

其山之主被封为神时，县境内其他地方都可以供奉这个神。如果蚕农认为蚕姑娘娘是“西山大圣”属下管辖的一个神，将“西山大圣”冠于蚕神娘娘之前，也就顺理成章了。具有地方特色的蚕神崇拜，构成了顺德蚕桑丝绸文化中的重要部分。

民国时期举行的蚕桑复兴运动，官方的蚕桑改良机构也配合蚕农的心理需要，展开拜嫘祖。在1935年顺德蚕丝改良区的示范村内，改良机构组织人们在蚕神节拜嫘祖，同时进行蚕业改良措施的宣传。在蚕丝复兴运动的大会上，经常进行拜祭蚕神的仪式。入民国始，奉行无神论，很多明清的民间神祇庙宇被废除，香火绝迹。但蚕神屡被抬出来，说明了当局尊重蚕农的信仰和重视缫丝业改良。

三、对农民生活的影响

我们在别的章节，会谈到陈启沅和他的儿孙在财富增长之后的日常生活。而机器缫丝业的发展及其引发的蚕桑业发展所带来的物质生活水平的增长，也是需要探索的。

关于新式缫丝业早期发展给南海人带来的技术红利，陈启沅在《蚕桑谱》中说："沅遂于癸酉之秋，仿西人缫丝之法归而教之乡人。三年间踵其后而学者约千人，为股东者虽得获小利而男女工借此觅食者已良多矣。乡中既无行乞之妇人，而穿金戴银者亦复不少。但资本较重，步者尤艰。再与次儿锦篇，变通改制一具，器则少而攻则同。近十年间通府县属为之一变，用此法者不下二万余人。以旧法比论，新法会计年中所溢之利何只数百万金耶？"[①]这是直接从事新式缫丝法而得益者的情况。至于间接得利者，其儿子追述："出品优美，外国商人争相购取。其后乡人多仿效之，渐推及南、番、东、顺诸县，多至百余家。出口货成品达数千万圆，人民直接间接得以谋生者不可胜计。父欣然曰：吾志愿幸已偿矣。"[②]间接得利者，包括各类蚕桑从业者，或者间接与蚕业有关的人。

国际市场对粤丝的需求，以及机器缫丝业的兴起，促使人们发展桑基鱼塘。顺德的龙山，"咸丰以前尚有禾田，后悉变为桑基鱼塘。盖树桑养鱼，其利过于种禾数倍也"。[③]"开村以来大半稻田，后以所入歉薄，多弃田筑塘。咸、同之间村西良搓大帽闸里尚有民田数十顷，皆种黏稻。今则悉以树桑，无复有稻花之香已。"[④]这些记载表明，这并不仅仅是顺德龙山一地的

---

① 〔清〕陈启沅：《蚕桑谱》自序。

② 〔民国〕陈蓨直：《家中先人事略》。

③ 民国《龙山乡志》卷三《风俗》。

④ 民国《龙山乡志》卷四《物产》。

情况，而应是顺德、南海蚕区的普遍情况。

清末的《岭南蚕桑要则·劝业刍言》算了一笔基塘农家的账，大致意思是说：种植三四亩的桑叶，培至每造发得桑叶二千余斤。合周年六造而计，则可得叶一万五六千斤，除地租肥料，挖草摘桑等价之外，桑价好者可得银二百五六十两，中等价者亦可得银二百二三十两，即遇桑价贱者亦银二百两。如果养蚕而不卖桑，桑运佳者固可出丝七十斤，除炭价缫工之外，允可得银三百两零。等蚕运者，亦可出丝六十斤，得银二百七八十两，即遇蚕运否者，仍可出丝五十斤，得银二百三四十两，设遇蚕运最不堪者，亦必有丝四十余斤，得银二百两。如再赁塘一口，每年可养大鱼三千余斤，岁中除支塘租鱼种，肥料之外，又可赚银一百余两，或购猪种十只，亦可赚银一百余两。《岭南蚕桑要则》作者的这番话，是为在罗定推广蚕桑业时对农民说的，目的是引起罗定农民对种桑养蚕的兴趣，需要结合其他资料分析一下。

清末时“蚕丝之价，价比道（光）、咸（丰）间，涨至三倍”，①刺激了桑基的发展。按照清末蚕书和1924年的调查资料，基塘农户一般是十亩的经营规模，四水六基较为普遍。清末，蚕书记载：“每塘面一亩，该值租银四两。”②清末每石谷为二两，③则每亩鱼塘租金为两石谷，扣除成本之外有八十两收入④，折合四十石谷。桑基的亩租姑且按两点五石谷计算，则四亩池塘租金八石谷，六亩桑基为十五石谷，合共二十三石谷。蚕桑的收入，一般基塘户自己在基面种桑和养蚕、缫丝时，如果六亩桑地，虽然有六百斤的高产，姑且按每亩每年不足两千斤，以一千八百五十斤计算，六亩基面

① 〔清〕赖凤韶：《岭南蚕桑要则·罗阳实习纪始》，清宣统罗定“泷阳蚕桑义学”刊本。

② 〔清〕卢燮宸：《粤中蚕桑刍言·刮水捉鱼法·租鱼塘》，清光绪刻本。

③ 清末《广州府新宁县实业调查报告书》：“本邑谷价中数，约值银二两。”农学丛书第六集，光绪江南农学会石印本。

④ 〔清〕罗振玉：《南海县塘鱼调查问答》：“（一亩鱼塘获利），以上中下平均计之，约岁得八十余两。”见《农学丛书》第六集，光绪江南农学会石印本。

得桑约一万一千斤，缫丝得六十一点六六市斤丝，得银一百五十四点一五两。[①]蚕桑生产过程中每亩摘叶、肥料、除草等约折合四点四四石谷，六亩需二十六点六四石，则种蚕缫丝的收入为七十七点零七五石谷。

晚清农户多在基塘上养猪，《岭南蚕桑要则·劝业刍言》说到基塘户养十头猪，得银一百两，折合谷为五十石，则基塘农户收入为：养蚕缫丝收入七十七点零七五石谷加鱼塘收入四十石，再加养猪收入五十石，共一百六十七点零七五石谷，减去租金二十三石，利息六十五两折合谷为三十二点五石，租金加利息共五十五点五石，农户实际获利约一百一十一点五七五石谷。如果生活支出占总收入的百分之六十，为六十六点九四五石谷，农家剩余四十四点六三石谷，价值为八十九点二六两白银。

这一计算结果，与光绪年间近代农业的创始人罗振玉在西樵山的调查，谓十亩基塘户一般收入为八十两差不多。清末基塘户收入按稻谷计算，较清初还下降了七点一三石，但是按银两计算却比清初多了六十一点四九两。基塘户生活水平并非尽如《岭南蚕桑要则》作者所说那样富足，但是蚕桑鱼猪农户每年手头剩余的货币数量是增加了。如果加上缫丝过程中“每丝肉五斤，约得丝皮一斤，丝骨三两”，[②]这些副产品可以卖，也是一笔收入。另外冬天在桑树下间种蔬菜，每年将桑基上表层的泥土挖去，这些桑基泥可以卖给陈村种花的人，都可以增加收入。

上述都是以蚕农自缫丝计算。晚清机器缫丝业兴起，女子能在工厂当缫丝工，所得能供养三人，也是一笔不小的收入。机器缫丝业兴起，蚕桑农的专业化增强，有专门卖桑叶的，有专门卖茧的，腾出的人手正好去缫丝厂，作为一重要的副业。

桑价起跌无常，天时潦水，均有莫大之关系。通常每担约两元五毫至四元五毫。再看春季蚕种时，偶然连日下雨，切蚕将成熟，其桑价必昂，最高

---

① 〔清〕卢燮宸：《粤中蚕桑刍言·养蚕事宜条列》：“每丝一斤，值银二两五钱。”

② 〔清〕卢燮宸：《粤中蚕桑刍言·养蚕事宜条列·种桑养蚕获利约言》，光绪刻本。

时每担竟价值三十元。最低每担价值四五毫等，也很常见。清末记载桑农的收入：“每造二千余斤，合周年六造而计，则可得叶一万五六千斤，除地租肥料，挖草摘桑等价之外，桑价好者可得银二百五六十两，中等价者亦可得银二百二三十两，即遇桑价贱者亦银二百两，十口之家，有此以供，仰事俯畜，则可能食暖衣。”①养蚕的收入：“如果养蚕而不卖桑，桑运佳者固可出丝七十斤，除炭价缫工之外，允可得银三百两零。”如果租佃桑基鱼塘，“猪桑鱼蚕四宗养齐，十口之家，少壮者多准可胜任裕如，此则一年之获，可供两年之需，如或幼弱者众，养得三宗，每岁除支家费之外，允有百余以备增置产业，即仅务两宗，十口之家，则亦食用有余，而卒岁无忧”。②

上述的记载，没有将利息、地租算上，但也能说明在机器缫丝业发展的大形势下，丝价高昂，佛山地区蚕桑农的收入是有史以来最高的。即使入民国，“加上近年丝价渐高，农民从事种桑育蚕者日多，桑苗之需求也日渐高涨”。每亩桑苗三十七万五千株，以每万株五元计，共得一百八十七元五毫，以每万株十五元计，共得五百六十二元五毫。且桑苗有上中下三等，故平均每年每亩共应有获利三四百元。③此外，制种家的经营规模大，获利是最高的。

机器缫丝业还给农家带来其他副业，如丝厂在挑丝中得出丝骨、丝皮、水结等副产品，“茧绸以丝骨或水结（茧壳也）织成。官田海口妇女业此者多”。④

晚清直到民国早期，机器缫丝业带来的蚕桑业繁荣，不局限于顺德、南海，整个佛山地区以及东、西、北三江流域沿岸地区的蚕桑业都得到发展，

---

① 〔清〕赖凤韶：《岭南蚕桑要则·劝业刍言》，宣统罗定“泷阳蚕桑义学”刊本。

② 〔清〕赖凤韶：《岭南蚕桑要则·劝业刍言》，宣统罗定“泷阳蚕桑义学”刊本。

③ ［美］考活著，黄泽普译：《南中国蚕丝业调查报告书》，岭南农科大学印行，1925年，第55页。

④ 民国《龙山乡志》卷四《物产》，民国刻本。

只是发展程度大小不同。光绪间高明县的“秀丽围近年业蚕之家挖深取泥，覆四周为基，中凹下为塘，基六塘四，基种桑，塘蓄鱼，桑叶饲蚕，蚕矢饲鱼，两利俱全，十倍禾稼”。[①]三水县民国初在西南镇有茧市四间，茧栈五间，丝厂两间，西北江沿岸的茧都运来这里加工。民国九年（1920年）出口生丝三百三十三担，到民国十一年（1922年）达到一千三百四十八担，增长三倍。[②]佛山地区周边，围绕顺德、南海形成明清以来最大的桑基鱼塘区。香山县在靠近顺德的南部沙田区，地势低洼，在清代乾隆已经有蚕桑业，到民国初期，产桑蚕地在小榄、大黄圃、小黄圃、海洲、古镇、曹步、大四楼、横径各属，以小榄最多，约二十五万人，七成业蚕，桑基两千二百顷，年产桑两百万担，制种家四百家，蚕茧多运往顺属容奇、桂洲沽卖。

生丝价格低落时，农民会自行缫丝出卖。[③]1925年，新会县沿着西江低洼地都是桑基鱼塘，桑田占全县耕地的十分之一，可得干茧两万一千八百担，价值港币六百五十五万两千元，缫丝四千三百六十担，价值港币六百五十五万余元，有丝厂四间。番禺县蚕桑区主要分布在与顺德南海交界的沙田区，有桑地一百顷，所产茧都运往顺德出售。[④]鹤山县与南海县一江之隔，清代古劳就有桑基鱼塘，以种植桑苗最盛，多运往南海九江，散流于顺德南海的蚕区，所产茧亦多销往南海九江和顺德勒流。[⑤]

西江沿岸高明的三洲，高要之后沥，云浮之六都，郁南之南江口、

---

① 光绪《高明县志》卷二《物产》，中国方志丛书本。

② ［美］考活著，黄泽普译：《南中国蚕丝业调查报告书》，岭南农科大学印行，1925年，第23页。

③ ［美］考活著，黄泽普译：《南中国蚕丝业调查报告书》，岭南农科大学印行，1925年，第23页。

④ ［美］考活著，黄泽普译：《南中国蚕丝业调查报告书》，岭南农科大学印行，1925年，第24页。

⑤ ［美］考活著，黄泽普译：《南中国蚕丝业调查报告书》，岭南农科大学印行，1925年，第24页。

都成以及德庆、封川[①]约有桑基一千七百顷，年产桑三十四万担，干茧约四千七百担，缫丝九百五十余担，价值港币一百四十余万元，从事蚕业者两万余人。[②]四会县亦产茧，运往西南发卖。顺德和南海的茧栈，亦派水斗往西南等地收买茧。清远养蚕者约千户，桑基约一百六十顷，茧多运往西南。[③]东莞县的蚕桑业兴起于光绪后期，1922年最盛，蚕桑分布地在石龙、茶山、莞城、寮步、南社、多山、常平。东莞种桑不采用基塘式，桑基约六十顷，业蚕者约六千五百人，茧多交售于顺德的水斗。东莞产茧占东江流域惠阳、博罗、宝安的一半以上。[④]

粤省西南与广西接壤者，有廉江、茂名、电白、吴川等，广西有钦州、北海等，其所产茧向少出口，农民多自己缫丝，做织造之用。其所用缫丝器具，甚为简陋。其桑之种类，与顺德同。[⑤]广西除北海外，其余各属所产之丝，有运销广西之南宁、龙州、贵县等地，也有运至云南以及本省之佛山等地。梧州附近有长洲岛，桑基约占百分之七十，养蚕者三千余人，制种者约二十家，多来自粤省。[⑥]高州的西北部，也有种桑育蚕，其法与顺德同，茧

---

① ［美］考活著，黄泽普译：《南中国蚕丝业调查报告书》，岭南农科大学印行，1925年，第25页。

② ［美］考活著，黄泽普译：《南中国蚕丝业调查报告书》，岭南农科大学印行，1925年，第26页。

③ ［美］考活著，黄泽普译：《南中国蚕丝业调查报告书》，岭南农科大学印行，1925年，第27页。

④ ［美］考活著，黄泽普译：《南中国蚕丝业调查报告书》，岭南农科大学印行，1925年，第28页。

⑤ ［美］考活著，黄泽普译：《南中国蚕丝业调查报告书》，岭南农科大学印行，1925年，第29页。

⑥ ［美］考活著，黄泽普译：《南中国蚕丝业调查报告书》，岭南农科大学印行，1925年，第33页。

大约也是运往顺德。[①]汕头之沿韩江而上，为嘉应州，也屡试验种桑养蚕，唯距离茧市过远，也无团体组织以作指导。潮汕地区以及福建的蚕茧都运销汕头。[②]广西宾州和郁林的茧，均呈金黄色，谅即北海的多化性纯种也。[③]粤西南和广西有一些是樟蚕、天蚕丝，有少量出口。

上述虽然是1925年的调查，但不少地区的蚕业实际上自晚清或清末就已经兴起。华南丝区主要还是顺德大部和南海的一部分形成主要产区，其他地区蚕丝业所占分量不会太大。尽管如此，直到1928年世界经济危机发生以前，生丝出口还维持着繁荣。在这个基础上，给业蚕的人们带来极大的经济效益，以致生丝出口占了广东外贸的大头，与华侨贸易成为广东外贸的两大支柱。所以，机器缫丝业带来的经济发展，不限于佛山地区，而是整个广东和广西的蚕业分布地。

蚕桑丝绸业能给人们带来可观的收入，所以历史上蚕丝业兴盛时，社会上也大兴奢靡之风，这是自明清时期就如此。万历年间是顺德商品性农业发展的时期，蚕桑业也很发达。《顺德县志》记载：人们从明初的“宫室器服有度”，到万历年间的“富者缛绣罗纨，妇人翡翠金珠，被后妃之服”，宴会时“铜鼓互奏召客，珍穷水陆，犹尚以为不足，富者欲过，贫者欲及”。[④]这一记载也见于康熙《顺德县志》。

清中叶开始废稻树桑，人们手中钱多了，追求奢靡的风气更加流行，社会上“俗尚豪华，家无产业，侈嫁娶，闹酒食，喜迎赛，饰宫室”。[⑤]道光

---

① ［美］考活著，黄泽普译：《南中国蚕丝业调查报告书》，岭南农科大学印行，1925年，第30页。

② ［美］考活著，黄泽普译：《南中国蚕丝业调查报告书》，岭南农科大学印行，1925年，第31页。

③ ［美］考活著，黄泽普译：《南中国蚕丝业调查报告书》，岭南农科大学印行，1925年，第33页。

④ 万历《顺德县志》卷之一《地理志第一・风俗》，北京图书馆藏万历刻本复印本。

⑤ 嘉庆《龙山乡志》卷四《物产》清紫金阁本。

水乡的蚕房和茧船

年间陈徽言《南越游记》卷二有“顺德乐土”条，记载：“顺德所属诸乡皆丰阜，以龙山、龙江两村为最，屋宇翚飞，烟火千家，入其中俨若会垣。其地四围江流环抱，海潮晨夕灌溉，说者谓‘龙脉所聚，会生其间’者，人物华滋，恒异他所居人。绿岸树桑，春二三月，家家皆提笼出采，取归饲蚕，妇女治丝，岁获厚利，所织贡茧，软细可爱。……地饶菜圃，鱼塘错出于桑园下。上登高眺望，天然画图。素封之家甚夥，比户时闻弦诵声。其贫者亦各有执业，终岁熙然，无啼饥号寒之苦。盖人工勤而物产茂，野无旷土，于焉乐利矣。”其描述的是桑基鱼塘区内一派繁荣景象，即所谓“素封之家”，就相当于今天人们所说的小康人家。

到晚清民国早年的时候，机器缫丝业大兴，蚕桑业大发展，晚清记载：“国初宫室服器有度，今富者缛绣绮罗，妇人首饰翡金珠，居室雕斫黝垩，款客珍奇水陆，富者欲过，贫者欲及。大抵富日趋而贫，俭日趋而侈，质日趋而文，移末返本，而后成也。”[①]上述所引万历《顺德县志》、康熙《顺

① 光绪《九江儒林乡志》卷三《风俗》，清光绪刻本。

德县志》的记载，与这条文字几乎都一样，这说明了自明代万历以来珠江三角洲商品性经济的爆发式增长之后，[①]民间的消费形成一个很大的市场，直到清末仍在增长中，突破了封建等级制度的限制。

而且随着居民财富的分布变化，出现穷者越穷富者越富的情况。人们“踵事增华，所费不赀。甚至建洋楼，效西装，吃番菜，俗日趋而奢富，亦日趋而贫矣”。[②]清末人的诗歌也吟咏蚕桑之乡龙山：“俗尚奢华贫亦富，龙山饶有凤城风。”[③]龙山因为蚕桑业的兴盛，当地人民的富庶程度不减于县城大良。

蚕桑业兴而带动百业，连只是织造竹制品的贫民也富裕起来。民国年间的记载：蚕桑鼎盛时，大良竹器，十分畅销。桑箩、茧箔、竹篸、小箩、茧窝、竹凳、竹筛、茧包、雨帽等，均为蚕桑业之用。其时，不仅竹器店生意畅旺，而且织造竹器的工人，持其十指辛劳，亦无冻馁之忧愁。当时大良海旁山货竹器店如林，生意滔滔，川流不息，赚钱亦非难事。[④]蚕桑业兴盛时，小康之家随处可见，人们视穿着丝绸为常事。顺德的蚕书上说：“俗尚奢华，贫者小服，亦多纱罗绸绉。”[⑤]喜兴节日更要穿上时髦的新衣服，清代诗人梁绮石的《良濠竹枝词》云：“一到歌场妙入神，是谁穿着不皆新。近来学得城风俗，妆束时兴要胜人。”[⑥]

1924年顺德蚕业尚在发展中，饮食生活也处于较高的水平，“为豪饮

---

① 吴建新：《明代南海的商业环境与广东商品性农业爆发的时间节点》，载《中国农史》2018年第5期。

② 民国《龙山乡志》卷三《风俗》，1930年刊本。

③ 〔清〕赖振寰辑：《龙山竹枝词》，光绪刻本。

④ 《（顺德）土产（据1934年、1935年〈越华报〉、〈群声报〉）》，《顺德修志》59期5版，1990年10月。

⑤ 〔清〕赖凤韶：《岭南蚕桑要则·劝业刍言》，宣统罗定“泷阳蚕桑义学”刊本。

⑥ 《前人咏顺德》，顺德方志办《修志简报》14期增刊3～4版，1987年1月。

恣食，助餐多有猪鸡鹅鸭等肉食者，盖其获钱较易”。[①]当时外地人描述顺德，“该县农民衣服，多用茧绸、竹纱以及板桥等国货制作，日常饮食粗粝，但比起别省人民温饱不保，已胜一筹”。但是由于富裕，也带来不良的习俗，“有钱人嗜食鸦片，镇上赌馆林立，赌风甚炽，不少儿童也染上恶习”。[②]

在蚕桑业兴盛的时期，蚕丝业和商业兴盛的市镇一片繁华气象。但是蚕丝业的市场风险极高，经营上的起落也决定了人们消费盛衰。即使个人的经营，“一朝失利，富转为贫，前之拥多金以自豪，今且饭粗粝而不足”。[③]

以继昌隆为代表的机器缫丝业，推动了蚕桑业的大发展，由此又带来各行各业的兴旺。人们收入增加，消费观念大变，晚清佛山地区的经济，亦经历了自明清以来的最大变化。

四、对金融服务业发展的影响

明清时期还没有金融业，但是民间的金融活动无处不在，有力地支撑了蚕桑丝绸业的发展。明清时期人们赚了钱，最常见的行为就是消费，再就是购买土地等不动产。因为土地是最保险和最容易升值的财产。人们买了土地之后，再用土地融资。土地转化为流动资本的途径，是买卖、典当、抵押等金融活动。明清时期有大量关于土地买卖、典当、抵押等的契约，表明土地的属性并不是凝固的，而是流动的。除了典当行，民间也存在松散的金融组织，也是蚕丝业经营者获取资金的主要途径。

---

① 〔民国〕郭华秀：《往顺德调查蚕桑丝厂记》，《农事月刊》，第二卷第八号，1924年2月。

② 《1934年顺德县貌一瞥》，《国华报》1933年1月6日。

③ 嘉庆《龙山乡志》卷四《物产》，清紫金阁本。

人们将手中闲散资金集合起来，叫“做会”。合会的名目很多，有义会、银会等。也有按照用途取名，如敦本会、崇光会、报本会、平粜会等，本意在互相帮助，济人之急。后来则以营利为目的。《陈启沅算学》中有关于这类金融组织计算本息的方法。鸦片战争以来，广东的金融机构主要有银号和银行两种形式。银号是早期广东金融业的主要实体，比较有实力的是山西票号、广州银号、汕头银号和各县的银号。其中以山西票号兴起较早，也最有势力。

机器缫丝业出现以后，旧的金融方式就不能适应对内和对外贸易的需要了。从蚕桑业到生丝的出口或土丝的国内贸易，都需要很大数量的金融交易。顺德、南海人办的金融业，是为了适应蚕桑和缫丝业的需要而设的，或者说，后者对前者有一个强劲的推动作用。

鸦片战争后，外国列强纷纷在广州设立银行。外国银行早就在丝绸业中开展放贷、汇款和汇兑等业务。同时，部分银号也经营丝绸方面的信贷业务。到粤丝兴起之后，金融业和丝绸业之间更是密切相关。在业务上，丝绸商人经营收购和出口业务都需要大量资金，即使养蚕种桑的农户也因为资金少，在购置桑苗、桑叶、蚕种时也需要借贷，因而金融业无疑是丝绸业的强大后盾。鸦片战争以后，一系列不平等条约使外国商行毫无阻碍地进入中国市场，运来大量银元，外国银元逐步成为市面流行的硬通货。资本主义的金融信贷制度也被带到中国，由此对广东的生丝对外贸易产生深刻影响。在交易过程中，除了信贷交易，以及用传统的纹银和银票、钱票结算以外，又兴起银元和汇票等结算方式。

更重要的是，丝绸收购有了新的途径。除了在广州口岸直接购买以外，外商还可以采取放款借贷的方式，与中国丝商签订合同，由其到内地收购定质定量的丝绸。有时外国商行甚至直接派遣买办，携带银元和汇票深入珠江三角洲的大小乡村，到处收购生丝或纱绸。1860年，这种情况就十分盛行了。[①]19世纪60年代以后，由于广东对外贸易体制的变化，丝绸贸易竞争变得更加激烈

---

① 刘永年：《近代广东对外丝绸贸易研究》，中华书局，2006年，第297页。

和充满风险。外国洋行也改进丝绸的贸易业务，在投资方面更加多样化，包括丝茶购销和金融、交通等行业，远远超出原来代理业务的范围。

为了开展针对广东商人的竞争，西方洋行和丝商勾结起来对付中国商人。此外，洋行为了避免损失和求得发展，也创立了与中国商人合伙贸易的方式。洋行一般利用放款方式控制中国商人，要求中国商人为其提供低廉的货物和有价值的市场情报。19世纪60年代起，洋行还通过向中国商人投资，联合开设钱庄的方式，由钱庄贷款给中国丝商到内地收购生丝，然后再由钱庄收购丝商货物并卖给洋行，从中获取高额利润。19世纪60年代，在不平等条约的控制下，海关由洋人控制，在关税上尽量压低丝绸出口税率，为了限制中国工业发展，严格控制中国广东的丝绸成品外销，而放款生丝的出口，以“引丝扼绸”的卑劣手段来限制中国丝绸业，使其畸形发展。

民国时期的资料表明，广州的银号多为顺德丝商或者顺德商人所开。顺德人创办的银号有很大的势力。顺德帮的银号经营方式略带守旧，保存百多年来银钱业的传统色彩。四邑帮资本、经验不及顺德帮，仍多雇用顺德人协助。顺德帮的存放款业务，须经“行街”介绍。“行街”专门负责向客户接洽生意、调查市场和客户信用，并担任银业公会买卖的银号职员。客户不经“行街”的介绍而直接向银号请求通融资金，则极为困难。

顺德帮银号存放款利息，通常视季节差异、银根松紧以及客户感情而定。定期存款大致分为一年、半年、三月三种，吸收的多为个人存款，期限为一年的一般利率：每百元月息五六毫，即占有存款额的百分之五到百分之六，最高八九厘，最低为三四厘。存户因为特殊需要，可以通融提前支取，并斟酌给月息。活期存款利息按月计算，普通每百元日息一分，月息三厘。一年定期利息为一分二厘，半年定期八厘，三月定期六厘。活期放款普通每日利息每百元一分，最高一分多，均比四邑帮高。

顺德帮放款的经营特点是不用抵押，只是根据“行街”介绍，即可签署单据，贷出巨款。贷款人一般是与“行街”相熟的商号。这种放款方式，对顺德县内的丝业、茧业的发展起过重要作用。其优点是容易联络客户感情，以扩大经营业务，缺点是缺乏安全保障。由于近代丝业的风险性和投机性，贷款方为此经受了极大的风险和损失，有的因此而破产。①

有眼光的顺德实业家的资本，通常在产业资本、商业资本和金融资本界流动。岑国华的资本就是一个典型的例子。为适应业务开展的需要，岑国华在广州开设了永和隆丝庄，专门代理各厂生意交售、银口往来以及交纳税项的业务，并在沙面租界内设立永和隆洋行，直接和日本、英国、法国、美国、印度的丝商交易。因为重视信誉，经营有方，四十家非岑国华下属的丝厂，长期委托永泰隆洋行代售。丝庄、洋行的常年经营额在一千万银元以上，居全市三十家丝庄之冠。为了便利资金周转，岑国华还在十三行设立“贞祥”“永昌”“大和生”“源记”四家银号。②

在20世纪20年代，正是广东丝绸业的兴盛时期，陈启沅的孙子陈廉伯，聚集了他家乡简村陈氏家族的数量可观的资金，联合经营丝业的顺德商帮，既进行经营丝业的投机活动，也进行金融的投机活动，一度获得大利。这一点，我们在陈启沅家族的资金走向中有讨论。

蚕桑业和缫丝业的发展，影响了金融支付手段的变化。提起近代顺德的蚕桑丝绸业、金融业的关系，人们常引用“顺德是广东的银行”这句话来说明。这句话有两重意义。

一是占广东经济大头的顺德蚕桑丝绸业贸易，影响了广东的外汇变动，从而影响广东经济。近代广东的外贸是用港币为计算单位的。广东进出口贸易以港币结算的占到百分之九十，而用毫洋及其他货币结算的只占百分之一。出口贸易中用港币结算的达到百分之七十，用英镑和其他外币占百分之二十一点四，用粤币只占百分之八点六。生丝出口也是以港币结算。当洋货进口多，省内港币不够支付时，就必须用粤币来兑换港币，对港币的

---

① 《顺德修志》22期2版，1988年1月。

② 《民国时期、建国时期人物传稿·工商界专题》，载《顺德修志》27期，1～2版，1988年5月。

需求大，价值因之上涨。反之，当土货出口多时，港币收入多，对港币的需求减少，价格跌落。而在出口货物中，生丝常占百分之五十以上，每年有几千万元的港币收入。因此，生丝出口数量之多少，丝价之高低，对港币的价格升降，粤币与港币的汇价都有直接的影响。如1928年，生丝出口量四万八千六百八十八担，每担生丝的价值九百六十七点三港币，每百元港币的价格便值一百三十一点七五元粤币。

到1933年，生丝出口量减少到两万五千七百四十九担，每担生丝价值减少到五百五十八点八二元港币，这时每百元港币的价格便上涨到一百四十八点二五元粤币。可见生丝出口量及丝价的涨落与港币值的变动成反比例关系。①尽管有多种的支付手段和货币可以选择，但顺德、南海的丝厂喜欢用白银现银来结算，大概是觉得收了白银心里才踏实。顺德、南海的绸艇专门运本地所产的生丝前往广州的丝庄交易，“吾邑产丝各乡均有绸艇，艇小而坚牢，城乡来往，均以旁晚联帮启行。橹桨呕轧，枪炮迭发，互为声援。破曙即至，最妥速，行旅便之”②。

生丝船和护航的船只并行，足以应付歹徒。丝船的船舱有个保险柜装白银。保险柜有两把钥匙，一把在茧市或丝厂里，一把在广州的丝庄，船舱底部凿了一个洞，用塞子塞住。回途时，如遇到众多贼人打劫不能抵抗时，船上的人就将塞子拔掉，船入水自动沉没。当贼人退后，运输的人就将沉船打捞起来，白银不会受损失。③所以直到民国，佛山地区还流传“一船生丝去，一船白银归”的谚语。

二是顺德蚕丝业需要的资金很庞大，从而在广东的货币流通量中的地位举足轻重。外国银行早在丝绸业中开展放贷、汇款和汇兑等业务。同时，部

---

① 吴振兴：《近代珠江三角洲机器缫丝业的发展及其对社会经济的影响》，载《广东社会科学》1991年5期。

② 同治《南海县志》卷5《津渡》，中国方志丛书本，125页。

③ 李威士：《广东蚕丝业的贸易及其衰落》，载《广州文史资料》1965年第16辑 。

分银号也经营丝绸方面的信贷业务。到粤丝兴起之后，金融业和丝绸业之间更是息息相关。在业务上，丝绸商人经营收购和出口业务都需要大量资金，养蚕种桑的农户也因为资金少，在购置桑苗、桑叶、蚕种时也需要借贷，因而金融业无疑是生丝业和丝绸业的强大后盾。另一方面，顺德、南海经营蚕丝绸业的人数众多，金融需求量大，特别是在丝业兴盛的时期，顺德每天从广州运回现银三十万元到容奇、桂洲等丝业重镇，这些都是从生丝外贸得来的，桑、茧、丝之间的产业链就靠这些银元周转。

所以生丝和丝绸业是广东经济中的重中之重，如果缺少了生丝和丝绸业，金融业也就成了无源之水。生产、贸易和金融业行业之间经常互相渗透，许多经营丝业发家的丝商跻身于金融业。由于顺德丝绸业的发达和中心地位，顺德籍的商人在广东银行界占了重要地位。“广州银业多由顺德人经营，故顺德人向执广东银行界之牛耳。”①即使在20世纪20年代，顺德人经营的银号仍占广州总数的百分之五十二，资本额占百分之五十五点六。广州银业的行会组织忠信堂，经理人员多是顺德人，其主要业务就是按季节每年向茧市和丝厂大量放款。到30年代，广东成立丝业银行，对维持顺德等地的丝绸业发展也起了一定的作用。

---

① 〔民国〕区季鸾：《广州之银业》，广州1932年铅印本，第192页。

第八章

陈启沅及其儿孙的日常生活史

人物传记既能展开传主的日常生活，更能透视所在时代中他的思想世界。贺喜探讨了陈启沅第九子陈蕌直的生活史，[①]展示了陈氏后人在进入民国以后的生活状况。以下，我们亦从衣食住行去探讨陈启沅及其后人的生活，以展示家庭财富增长与社会变迁的关系。

陈启沅及其儿孙日常生活的变化，正好说明了清末民初珠江三角洲富裕家庭的消费状况和生活方式的变化。

一、衣着服饰

传统社会的衣着是严格遵循等级制度的。即使没有等级制度的限制，一般人家也只能用葛布、蕉布、苎布、棉布等价格便宜、自己家庭也能制作的布料来做衣服。葛布蕉布最便宜，“蕉布黄白相间。以蕉丝为之。出四会者良。唐时端、潮贡蕉布”。[②]葛布和苎布、棉布等材料的衣服，是很粗的。而且一般农家都自己织造，称为“家机布”。这项工作由家庭妇女完成，特别是妇女织给丈夫的布料并做成衣服，对保持家庭和睦具有特别的意义。

“家机布”生产多了，就拿到市场出售，明清时期以南海县的“家机布”最为畅销。按照佛山地区的风俗，出家远足的家人要穿上“家机布”为原料做成的衣服。在陈启沅兄弟到越南经商之前及稍后，陈启沅兄弟会穿着妻子织的“家机布”衣服，表示兄弟二人的心永远记挂着自己的“家”，“家”也记挂着他们。

上述蕉麻、苎麻、棉布织造的布也有珍品。如增城县的葛布被视为珍

① 贺喜：《近代商人与商人家庭——以陈蕌直的生活史为中心》，温春来主编：《“中华文化视野下的西樵文化”国际学术研讨会论文集》，广西师范大学出版社，2012年，第329～370页。

② 〔清〕屈大均：《广东新语》卷十五《货语·葛布》，第423页。

品[①]，民间欲求一而不可得，质量仅次于雷州的葛布。用黄麻、苎麻加工而成的麻布也有著名的产品，如新会县尤以青纱布麻为著，特征是“薄如纱縠，洁若雪霜”，[②]十分适应岭南的热带气候，质量仅次于雷葛的葛布。新会县农民从雷州购入草本菠萝麻纱，所织菠萝布精细异常。南海的棉布在明代开始用土丝和棉纱混织，也非常精美。

这些精美的织品，只有陈启沅回到简村建继昌隆才有钱买。但这时除了上述织品之外，还有薯莨纱布，或叫香云纱。这种布很适合南方闷热和潮湿的气候，穿在身上有很舒爽的感觉，湿了之后很快就干，价格不贵，穷富之家都可以穿得起。但陈启沅晚年在公开场合时穿的，大都是很高端的纱绸布，这是他要适应与士绅和官员交往的需要。他唯一的一幅照片，身上穿的是质量很好的丝绸衣服，服装的样式是当时流行的对襟马褂。大概从清朝入民国的年长者多穿旧时服装，如我们找到陈蒲轩几张民国时的照片，都是穿对襟马褂。

在陈启沅创办继昌隆和足踏缫丝机之后，很多农家因为家中有女子去缫丝厂工作，家庭收入增加，或者因为扩大桑基鱼塘而家庭经济向好，南海乡村农民能穿着质量很好的丝绸衣服。《蚕桑谱》记载自缫丝机器厂建立和足踏机推广之后，农民大获利，“乡中既无行乞之妇人，而穿金戴银者亦复不少”。[③]既然穿金戴银，那衣服一定很光鲜，是配得上金银首饰的绸缎一类服装。可见光绪年到民初的佛山地区，满街上老百姓穿着鲜丽是很普遍的现象。

清朝灭亡之后，人们剪掉了辫子，服饰更加多样化。和辫子结合在一起的旧服饰逐步减少，西装在上层人士中开始流行。陈廉伯在陈启沅儿孙中最早接触西方文化，他可能是陈氏子孙中最早穿西装的。1923年，中山装开始

① 〔清〕屈大均：《广东新语》卷十五《货语·葛布》，第423页。

② 〔清〕屈大均：《广东新语》卷十五《货语·葛布》，第423页。

③ 〔清〕陈启沅：《蚕桑谱》自序，光绪惜阴草堂刻本。

流行，陈氏子孙也开始接受这种改造过的“企领文装”。而陈氏子孙入岭南学堂，或者到广州培英中学读书，男的穿中山装，女的穿蓝色的边襟上衣，下为裙子的校服。至于陈蒲轩、陈竹君等，可能还是穿对襟马褂型服装出入，而陈廉伯、陈廉仲兄弟多交际，以穿西装为主。

二、饮食

在陈启沅贫穷的少年和青年时期，番薯是穷人经常吃的主食。传说陈启沅有一次在冬天，吃着番薯过河，一不小心番薯掉到河里，陈启沅竟不顾河水寒冷，跳到河里将番薯捞起来吃。[①]番薯、芋头等块茎植物是珠江三角洲水乡重要的杂粮。因为商品性农业在桑园围等地颇为发达，到晚清时期，桑园围内已经完全没有了稻米的种植，必须从外地调入粮食到佛山，米商再从佛山购入大米。大米再从佛山到官山集散，简村人必须从官山买大米。这样简村的粮价肯定比佛山高。

在这种情况下，番薯、芋头等杂粮会随着大米的价格波动。当粮价高时，番薯、芋头也贵，穷苦人吃不起大米，需要多吃番薯、芋头。只有当外来的米多时，番薯、芋头的价格才会下降。番薯的价格比芋头高，因为芋头可以长在鱼塘边，番薯只能长在稍干旱的沙地上，番薯就需要从外地调入。晚清时桑园围决，有善人将番薯送给龙山人种植，但因为土壤是泥地而无法成活，[②]所以在基塘区很难找到番薯吃。这就可以理解陈启沅为了番薯而冒寒下塘的原因了。

但是当陈启沅回简村办继昌隆时，主食就摒弃番薯了，除非极端的灾荒

① 陈天杰等：《广州第一间蒸汽缫丝厂继昌隆机器创办人陈启沅》，载《广州文史资料》1963年第8辑，第58～71页。

② 民国《龙山乡志》卷四《物产》，1930年刊本。

季节时米谷奇缺。平时可能也有吃番薯的时候，但只是作为零食，多为名叫“香哥”“牛角红”之类作为口果的佳种，如“香哥，一名香水，起沙而香不亚于炒栗”；或是可以晒为番薯干的“色润如参，味甜如蜜，颇负时誉”的“牛角红”。[①]芋头只有在七夕、中秋节等节日作为口果，或者平时做蔬菜。

基塘区逐步减少大米的种植，晚清时桑园围内已经没有稻米的栽培，外地调入的粮食，有的是广西米，或是来自香山沙田区的米，或者是洋米如安南米等。

但南海、顺德、番禺的人们有个习惯，“富贵之家多不食最佳之米，食最佳之米者大率劳动之人如挑夫轿夫之类。盖此等人皆逐餐买米，又多无家室，因所买者少，遂觉所贵者无多”[②]。继昌隆工人多，为了节省开支买价格较低的米是合乎情理的。现在简村的人仍传说：陈启沅吃饭时，多躲在工厂灰尘少的角落里自吃，他认为灰尘会损害他的眼睛。[③]这个说法似乎暗示陈启沅在继昌隆初办的时期，是和工人一起吃普通的、价格相对便宜些的大米。

按照广州府城乡惯例，城乡商店每逢初二十六必具白肉黄鸡以祭神，祭毕众伴享之，谓之“造祃”，又称为“祃神觅食”。[④]陈启沅重视工人，则继昌隆对这一规矩应少不了。

简村有谷店，自陈启沅在继昌隆开办之后就开了一间大杂货铺，里面有粮食和各种副食品出售，而且比官山的还便宜。简村居民的生活成本就降低了。继昌隆丝厂的工人也获得较低的生活费用。

陈氏家族成员在继昌隆开办之后，每逢节日的伙食也会增加很多肉食，

---

① 〔民国〕邬庆时：《南村草堂笔记》卷一，民国刻本。

② 〔民国〕邬庆时：《南村草堂笔记》卷一，民国刻本。

③ 据林润明叙述，2018年4月。

④ 〔民国〕邬庆时：《南村草堂笔记》卷一，民国刻本。

“至人家则开年、春分、清明扫墓、端阳、盂兰、秋分、中秋、重阳、冬至、团年以及祖先忌辰始有盛馔”①。各个节日甚至平时吃鱼是一定有的，无非四大家鱼，因为简村就盛产这些鱼类。南海、顺德人喜欢吃鱼生，冬天盛行打边炉，这在乾隆广州府志有记载。

广东农家多饲养肥豚，尤其是祭祀神灵的，一定是很肥的猪肉，清明扫墓要整只烧猪，其他节日烧鹅最受欢迎。至于宴席整鸡是肯定有的，多做出白切鸡的菜式，因为广府人最讲究白切鸡的原汁原味。鸭子也受欢迎，但沙田区的鸭子吃鱼虾和贝类多而腥味太重，珠三角的人更喜欢从化等山区产的山鸭。他们饮的酒，或者是家酿的黄酒，或者是产自佛山石湾的玉冰烧（一种用肥猪肉与蒸馏酒酿成的白酒）。

在百豫坊建起来之后，陈氏家族举行祭祀之后的家宴以及招待客人，都在“绮亭陈公祠”内进行。厨房在祠的廊庑，摆宴则在天井开阔的地方。

饮食生活既是一种生活方式，也是一种生活的态度。陈启沅活到六十八岁，接近古稀之年，在那个年代勉强可以算高寿。这与他的饮食生活态度、心态平和有关。他的儿子陈蒲轩在19世纪20年代仍从事蚕桑改良的研究，虽然如此，性格并未因抽大烟而改变，而且活到七十多岁。陈孺直这样记载陈蒲轩：“兄生平孝友成性，淡薄寡言语，怒不形于色，能忍耐，一生与人无忤，从无疾言厉色，御下只从劝导，故和蔼可亲。好研艺术，至老弗倦。体素强健，得天独厚，故能享高寿。”②从陈蒲轩的性格可以看出他父亲的性格，因为陈蒲轩受父亲影响最大。

孙辈的生活就与祖父、父亲辈大不相同了。陈廉伯在进入商界之后，应酬特别多，经常在茶楼饮茶，或在西餐厅吃牛扒，或者在本地酒楼吃粤菜、饮茶（喝茶与吃点心）。而在陈廉伯、陈廉仲的公馆里，都有自己的厨师。为了子女的发育和健康，早晨会得到当时最畅销的私立岭南农业大学生

① 〔民国〕邬庆时：《南村草堂笔记》卷一，民国刻本。
② 〔民国〕陈孺直：《家中先人事略·家兄蒲轩公事略》。

产的牛奶，平日的肴馔会很丰富。陈廉伯公馆经常有商界名流和大官出入，主持家宴的厨师级别很高，席上山珍海味很丰盛，酒不再是黄酒或一般的玉冰烧，而是名贵的洋酒。据说陈廉伯公馆建成时摆入伙酒，吃足一天的流水席，并请戏班来唱足一天的戏来助兴。当时广州市很多大官都来了，孙中山也来了，来的人够一桌，就摆上一席，一直吃下去。[①]

平时还在学校上学的孙子们，大都是寄读，周末盼望回家能有改善伙食的机会。陈廉伯自商团事变之后，逃到香港与陈孺直来往最多，多在酒楼饮茶、吃饭。陈孺直有诗歌提到在茶楼里等候陈廉伯来茶话。[②]自从分家之后，特别是陈启沅逝世之后，陈氏家族只有清明扫墓祭祀绮亭陈公、陈启沅墓的时候才能聚集在一起吃饭。在广州和香港的家族成员也要回来。这时绮亭陈公祠热闹非常。但在抗战开始之后这种情况就没有了。平时散居在简村，或广州、香港等地的陈氏族人，聚集一起吃饭的机会很少。

三、住宿

珠江三角洲的房屋，宋元时代流行的大都是茅屋，即使汉代墓葬中有砖墙的陶屋，明清只有富人的屋子以铁力木为椽，四围墙壁为石、青砖或者是蚝壳。蚝壳为壁也是很常见的。“乡人作室，每用牡蛎为墙。牡蛎俗名蚝壳，盖取富豪之义也。”[③]现在珠三角很多地方还有这种墙壁的房子。简村过去还有两间蚝壳墙的房子，但新中国成立后都拆掉了。贫穷的人家只能用石灰和沙、泥混成的三合土版筑，或者是用晒干的土砖为墙壁的方法建房

---

① 陈安薇：《家在西关》，未刊稿。

② 〔民国〕陈孺直：《香港大酒楼独坐久廉伯侄茶话偶成》，《惜阴草堂诗集》，香港文化印刷所，1966年。

③ 《光绪九江儒林乡志》卷21《杂录》。

百豫坊长街

子。这种建筑方法在明代始普及，沿袭到清代。白沙诗有曰："家家茅屋是土墙。"[①]估计陈启沅家贫穷时也是住这种房屋。

陈启沅家族在继昌隆开办之后，居住条件逐步改观。陈天杰回忆，陈启沅在发迹后，联合陈启标和陈启枢二人（一说陈启标在开继昌隆不久亡故），在继昌隆旧址，建私人庄园一座，名为百豫坊，内合三房子孙，有石脚大宅十七间，生祠一所，别墅一座，占地十多亩，是有专人管理的庄园，俨然是简村中的小国。百豫坊的陈氏家族，到陈启沅死后才分家产。[②]

2007年笔者在简村尚看到百豫坊遗址，十七间房子都是花岗岩为基座，只是房子上层大都毁坏，尚依稀可以见到这个家族当年在房地产方面的显赫。另外据陈作海的资料，百豫坊是在陈启沅晚年时所建，然后分家产，说法和陈天杰等不同。[③]根据陈润明的统计，百豫坊生祠一间，现存只有十三间住房，仓库一座，中有四条巷子。以前是有围墙的，后来拆掉了。

百豫坊的生祠约六百平方米，住房每间九十到一百平方米，建筑面积约两千平方米，加上巷子、围墙，总共约两千五百平方米。"绮亭陈公祠"大致相当于一间祠堂的建筑面积，晚清一间祠堂的造价大约为三千到四千两白银。陈启沅有捐助的西樵山上的云溪书院造价为八千两白银，但这是建造

---

① 〔明〕陈献章：《筑室》，《陈献章集》卷四，中华书局，1987年，第298页。

② 陈天杰：《我所知道的陈廉伯几件事》，载《广州文史资料》1963年第10辑，第183～184页。

③ 陈作海：《缫丝风云录：记中国近代民族工业先驱陈启沅》，华南理工大学出版社，2017年，第87～88页。

在山上，如建在平地资金减半，即四千两白银。“绮亭陈公祠”内有砖雕、灰塑、陶塑、木雕等装饰，工艺精美，房屋基础和地面铺设皆为花岗石，水磨青砖为墙，大门是用来自缅甸的坚硬的当地人称为“溪鹅木”的木材制造的。

祠堂内全部用圆形或方形的花岗石为柱，规模宏大，造价可以云溪书院的半价即四千两白银计算。房子连装修，每间造价以五百两计算，生祠和住房造价相加约一万零五百两白银，加上围墙和巷子、地价等其他支出，以一万三千两计算[①]，百豫坊造价大致就是缫丝业兴起时自买地、自建厂房的四百釜位的机器缫丝厂的费用。

陈氏分家之后，陈蒲轩在广州荔枝湾买了一段河堤边的房产。这些房产，原来是著名粤商潘启的侄辈潘长耀的，地址在龙津西路以西、逢源大街以北，对着荔枝涌，是一块风水宝地。陈廉仲和陈廉伯相继建成了自己的房子。陈廉仲实际上是长子，因此，他继承了祖父和父亲的生意。他为人精明干练，忠厚大度，十九岁出道经商。陈廉仲经商多年也积累丰厚的资产，便建了自己的屋子。

陈廉仲故居

陈廉仲故居位于广州市龙津西路逢源北街八十四号，外称陈廉仲公馆，内部园地面积宽广，共拥有建筑用地九百多平方米。陈廉仲公馆的住宅是一座三层的楼房，属砖木结构建筑，建于民国初年。它有别于西方建筑，是广州传统住宅的一种创新。

陈廉仲故居中最有特色的是石山，其中一座“风云际会”石山群，位于深水池中。陈蒲轩游江南，深被江南园林中的假山艺术所折服，就选了一个江南的

① 宣统《南海县志》卷四《物产》，中国方志丛书本，第623页。

蒋光鼐故居

深谙石山艺术的园林师傅来帮助建筑。1920年左右，该建筑开始建造，庭院中的山石和花木设计，都具有浓郁的江南园林艺术特征。据说后来广东著名的莫伯治建筑设计所曾对陈廉仲故居中“风云际会”石山群逐一描绘，在建设伴溪酒家的“苏东坡游赤壁”的石山风格时，受到“风云际会”石山群的影响，成为岭南园林艺术的精品。不过现在“风云际会”石山群上的一棵榕树长大，遮住了石山群。现在陈廉仲故居是广州市历史建筑保护单位，是荔湾博物馆所在地。

陈廉仲故居南面的蒋光鼐故居，原来也是陈氏家族物业。在陈蒲轩买下荔枝湾一段的房子后，设一楼房给陈启沅的女眷们居住，与陈廉仲故居仅一巷之隔。这一建筑也很有气派。后来陈启沅的女儿们都嫁了，就将空的房子卖给了蒋光鼐。这是一栋三层的砖木结构建筑，兼有西关大屋和西式洋楼的风格，共有建筑面积八百多平方米。现在此地为蒋光鼐故居博物馆。

陈廉伯公馆位于陈廉仲故居北面，也在荔枝湾涌边，为一座欧式风格楼房。陈廉伯公馆民国时堪称荔湾俱乐部，是粤系、桂系军政界高官云集的场所。主楼坐东朝西，钢筋混凝土结构，首层用地面积约四百平方米，楼高五层，有法式的半地下室。首层正门入口两侧各设一壁灯。外墙水刷石米，巴洛克风格装饰，有丰富的线脚。地面铺大理石砖，柚木门窗，做工精细。楼南侧设旋转梯直上二至六楼，原有木扶手，铸铁楼梯栏杆。主楼外观及楼内主要结构保留完好，原来建有庭院，后改建为宿舍楼，现时已清拆。

现主楼西北角有西式小亭，与公馆的凉亭相对。顶层为四檐滴水的中式大屋瓦面装饰，呈现出中西结合的建筑特色。陈廉伯公馆周围有游泳池、舞厅、宴会厅等娱乐设施，在如意坊还有一个小高尔夫球场。陈廉伯在生丝生意鼎盛时，这里是与工商界及官府中人交往的地方。在楼房下有码头，一楼

陈廉伯公馆

面向河道，有梯级走下码头到达游艇，在夏天荔枝熟的时候最为热闹。陈廉伯在与商界、政界交际方面的花费非常大。但现在陈廉伯公馆荒废，门被堵住，窗户、墙面等显得较破烂，等待重新修复。

陈氏家族的资产投于房地产，是自己消费而不是营利，与当代的房地产业不是一个概念。文献上也没有发现陈启沅及其后人购买田地或基塘的记载。陈启沅和他的后代建造家园，给佛山和广州留下了六处（简村百豫坊遗址、绮亭陈公祠、陈廉仲故居、陈廉伯公馆、蒋光鼐故居、奇和堂药局遗址）极具历史文化价值的建筑遗产。这也可以说是陈氏家族的历史贡献吧。

四、交通

简村对外交通大多靠船。各姓氏都环小涌居住，为的是方便到基塘耕作和出外。在家直接撑小船沿着涌到基塘区去。所以在珠江三角洲的水乡，码头与轮渡、桥梁是少不了的。

在环珠江口平原的水网系统形成的过程中，连接乡村、村镇、乡村与县城、县城到广州之间的水路需要码头，民田区的民人前往沙田区“耕沙”，或者是基塘区的农民去“耕塘”，也需要码头。粤人将这类码头称之为“步”，或埠。“步”有公共的，也有私家的。明代珠三角的轮渡已经非常发达。渡头有私渡和官渡。这些私渡记载在县志中，至少它们是合法的。广州府的私渡数量超过官渡，显示明清珠江三角洲的水上交通很发达。在基塘区甚至是一个村坊就有私家埠头，埠头的上落点正对着巷口。关于18世纪珠江水乡的水上交通，外销画中有非常丰富的资料。与轮渡、码头互为补充的还有桥梁。简村每家都有私埠，虽然小，对于出行却必不可少。

在宋代，环珠江口平原在扩张的过程中形成了水网体系，遍布星罗棋布的聚落。聚落和聚落之间、聚落与城市之间，需要市镇作为媒介。早期的市镇可能是军事功能多些，后来逐步转变为人口密集与商业发达的地方。水环境的变化，影响了环珠江口平原上的城镇的形成。重要的有九江、龙山、龙江、石岐、小榄、市桥、大良、容奇、桂洲、茶山、莞城、石龙、江门、会城等较大型的市镇。佛山和广州分别成为不同功能的贸易中心。①为了商业和交往的需要，陈启沅和陈蒲轩要经常到广州、佛山等市镇。陈启沅死后，陈蒲轩则经常来往于广州、澳门、简村之间，打理昌栈丝庄和三间缫丝厂的事务。

陈氏家族成员到官山和佛山、广州等地，就要坐船去，到广州和佛山还是要先到官山转船。先在“绮亭陈公祠”下小艇，坐到官山涌搭上过往轮渡，或者直接到官山坐长河渡。光绪年间已经有火轮搭坐渡人，或者以轮船为驳船的船只拖着十只八只的非机动船。晚清官山对外交通有官山往陈村渡、官山往碧江渡、官山往香山石岐拖渡、官山民乐往大良轮船拖渡等。②简村堡自有长河渡和横水渡。在修吉水闸时，陈启沅建议将简村堡每年的长

---

① 吴建新：《明清珠江三角洲城镇的水环境》，载《人大复印资料·明清史》2006年第8期。

② 宣统《南海县志》卷六，中国方志丛书本，第764页。

河渡和横水渡的渡租内截留一半作为修闸费用，这笔钱属于公款，数目一定不少，这说明简村的水上交通还是很繁忙的。

如果简村人要到广州以外的地方，就要从佛山或广州转船。清末，陈启沅受总督之命往粤北调停矿山纠纷，是乘船从北江逆水而上，再乘车马到目的地。[①]陈启沅可以直接从佛山坐船到粤北，但因为要先到广州面见官员，所以他才先到广州，然后从广州出发到韶州。

明清时期广州府已经修了大路通各大市镇，因此不尽是水上交通，水陆联运也很普遍。在陆路上，缙绅大家坐轿子，很多奴仆前呼后拥，《南海县志》称这些奴仆为细仔，是地位很低下的人群。但陈启沅从平民经商起家，不会豢养着这些人，所以他在陆上出行，除了轿子，只有一二随从，不会有前呼后拥的仆从。

居住在广州的儿子陈竹君、孙子陈廉伯兄弟，在广州有自己的汽车，更多是公务和商务的需要。陈廉伯公馆在荔枝湾，还有自己的埠头，有自己的小轮船。陈廉伯、陈廉仲两兄弟的办公场所都在沙面的汇丰银行。他们上班时，先坐小轮船出荔枝湾涌，在现西郊游泳场的荔枝湾与珠江交接的水面驶上珠江，到沙面靠岸下船后，在岸边坐上早就在此等候的轿子，到办公场所上班。[②]他们的出行方式，在广州已经算是最有派头的了。

五、祭祀与婚娶

珠三角俗语“顺德祠堂南海庙”，即南海人最重视拜神。珠三角农民每家的门口，门上方多有“出入平安”，门框下脚写有“土地神”的红纸黑字

---

① 陈作海：《缫丝风云录：记中国近代民族工业先驱陈启沅》，华南理工大学出版社，2017年，第94页。

② 陈安薇女士提供，2018年5月。

的门神，每天早晨家中主妇要在旁边插上一炷香。南海县每家必有神衹贴在大厅的正面，大厅中神龛上有个香炉，神衹上写“某门历代祖先”。陈启沅家写着“陈门历代祖先”，或是“陈门绮亭公”，则不能断定。家中主妇要像敬奉土地神一样，每天早上在大厅中央的牌位前插上一炷香。

陈蒲直记载：“余父对于祖祠祖茔或重修或重建，莫不一手经营，悉臻妥善，其追远敦族有如此者。”[①]陈启沅对村头的陈氏大宗，春秋二祭是不会忽略的。大宗祠每年的冬季祭祖和清明的祭祖，都是最隆重的。当继昌隆创办以后，陈启沅给大宗祠的捐金自然不会少，“绮亭公”的牌位也会放在列祖列宗牌位的显赫位置。百豫坊建起来之后，“绮亭公”这一派的子孙们参加完陈氏大宗祠的祭祖活动后，还要在“绮亭陈公祠”内举行对承继祖的祭祖仪式。陈启沅是信奉道教的，当承继祖的忌日和诞日纪念，是否请道士打醮（做道教的法事），则不敢肯定。

陈廉伯和陈蒲直们迁移到广州（或香港）之后的祭祖活动，是否还是举行像在西樵那样的仪式，就难说了。但是在清末民初时，在一般情况下，每年的清明回乡祭祖他们还是参加的。1916年陈蒲直回到西樵，作《回乡有感》诗歌，有句曰“行行重行行，归乡上祖茔。离家瞬十稔，沧桑多变更”[②]。到中华人民共和国成立以后，陈廉伯兄弟的后代和陈蒲直的后代也有回乡祭祖。但各个家庭的祭祖形式，可能还保留。1964年8月10日，陈启沅逝世六十周年，陈蒲直在家设二席，与儿孙一起吃饭，摆上陈启沅和生母罗氏、原配潘氏的画像以示纪念，并有诗记之。[③]陈蒲直与儿子只是在先人像前敬炷香默哀，然后吃饭叙亲情而已，已经没有旧时宗族祭祀的旧程式。

旧时的大户礼数很多，也很严格，每年祭祖的时候，三拜九叩总是少不

---

① 〔民国〕陈蒲直：《家中先人事略·先父芷馨公事略》。

② 〔民国〕陈蒲直：《回乡有感》，《惜阴草堂诗集》，香港文化印刷所，1966年。

③ 〔民国〕陈蒲直：《先考启沅公逝世六十周年特设席二酌召集家人敬礼以纪念之》，《惜阴草堂诗集》，香港文化印刷所，1966年。

了的环节。但是据陈安薇回忆，从陈廉伯兄弟的儿子那代开始，都只是鞠躬行礼，以至于她也有样学样，只用鞠躬代替。

从陈孺直的资料看，陈启沅在世时，完全遵循男女婚娶需要父母做主的习惯。陈启沅的妻妾都过世以后，陈启沅在澳门丝厂的女工里看中罗氏，还是叫族兄陈时英做媒人，然后陈启沅奉上礼金，和罗氏父母商谈迎娶罗氏的事。可见旧时代男女之间是不可直接谈婚娶的，要过媒人、双方父母这两关才可以。陈启沅的儿子陈蒲轩、孙子陈廉伯等都有纳妾。但到曾孙辈就不一定了。

陈启沅的儿女婚事，从九子陈孺直、十女陈顺葵可见一斑。陈启沅按照传统的男女婚事观念，讲究门当户对，孩子很小的时候就给他们物色订婚娶对象。陈孺直的结发妻子潘氏，“西樵河清乡人，世居广州市，其祖父名润，业茶起家，创友兰轩茶叶店。其父玩南公能继父业，再为发展，畅销南洋各埠”。[①]这门婚事，是在陈启沅时已经定下。陈启沅逝世后，陈蒲轩做主为他娶潘氏。陈孺直自己说：“蒲轩三兄做主与潘氏结为秦晋之好，以符先君之遗愿也。”[②]

陈顺葵是陈启沅最小的女儿，也是陈启沅在世时定下的婚事，“顺葵十妹适邻乡黎村黎孝廉建匠之侄即树平第七公子奋恩，未及过门而夫死。遂往夫家守孝数月，自是归宁母家，只再往夫家一次而已。翁姑死曾资助巨款。人事代谢以后，庆吊不相往来，几同大归矣”。[③]陈顺葵夫既然是孝廉子侄，当不是一般人家。在这种盲婚哑嫁的情况下，个人婚姻生活是否幸福，完全靠运气。

陈孺直的运气很好，原配潘氏“总其一生，勤俭持家，不务奢华。一典型主妇也。有患难为之担忧，人有馈赠不报不快，对于戚友人情丝毫不

---

① 〔民国〕陈孺直：《先室潘氏事略》，1966年。

② 〔民国〕陈孺直：《先室潘氏事略》，1966年。

③ 〔民国〕陈孺直：《先十妹顺葵行状》，1966年。

苟。心地十分慈祥。他（她）一生积德，在此善有善报，此其所以结果美满也”[①]。潘氏逝世，陈孺直在清明或是亡妻的生日忌日，多有悼亡诗，可见夫妻生前感情很好。

陈顺葵就没有那么幸运了，因为未婚夫早死，有一个未嫁而夫亡的名声，再嫁就难了，因此她郁郁不乐以致得了白痴病，终身未嫁，四十三岁就死了。[②]

清末民国兴起婚姻自由。陈天杰提到陈廉伯做生丝生意时，很会利用婚姻关系。[③]陈廉伯兄弟及陈孺直的儿子们在省城读书，受这一思想的影响，就可以将婚娶的权利掌握在自己手中了。有的读了书，受社会思潮的影响，更加将适龄婚娶的观念抛于脑后，他们的婚事再也不一定是父母包办了。如陈启沅的后代陈少慷，在培英中学毕业之后，已经十六七岁，按照乡间的习惯，这个年龄是可以考虑成立家室了。但在抗战胜利的前夕，他却跑到在云南的飞虎队队列中，大有“倭奴未灭何以家为”的气概，连亲人都不知道他的踪迹。

六、教育、医疗

（一）教育

陈启沅很注意儿孙的教育。《课儿尺牍》是他撰写的教育儿孙写信方法的书。昌栈丝庄建立以后，他将这里作为教育子孙的学堂。广州较简村易请得水平高的教师，而且子弟在此读书还可以感受到商业气氛。陈廉伯、

---

① 〔民国〕陈孺直：《先室潘氏事略》，1966年。
② 〔民国〕陈孺直：《先十妹顺葵行状》，1966年。
③ 陈天杰：《我所知道陈廉伯的几件事》，载《广州文史资料》1963年第10辑。

陈孺直都在这儿受过蒙学的训练。光绪二十九年（1903年）和三十年（1904年），陈启沅都在丝庄聘请广州教师梁楚贤为陈孺直的“专教”[①]。陈孺直回忆，小时候生母罗氏对他管教很严，对他“未尝因爱而稍宽纵。尝曰：汝少孤，倘不勤修奋励，将何以图存，更何以继乃父之志”。[②]罗氏在陈启沅死时，才三十六岁，膝下仅有此儿，当然希望他能读书上进。

陈启沅并不满足于子孙的蒙学训练，而是在他们接受旧学教育之后，给他们选择具有中西教育条件的学校，而未将《陈启沅算学》和《课儿尺牍》等自编书教他们。陈孺直在叙述父亲著作时，竟将《陈启沅算学》说成是珠算书，[③]说明他并没有看过《陈启沅算学》，在广州只学习了近代数学。陈廉伯是陈孺直的侄子，却比陈孺直年长八岁。可能在陈孺直之前，陈廉伯也在丝庄中由父亲延师教读。

后来陈廉伯读的是香港皇仁书院。[④]皇仁书院（Queen's College）是香港最早的官立中学，也是香港著名的男子中学，以英语为教学语言。该校主要教授算术、文法及常识等科目，为19世纪末的香港所罕见。1905年陈孺直还在广州算学群修社、河南育才书社读书，1906、1907年分别在广州崇正中学、南海中学读书，1908年在香港拔萃男书院肄业。[⑤]香港拔萃男书院学生在体育、学业及音乐比赛中均成绩骄人，香港不少官商、文化名人皆于此毕业，是一所传统名校。陈廉仲的儿子和孙子有的则在广州岭南学堂、培英中学读书。从陈孺直和陈廉伯所受的教育，可以看出陈启沅对英语和算学特别重视，有意识地让子孙接受中学与西学，要将自己的后代培育为可以接班的

---

① 〔民国〕陈孺直：《本身大事记》，1966年。

② 〔民国〕陈孺直：《家中先人事略·生母罗氏事略》，1966年。

③ 〔民国〕陈孺直：《先祖事略》，1966年。

④ 陈天杰：《广州第一间蒸汽缫丝厂继昌隆机器创办人陈启沅》，载《广州文史资料》1963年第8辑。

⑤ 〔民国〕陈孺直：《本身大事记》，1966年。

人。[①]

陈启沅很注重培养儿子们的商业才能。陈蒲轩、陈孺直都有在越南从事商业活动的经历，陈竹君的“奇和堂药局”更是在越南首设。至于孙辈如陈廉伯等，则暂时未找到他们在越南学习经商的记载。

在孙辈的教育方面，陈蒲轩儿子和一些孙子有接受传统蒙学训练的经历。如陈廉伯能诗，与叔辈陈孺直交情很好，彼此有诗歌唱和。陈廉伯、陈廉仲兄弟对儿孙的教育，深受父亲影响。陈廉伯儿孙辈多在香港等地从事商业，而且有成就。陈廉仲儿孙则否。[②]陈孺直能诗，儿子受其影响亦能诗。[③]

（二）医疗

陈启沅虽然懂药学，陈竹君开奇和堂，但是当亲人有重病时亦有束手无策的时候。次子兆三染重疾，陈蒲轩“日夕不离左右”，但兆三终于不治离世。陈启沅据说是出外之后回到佛山得病暴死，[④]或是患上今天说的猝死、中风之类的病。这可能与他晚年过度劳累有关。陈蒲轩似乎有学医的天分。陈孺直回忆，陈启沅逝世后，陈蒲轩的后母罗氏“因忧劳过度染晕眩症，群医束手。（蒲轩）自是悉心研究医学，调愈母疾，从此亲朋染疾者多为医愈。先主母齿脱艰食，兄引以为忧。当时外国镶牙术初传入中国，唯省会有之。时乡居，兄恐母往省跋涉，遂亲往省领教于牙医刘子威氏，得其术归，为母理牙，竟获成功，与牙医所造者无异”[⑤]。

---

① 陈安薇女士叙述，2018年5月。

② 陈安薇女士叙述，2018年5月。

③ 〔民国〕陈孺直：《代八男作准和长男少孺秋夜步原韵》，《惜荫草堂诗集》，香港文化印刷所，1966年。

④ 林润明叙述，2018年4月。

⑤ 〔民国〕陈孺直：《家中先人事略·家兄蒲轩公事略》，1968年。

陈蒲轩自学成医，治愈继母并能为人治病，并且学牙医为继母医牙。他掌握知识的能力很高，并有孝心，对待同父异母的陈孺直也照顾有加。陈孺直的回忆中充满了对这位兄长的敬佩之情。由此亦可见，陈启沅在世时对儿子的教育是很成功的。

陈启沅晚年，陈家买了一大批西藏红花，但不是作为买卖之用，而是作为祖传的药物。光绪晚期两广总督陶模叫陈启沅到西北开金矿，陈启沅以年老为由派陈蒲轩去考察，陈蒲轩买回了这批西藏红花。这种药能活血通经，散瘀止痛，被视为神药。陈蒲轩将带回来的西藏红花散发给各房子侄，自己也留下一部分。[①]故陈廉伯公馆过去有两个密封的大瓮，是装西藏红花的。简村现在还传说，1949年前，饥荒时陈氏族人拿出一小撮的西藏红花，就能换回很多米来度过饥荒。[②]

到了陈廉伯、陈廉仲兄弟时，他们掌握丝市贸易，财富剧增。家庭请得起私人医生了，广州医疗条件又远胜简村，因此他们接受的医疗是先祖、父辈不可企及的。

七、交往

陈启沅创办继昌隆之后，陈家门前可以说是车如流水马如龙，前来参观和学习机器缫丝法的人络绎不绝。由于继昌隆赚了大钱，亲戚、宗族的人都喜形于色。简村的乡亲见了陈启沅，都恭敬地称呼“七老爷”。继昌隆出事之后，“当风潮最剧时，亲友危之，宗族议之，亦绝不为动。其魄力之雄毅

① 陈作海：《缫丝风云录：记中国近代民族工业先驱陈启沅》，华南理工大学出版社，2017年，第102页。

② 林润明叙述，2018年4月。

有如此者”。[①]可以说，社会交往构成了陈启沅日常生活的重要部分，也影响了他的商业行为。当陈启沅在经纶堂事件三年之后重回简村时，他的交往也重回当初继昌隆开办时的状态。

陈启沅造了一个罗盘，很多看风水的人前来借用，《理气溯源》出来之后，来学习风水学的人也很多。《蚕桑谱》手写本出来后，很多人前来家里借去抄，其中既有从事蚕桑业的大耕家，也有不少想投资机器缫丝业的人和学习脚踏机的手工场主。由于书只有几本，不能外借，人们就在陈家抄写，所以直到光绪二十三年（1897年）之前，《蚕桑谱》只有抄本形式在社会流传。《陈启沅算学》的手抄本也有很多人借去阅读，以致有些章节不见了。于是陈启沅办了一个刻书的书偈，就设在简村，来买书、借书的人很多。光绪年间陈家可谓门庭若市。“士大夫耳启沅名，多与之结交。有劝之入仕者。启沅曰：我岭海农夫也，仕非所愿，亦行吾素志而已。”[②]这表明陈启沅虽然属于“绅商”，但并不在意官衔，与当时晚清很多商人通过捐赠获得官衔的做法不同。

陈启沅的《蚕桑谱》经过多版刻印，传播到京师，以致皇族崇绮氏亦想召见陈启沅。据说此人很热衷办实业。陈作海说是两广总督陶模想赠陈启沅三品道衔，建议陈启沅将微刻精品赠送给作为吏部尚书的崇绮，以便促成此事，陈启沅欣然应允。[③]此说与宣统《南海县志》记载大相径庭，也与《蚕桑谱》自序矛盾。

陈孺直记载是：“时先父振兴实业，其名声远达京师，前清同治帝后之父崇绮氏亦志切启发实业，即召先父入都。父以老辞，派兄及从兄位行代往禀谢。崇绮氏接见之下，相与畅谈，惊为异数，正相与筹策进行。岂

---

① 宣统《南海县志》卷二十一《方技传》，中国方志丛书本，第1728～1732页。

② 宣统《南海县志》卷二十一《方技传》，中国方志丛书本，第1728～1732页。

③ 陈作海：《缫丝风云录：记中国近代民族工业先驱陈启沅》，华南理工大学出版社，第99～100页。

料庸臣如刚毅等不学无术，正酝酿拳匪之变，无意振兴实业。兄等见情景不佳，即辞谢归。翌年拳匪乱，崇绮氏举家殉难。兄亦可谓知机矣。崇绮所馈之孔林木、如意及玉杯等，至今仍为纪念品也。”[①]这才是崇绮氏召见陈启沅的确切记载。光绪三十四年（1908年）奇和堂的《蚕桑谱》扉页，有崇绮赠陈启沅七律一首，称呼他为古代的微刻圣手“离娄”。

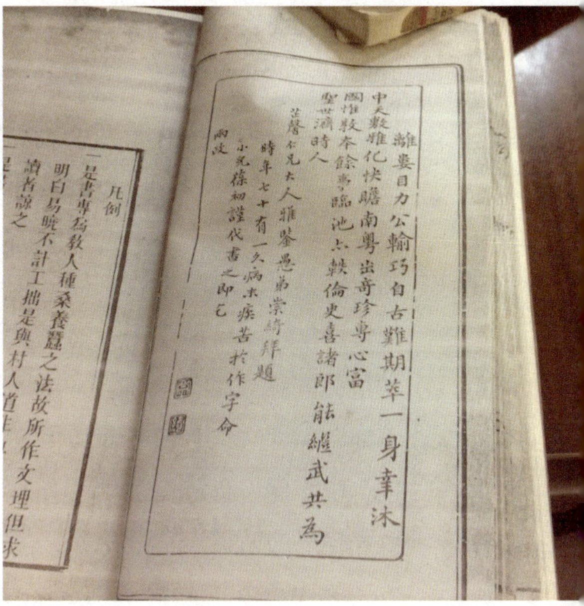

皇族崇绮写给陈启沅的诗歌手迹

陈启沅的微雕作品，亦不轻易送人。但因年代久远，现在幸存的微书作品只有两粒象牙米，一粒只有半粒米大小的十四点四四平方毫米，刻有一首七言诗，加落款共三十个字；另一粒面积更小，只有十点四四平方毫米，写有一首五言诗，只能在显微镜下才能看得清。简村人说是用老猫的须写的，陈氏后人说是用大老鼠的须写的。这一稀世珍宝今在陈氏后人手中。

更稀奇的是那三把写了《康熙字典》全部字的扇子，其中一把赠予当时的南海县令，另外一把赠给皇族崇绮。第三把曾在民国时由陈廉伯送往万国博览会展览，后来由陈氏后人赠给了广东省博物馆，但现在下落不明。[②]

陈启沅参与创办广州总商会、崇正善堂时，经士绅商人推举参与管理惠及仓、善后局总办等，就被视为“绅商”。他的三品道衔非自己捐得，而是官府给的。陈启沅经办这些事，大都委托陈蒲轩代理。

陈启沅在简村时，前来拜访的都是南海县有名望、有志乡邦事务的士

---

① 〔民国〕陈孺直：《家中先人事略·家兄蒲轩公事略》，手抄本复印件，1968年。

② 以上俱林润明、陈安薇叙述整理，2018年4月、5月。

绅。如九江乡人冯栻宗，咸丰举人，撰光绪《九江儒林乡志》。冯栻宗在序言里说："乡俗本朴，今或趋之华。愿乡人士敦厉名行，矜式里闾。"①他见陈启沅对水利、办实业都很在行，其善行足以"敦厉名行，矜式里闾"，因此在修河神庙时对陈启沅大加赞赏。潘衍桐（1841—1899），字菶廷，号峄琴，南海人，十三岁应童子试，同治七年（1868年）成进士入翰林，历任国史馆纂修、越华书院主讲、陕西副考官、国字监司业、文渊阁校理、翰林院侍讲学士、侍读学士、浙江督学等职，学识渊博，1897年在广州创办《岭学报》并任主编，著有《两浙轩续录》、《朱子论语集注训诂话》三卷、《拙余堂诗文集》四卷。潘衍桐对陈启沅的看法与冯栻宗相同。他在《蚕桑谱》中作序，称陈启沅为"好友"，赞扬陈启沅创办丝厂，精研蚕桑，造福乡邦梓里的精神。

陈氏后人说陈启沅与著名爱国将领刘永福有交往。②刘永福生于道光十七年（1837年），与陈启沅年龄差不多。他们可能从1867年起相识。当时刘永福驻兵在安南北部，而陈启沅在安南南部，为经商和掌握缫丝厂设备而游历越南，他们有可能见面而结下友谊。刘永福1873年11月率黑旗军抗击法军，声名大振，后又到南澳，甲午战争时往台湾抗日，失败后于1897年回钦州闲居，1903年调回省城，如因军旅事刘路过广州，或赋闲在广州，也有机会与陈启沅见面，具体时间则不可考。一个是商业巨子，一个是爱国将领，他们结识是可能的。

士大夫之间交往，双方如有很丰富的知识，就有很多话题。陈启沅除著有《蚕桑谱》等三本著作之外，还著有《联吟集》《菊宜谱》《略验方拾遗》《艺学新篇》《课儿尺牍》。③陈启沅除了同欲投资丝业的人讨论缫丝工艺之外，还会与士绅们作对联或者唱和。种植菊花是传统士子的爱好，陈

---

① 宣统《南海县志》卷十四《列传》，中国方志丛书本，第1415页。

② 据陈安薇叙述，2018年5月。

③ 〔清〕陈启沅：《蚕桑谱》自序，惜阴草堂版，第1页。

启沅家里养了很多菊花，他还探索菊花的栽培和养护方法。他对菊花栽培的知识，令很多只会赏菊不会种菊的士子感到汗颜。

陈启沅懂医药，因此有《略验方拾遗》一书，与前来探访的士子也能谈谈医药和养生方法。他所著《艺学新篇》未刊，在《陈启沅算学》中引用过。古代文献中的艺学，可以是指经学、文章典籍之学，或指技艺之学，如应用科学、自然科学等。陈启沅的《艺学新篇》，是一本含有大量数学、机械学等学科知识的书，起码显示陈启沅的学问是多方面的。陈启沅的微刻，是陈与士绅们聚会时赏鉴的珍品。风水是士子喜欢的话题，陈启沅在这个话题上宣传他的“行善才能积德，才能得吉壤”的看法，得到士子们的赞同。

儿子陈蒲轩，多出入省城，除了因为总商会、惠济仓、善后局总办等职务需要出入官场，和官员、士大夫交往之外，他还要用大量的时间打理昌栈丝庄的业务。陈孺直称他：“自继昌隆、利厚生之后，相继而起者创有利贞、利生两丝厂，兼管理澳门和昌丝厂。当茧造起时，又往勒楼购茧，旋又赴省料理售丝，以一人之力而管理丝厂三家，兼操理买卖，东西奔走，日无暇晷，此兄一生最劳顿之时也。父殁后，兄总理昌栈丝庄，业务日有进展。省中缙绅举兄管理惠济仓，继父职也。料理妥善，人皆称之。”①陈蒲轩能接受新事物，陈孺直记载：“时照相术亦初传入中国，唯未盛行。兄先得其术。余四岁时曾为我照相，距今四十余年，此像尚完好不变。时外国初发明电话术，我国知其术者尚鲜。兄竟学之，归，安设于丝厂与住舍及大厅间。遇有警报彼此联络，众皆称便。”②陈启沅晚年的相片，应该就是陈蒲轩买来的相机所照。

清末民初在西樵山下的陈家，过着西化的生活。陈廉伯、陈廉仲在广州建新居之后，陈蒲轩亦迁入荔枝湾的住所，和儿孙辈生活在一起。他会打高尔夫球，在广州黄沙建了一个小型高尔夫球场（陈安薇说是在今广州如意坊

---

① 〔民国〕陈孺直：《先兄蒲轩公事略》，手抄本复印件，1968年。

② 〔民国〕陈孺直：《先兄蒲轩公事略》，手抄本复印件，1968年。

附近），在荔枝湾的家后面有网球场。有张照片显示他打高尔夫球，这是与新贵人们交往的重要方式。他到广州后，大概不像父亲一样与旧士绅交往，而是与实业人物交往多些，他和南洋兄弟烟草公司的简照南兄弟就是密友。

入民国后，“世道日衰，乱机四伏。兄即将丝厂陆续结束，放弃商业”。[①]到19世纪20年代，陈蒲轩在江浙一带进行蚕业改良的试验时，他的交往对象则多为蚕学专家，所得甚多，所著书“比先父所著《蚕桑谱》更发展详明”。[②]陈安薇说这本蚕书对蚕病防治有成果。不过笔者没有看过这本书，不知道在19世纪二三十年代，陈蒲轩究竟有没有和研究近代蚕学的专家们交往，是否吸收近代蚕学教育和蚕学科学的成果，不敢妄下定论。陈蒲轩在江浙时，最欣赏江南园林的假石山建筑，请了著名的江南园林专家来陈廉仲的家建设一个著名的人工石山。[③]据陈安薇说，陈蒲轩在晚年一次吃饭时，喜欢吃炖鹿筋，吃得多些，因为消化不良而得病去世。

陈启沅第五子陈竹君主要在广州成药行活动，同时受父命，与崇正善堂同仁一起，负责维持善堂的运营。同时，因为崇正善堂在九善堂之列，陈竹君亦以绅商身份参与清末民初广州的许多大事。从维持崇正善堂的活动，到参加粤商自治会并成为骨干人物[④]，显示陈竹君在清末民初有进步倾向，与关心社会的绅商交往多些，与革命党人也密切来往。[⑤]入民国前期，陈竹君与陈蒲轩的看法一样，可能对政治心灰意冷，从他劝导陈廉伯不要过度介入政治，应多将精力放在生丝生意上可以看出这一点。

宣统元年，蒲轩子陈廉伯为汇丰银行买办，并以昌栈丝庄为平台，扩大

---

① 〔民国〕陈孺直：《先兄蒲轩公事略》，手抄本复印件，1968年。

② 〔民国〕陈孺直：《先兄蒲轩公事略》，手抄本复印件，1968年。

③ 陈安薇女士提供，2018年5月。

④ 邱捷：《辛亥革命时期的粤商自治会》《粤商自治会再研究》，《晚清民国初年广东的士绅与商人》，广西师范大学出版社，2012年，第197～216页，第217～259页。

⑤ 笔者想为陈竹君做一个传记，感觉材料太少。邱捷认为如想为粤商自治会的骨干分子做一份完整的传记，会力不从心。见邱捷：《晚清民国初年广东的士绅与商人》，第218页。

丝庄业务。此时，陈廉伯正式成为陈氏家族资本的代理人，充分利用各种人脉扩大他的业务和在官场的关系。陈廉伯的交往对象和交往方式，完全与祖父、父亲辈不同。例如陈廉伯每年均回乡祭拜祖父，但同时将此作为与官、商交往的方式，将省中要人带到西樵山游玩。民国九年（1920年），陈廉伯带到西樵游玩的，有伍廷芳、廖仲恺、魏邦平……排场之盛，甚于官山的神诞。①

陈蒲轩打高尔夫球

陈启沅及其后人的日常生活，折射了清末民国一个成功商人的家庭，在财富积累之后对新的生活方式的态度。陈启沅还具有旧式传统士人的生活方式，但到了他的儿孙辈就不同了。陈蒲轩入民国后，大部分生意完全交给儿子打理，而享受新式的消费生活。陈竹君从慈善事业走向立宪运动，已经具有初步的政治理想。而孙辈如陈廉伯、陈廉仲兄弟，除了积极经商，还尽情地享受新时代的物质消费，也从事慈善活动并间接介入政治，但他们的身份不再是“绅商”，而是从属于政治的商人。至于陈启沅其他孙辈，在时代的变迁中，部分人却不太注重享受物质消费，而是肩负着时代的重任，义无反顾地投入时代的洪流之中，从事着治病救人、造福社会的事情。

如果将机器缫丝业兴起之后，南海、顺德的生活水平与广州城相比，前二者的生活水平会因为制造业的兴起而高些。邱捷从光绪年间南海县令杜凤治日记中发现，“广州一般官、绅、民物质生活的变化，也远不如今天我们想象的大”。作为南海县令的杜某，虽然县治在广州城，竟然没有购买洋货

① 陈天杰：《我所知道陈廉伯的几件事》，载《广州文史资料》1963年第10辑。

的记录。可见，不能对晚清广州城内的物质消费水平估计过高。[1]顺德、南海商品经济较发达，表现在蚕桑业之外，传统手工业也非常发达，在机器缫丝业发展之后，人民生活水平更高。广州以商业为主，有弱势的制造业，物质生活水平比不上佛山地区，不足为奇。

但是，在机器缫丝业兴起之后，亦存在生活水平差距的现象。由于生丝市场与国际市场的依存程度大大提高，因此，在丝市兴旺、丝价高昂之时，从事蚕丝业和相关行业的人们生活水平会提高。但是，在丝市低落或灾荒发生时，南海、顺德底层人民的生活会受到很大影响。机器缫丝业发展中，贫富差距也会加大，在财富增长的家庭和财富收入不稳定（或减少）的家庭之间，物质生活会有很大的差别。

---

① 邱捷：《晚清民国初年广东的士绅与商人》，广西师范大学出版社，2012年，第57页。

第九章

陈氏家族的资本走向

继昌隆的创立，无疑是晚清经济史上的一个重要事件。它的生产技术、经营方式和管理制度，为顺德、南海等地的机器缫丝厂所效仿。继昌隆缫丝厂创办过程中，促进了缫丝机器制造的本土化、缫丝机器动力的研制，推动了民营轮船制造业的兴起；而且机器缫丝厂的兴起，其原料需求方式推动了蚕茧交易方式的改革，对本土蚕桑业的发展也有很大的促进作用，还以各种方式影响华南丝区的崛起，对江南等地的机器缫丝业都有影响。它的经济影响，无疑是全国性的而不仅仅限于华南丝区。但以往的研究，忽略了一个重要问题：即以陈启沅家族为代表的近代广东第一代民营资本，在生产领域积累起来的利润的走向如何？这是一个有价值的课题，因为它代表了中国第一代民营资本的走向，对它的研究具有一定的代表性。

一、海外贸易的陈氏资金

继昌隆最初的资金来源是海外贸易。1872年陈启枢、陈启沅兄弟生意正兴旺之时，商议由陈启沅回国办厂创业，陈启枢在越南继续做生意。在陈启沅出国之时，陈氏兄弟就商定：陈启标在简村务农，兼顾三家老小，陈启枢、陈启沅兄弟两人出外打拼；简村老家所有收入，三兄弟各得一份；陈启枢、陈启沅二人在越南打工、经商的收入，三人各分一份，陈启沅办的缫丝厂也三人均分。直到陈启沅在继昌隆原地址上建百豫坊时，兄弟三人才正式分家。①如此看来，陈氏家族的资金，从陈启枢、陈启沅出国开始，就已经有了股份公司的性质。陈天杰说陈氏家族从来没有接受外来姓氏的资本，从

① 陈作海：《缫丝风云录：记中国近代民族工业先驱陈启沅》，华南理工大学出版社，2017，第3页。

来都是用自己家族的钱[①]。表明陈氏家族是百分之百的家族企业。[②]

陈氏兄弟在越南无疑是非常成功的。一说是当时买了半条广东街的物业。[③]有一次陈启沅从越南拿七千两银子回简村，资金来源就是变卖了堤岸广东街的部分物业，可见陈氏兄弟在越南的经商利润的确非常高。后来陈启沅将工厂迁到澳门，陈启枢从越南汇六千两银子作为迁厂费用。

另一说是“当年只乘帆船，月余始达及，微有所获，即曰：祖国人民生计穷蹙，非振兴实业无以挽救。遂鬻埠上产业，归而创设蒸汽力缫丝厂，经年始成，号其厂曰继昌隆”。[④]“鬻埠上产业”一句，说明陈启沅兄弟在越南有很多产业，完全能应付继昌隆建设的需要。虽然没有很多资料说明陈氏在越南总共汇回多少资金到国内，但可以肯定，在越南的商业，无疑是陈氏家族在大陆经营的强大后盾。陈启沅虽然回国内发展，但他的几个儿子都曾到越南学习经商，陈竹君则首先在越南开奇和堂药局。即使分家之后，陈氏在越南的资金，仍然在大陆陈氏有需要时就给予支持。如进入民国，陈廉伯成为陈氏家族资金运营的“总管”，陈廉伯“一遭挫折，便要向安（越）南其叔处请求外援了”。1921年，陈廉伯经营丝业，仅昌栈丝行的亏损便达七十万元，陈廉伯几乎无法应付，便求助于在越南的叔叔陈锦筜。陈锦筜汇回港币廿五万元，另外准许陈廉伯挪用陈启枢名下各房存放在沙面汇丰银行

---

① 有学者说陈启沅办继昌隆时，采取的对策是“劝导乡绅入股”，见张茂元：《近代乡绅技术观转型的社会经济基础》，载《开放时代》2016年2期，此说来源于苏耀昌著：《华南丝区：地方历史的变迁与世界体系理论》，中州古籍出版社，1987年，第155页。陈天杰的回忆录说明是陈启沅时陈氏从来不接受外来股份，陈启沅只是劝士绅们建厂，而不是加入继昌隆的股份。

② 陈天杰等：《广州第一间蒸汽缫丝厂继昌隆机器创办人陈启沅》，载《广州文史资料》1963年第8辑。

③ 据陈安薇叙述，2018年5月。

④ 〔民国〕陈孺直：《家中先人事略》，1968年。

的存款廿三万港币。①

这表明，即使分家之后，陈氏家族这个虚拟的股份制公司还是存在的。除了缫丝厂和缫丝方面的生意之外，越南贸易是陈氏家族的重要支撑。到了抗日战争爆发之后，陈氏家族在越南的生意已经没落。“安（越）南之商业，后人不善料理，卒至付之东流，诚可惜哉。”②

可见，即使入民国，陈氏家族资金仍有华侨资本的属性。陈启沅创办新式机器缫丝厂之后，也带动了华侨资本回国创办丝偈。1893年，清政府解除海禁，顺德侨胞相继回乡创办机器缫丝厂，至清末，顺德境内百分之六十的机器缫丝厂为侨资厂。③

二、投入缫丝业和其他制造业的资本

虽然我们无法计算陈氏家族在缫丝方面的利润数，但陈氏家族的缫丝厂从同治末年计起，到1928年世界经济危机爆发才结束，是佛山地区经营时间最长的丝厂。继昌隆最初的规模，大约有四百个工作位，一个工作位占地约五平方排尺，《蚕桑谱》上的汽机图谱记载，是五个缫丝釜。④继昌隆全厂据计算有两千个釜。据民国时考活记载：以四百釜的工厂计算，每天可以出丝一百斤。今以五百斤茧能制造丝一百斤计算，丝产费每担需要一千八百余元至一千九百元，也有谓每担两千二百元至两千四百元，每担可以获利约两百

① 陈天杰：《我所知道陈廉伯的几件事》，载《广州文史资料》1963年第10辑。

② 〔民国〕陈孺直：《陈氏近代族谱简略》，1968年。

③ 张茂元：《社会地位、组织能力与技术红利的再分配——以近代缫丝女工为例》，载《中国社会科学》2013年第7期。

④ 〔清〕陈启沅：《蚕桑谱》卷之二，光绪惜阴草堂版。

元至四百元。[①]则继昌隆每天出丝可达五百市斤，一个月出丝一万五千市斤。

按照考活的调查，生产费用取中数约占两千三百元，获利按三百五十元计算，丝成本两千三百元加获利三百五十元为两千六百五十元，生产成本占百分之八十一。这是19世纪20年代经济危机爆发前的丝价和成本水平。而继昌隆的生产是非常兴盛的，表现为成本控制得很好，因为地是自己的，厂也是陈启沅自己动手建的，加上生产过程中对丝的质量控制得好，水结少，采购时控制茧的质量因此废茧少，对茧分级处理，丝的质量因此是最好的。“继昌隆的出品，全部都是交番货，不独未尝有过退货，且不时获取西人送来许多奖品。这是继昌隆出品能够维持出口规格，产品幼滑稳结洁白的缘故。”1813至1876年也就是继昌隆创办的头几年，日本丝在国际市场上降价推销，继昌隆颇受影响。当年丝价每磅由美元八至九元降至三至五元，继昌隆仍能平稳度过，虽然能获利，但显然不是有很多的积累，所以迁移澳门时仍需要安南陈启枢的支持。1877年以后丝价日涨，获利颇多。[②]因此，继昌隆及陈启沅在澳门办的企业，利润率显然大大高于其他缫丝厂。如果一般的企业如考活所描述的，达到百分之十五的利润率，则陈氏家族的缫丝企业，会达到百分之二十五甚至更高。经营时间长达五十年，那么积累的财富是非常惊人的。

但是既然继昌隆这样赚钱，陈启沅为什么不多建工厂？陈作海认为，陈启沅说不多建厂是不与人争利，而传授技术则能让更多的人办厂以获利。[③]这一点与陈启沅的慈善思想相合。只有真正感受到市场的巨大变化，他们才

---

① ［美］考活著，黄泽普译：《南中国蚕丝业调查报告书》，岭南农科大学印行，1925年，第133页。

② 陈天杰等：《广州第一间蒸汽缫丝厂继昌隆机器创办人陈启沅》，载《广州文史资料》1963年第8辑。

③ 陈作海：《缫丝风云录：记中国近代民族工业先驱陈启沅》，华南理工大学出版社，2017，第77页。

于1928年关闭企业。应该说，这得益于陈廉伯他们炒丝时，对国际丝市有高度的敏感而做出的精准决策。有人认为陈氏家族的工厂在1928年歇业，是由于管理不善。①但这仅是推测而已，与史实不符。

为什么陈氏家族的资金，没有持续投入缫丝业的技术创新？从继昌隆算起，陈氏家族的缫丝厂，是珠江三角洲持续经营时间最长的新式缫丝企业。这个家族从产业资本起家，在缫丝业中赚了大钱，然后其资金有多元化的发展。陈启沅及其家族没有在工厂技术改良方面投入更多的资本，这是当时机器缫丝业普遍存在的现象。因为机器缫丝厂的经营有很大风险，技术升级也很困难，业者经营普遍存在投机现象。后来的调查报告称，从晚清兴起的南海、顺德等地的缫丝业，从陈启沅开始，没有经历重大的技术革新。即使陈启沅建立了继昌隆，而在澳门建的工厂用括丝场缫六角丝，是一重要技术革新。

至于其他机器丝业的经营者，既不善于进行技术升级，也没有持久的经营能力，以致出口产品质量有下降的趋势。这一点反映了清末民初广东民营机器缫丝业普遍存在的窘况。

陈启沅家族的资本除了保留机器缫丝厂，还加大了对低端缫丝业的投入。陈氏的工厂有自己的质量控制方式，所出厂丝也能出口并得到好价钱。厂丝虽然能出口，但它的丝质细而脆，只可以被外国的机器丝织业接受，而本地手工丝织工房，因为厂丝过细，不够坚韧，不能接受厂丝织造土绸。在此情况下，土丝仍占据国内的市场。但是土丝的质量低劣，也使土绸业的质量上不去。足踏机发明后，即使不用汽机，也提高了土丝的质量，土绸织造业也能接受。但足踏机毕竟技术含量不高，所以造出来的产品，无法和机器缫丝厂生产出来的生丝相比，因此出口没有竞争力，利润也低。可以说，陈氏足踏机缫丝厂所产的生丝质量，是一般的足踏缫丝厂所缺乏的。

足踏机的发明，也说明陈启沅那一代实业家缺乏对引进技术的消化、

---

① 张振成：《陈启沅、张弼士兴办近代企业之比较》，载《烟台师范学院学报》2003年第1期。

升级改造能力，因为陈启沅没有接受过外国的近代科学教育和实业科学教育。他晚年没有知识、能力继续研究缫丝业，反而花费了大量的时间和精力去研究风水学。他写的《蚕桑谱》，仍然属于传统农学范畴。即使是他的儿子陈蒲轩以及百豫坊其他专注于丝绸买卖和金融投机的陈氏后人，都没有从民国时期的近代蚕学教育和蚕业改良、缫丝改良的机会中受益。

追随陈启沅二十多年的陈蒲轩，在1921—1922年间，效仿父亲写了一本《蚕业指南》，大概属于传统蚕学范畴内的著作。这固然与当时刚刚起步的近代蚕业教育与科研，与民营机器缫丝业生产脱节有关，同时也说明晚清民初民营机器缫丝厂鉴于丝业经营生产风险大，丝绸市场投机收益高和快，从而热衷于让机器缫丝业的资本流向商业流通领域和金融领域。这些都反映了那一代民营工业资本的局限性。

1915年，陈蒲轩介绍同乡简照南兄弟结识上海知名粤商、同为南海人的劳敬修。在劳的协助下，简照南兄弟租得东百老汇路（今东大名路）一所栈房，改为厂房，开设广东南洋烟草公司上海制造厂，1917年建成投产。上海工厂是南洋兄弟烟草公司发展的一个重要起点。1919年8月，为对付英美烟草公司的压迫，简氏兄弟登报招股，将公司再次扩大改组，于上海、香港两地共设五厂，同时开办锡纸厂，并在烟叶产地设收购处、焙叶场。简照南任公司总经理，简氏家庭仍占股份的百分之六十以上。在随后的几年里，公司年年盈利。既然招股，与简氏兄弟关系密切的简村陈氏从1919年起占有股份，是可以肯定的。1928年，陈廉伯任南洋兄弟烟草公司监理，后为督理。①如无股份，陈廉伯不会任此职。

大概是经营医药的陈竹君看到烟草业的利润巨大，曾以药材经营的资金建爱国烟草公司，机器从日本购回。英美烟草公司暗中购买爱国烟草公司全部产品，放置发霉出售，爱国烟草公司因而破产。这是陈氏家族将资金投于

---

① 陈天杰：《我所知道陈廉伯的几件事》，载《广州文史资料》1963年第10辑。

制造业失败的少数案例之一。[①]

三、投入商业流通领域的资产

陈启沅家族资产更多地流入商业流通领域，尤其是丝业贸易。继昌隆创办时，陈启沅就创办了几个茧市，有个别茧市是陈启沅参股。但这些茧市只是为了收购原料为工厂所用，资金量不大。陈启沅在终端产品流通领域投入了更多资金。当时的外贸体制，是由广州的丝庄收购丝厂的生丝，然后转交洋行出口。继昌隆产品符合外销条件时，是在西樵由水路运成品到广州，交由位于富善西街、杨仁里的丝庄，再交给洋行出口。[②]

由于工厂不是直接面对洋行，丝厂无法知道国际丝市场的需求、价格，且被丝庄赚了一大笔中间利润。陈启沅想到与其让丝庄赚钱，倒不如自己创办丝庄，于是拨了一批资金，在广州杨仁南街开办了一间规模不大的昌栈丝庄，面对洋行，专营自己工厂的丝出口。陈氏所有的三间丝厂，所产生丝都交由昌栈丝庄出口。

昌栈丝庄的建立，表达了处于起步时期的中国民族工业资本，有向商业资本转化的强烈愿望；也表达了蚕丝业中的工业资本，有改革外贸经营体制的意愿。但这是政府层面的事情，生丝外贸体制的改革，在民国时代尚未能完成。这就迫使民营丝厂商业资本的相当部分，向丝业投机买卖和金融业发展。昌栈丝庄是佛山地区丝业产业资本向流通资本转变的一个标志。

昌栈丝庄与一般的单独进行买卖生丝的丝庄不同之处，是它有丝厂为依托。虽然陈天杰等的回忆录没有说这个丝庄买其他缫丝厂的生丝出口，但以

---

① 陈天杰：《我所知道陈廉伯的几件事》，载《广州文史资料》1963年第10辑。

② 陈作海：《缫丝风云录：记中国近代民族工业先驱陈启沅》，华南理工大学出版社，2017，第79页。

陈启沅、陈蒲轩的精明，断不会有钱不赚。因此，最得力的儿子陈蒲轩是昌栈丝庄的司理，丝栈另外设英文翻译一人兼销售和文书，会计一人，仓库管理员一人并兼总务。有了这个丝庄，陈启沅工厂中的货物周转是很快的。现百豫坊旧址仍有一间近百平方米的仓库，早期可能曾做储存生丝的仓库，可以想象当年这里货如轮转的景象。

为了便于和外商打交道，丝庄还有《通译》一类的中英文字典，便于掌握基本的英文商业词语。[①]陈孺直1909年担任丝庄的司理，并担保陈廉伯为汇丰银行的买办。到1910年，陈廉伯任丝庄司理，并以此身份加入广东商会、广州商务总会。从此，昌栈丝庄成为陈氏家族在广东生丝市场大展宏图的平台。陈廉伯当时身兼汇丰银行买办，认为单靠帮汇丰放款收息不能赚大钱，只有丝业经营方可以。但当时陈氏家族的陈竹君（陈启沅六子）、陈拔侪（陈廉伯的堂兄，由后者介绍在汇丰银行当职员）、妹夫黄日群以及心泰银号老板文明轩等，都劝陈廉伯利用正任汇丰银行买办的优越地位，多设银庄银号，造成汇丰外围，从中操纵市面金融以获利。

虽然这一建议没有被陈廉伯接受，但表明陈氏家族的后人一致意见是从金融业或丝业买卖中赚钱。这与晚清民国发展起来的生丝产业的资本走向基本一致。如广州、顺德的金融业与生丝产业、生丝流通资本有千丝万缕的联系，两者密不可分。陈廉伯从1909年起已经专心扩大昌栈丝庄的丝业买卖，收买本地生丝向国外推销，当年丝庄的资本已经达三十万元。宣统二年（1910年），陈启沅过世，陈廉伯的父亲陈蒲轩染上鸦片烟瘾，不大理事，生意皆托付陈廉伯。且陈启沅过世之后，陈启沅及其兄弟的后代都拥有巨大遗产，都因为陈廉伯在各房子侄中最有突出表现，愿意将资金交给他运营，“成为陈（廉伯）资金运用周转的大后台”。

陈廉伯利用祖父和父亲积累下来的众多人脉资源（包括广州公兴隆丝

---

① 陈作海：《缫丝风云录：记中国近代民族工业先驱陈启沅》，华南理工大学出版社，2017年，第79～81页。

绸庄的大东家老葵石），后来陈廉伯更介绍自己的堂弟陈福平为老葵石的女婿，姻亲关系更能拓展业务。此外还有众多丝庄老板、丝厂的东家等，几乎清末民初的广州丝业经营的大老板都在其中“互相研究收丝售丝的种种手段”。在丝庄集中的十八甫爱育西街，陈廉伯与各丝庄的关系亦不同一般。因此，陈氏家族联合其他的资本，就在民国九年（1920年）的生丝贸易中，当年占到全省贸易量的七分之一强。

在民初期间，以陈廉伯和老葵石为发起人，成立一个松散的合资公司，总资金五十万元，陈廉伯占二十万元（这个数字包括了陈氏家族其他人的资金在内）。当根据市场决策，决定要买入生丝时，需要多少资金，即由各人认股额按比例出资，资金短缺时，由陈廉伯向汇丰银行借资。另外，陈廉伯提供生丝市场的信息，决定什么时候卖出生丝，“十有八九能获得巨利”。在第一次世界大战之后的两年间，生丝市场丝价变动起伏，“经营虽非顺利，获利亦达二百五六十万元以上”。

陈廉伯后来还联合从事放机（供应生丝给纱绸织造的店号，雇用工人做成纱绸的手工业主）的店号、买卖纱绸的纱绸店、买卖丝把的丝庄、从事缫丝的丝偈，“从产丝、收丝、用丝，以及丝织成纱绸后的销路四个环节，都操纵于他们，生意既多，获利自巨”，陈氏家族的资本联合其他资本，几乎是在生丝的产业链上全方位运营。而且陈氏为首的资金，还受到汇丰银行资本的支持。

民国六年（1917年）至民国十二年（1923年）的八年间，陈廉伯也将生丝经营的重点放在生丝出产最多的顺德，“经营顺利的多，挫厄者少”。陈廉伯还凭借自己在汇丰银行熟悉世界市场情况的条件，在大力经营生丝之外，凡出口产品如农产品、茶叶、桐油、猪鬃、竹类、烟草、草席等都有经营。陈廉伯在生丝经营方面最突出，被推举为广州出口洋庄商会会长。陈廉伯在1917年，还命其兄陈廉仲联合其他广州银号和商家十数间，成立昌华保险公司，注册资金一百万毫银。陈竹君曾劝陈廉伯以昌华保险公司为基础，与其他有铺面的老字号商店商办联保，以与外商的保险公司争生意，并和大安等国内保险公司合作。陈廉伯不应。[①]

从陈廉伯捭阖腾挪的手段和经营范围、经营成绩看，已经大大超过乃祖、乃父了，应该算是民国早期成功的广州商人。据说陈氏族人对陈廉伯又爱又恨，爱的是他能赚大钱，很少有失手；恨的是他在家族事务上太横霸。[②]但其在慈善事业上，在广州和香港的商业都很成功。陈廉伯在商团事变后被通缉，就将资金转到香港，经商亦成功。19世纪30年代初，陈济棠主粤，他纠集了一班港商，组织了一个观光团，广东省政府搭起牌楼予以欢迎，主政广东的陈济棠、陈铭枢设宴招待，还希望港商“投资振兴祖国实业”。回港后，陈廉伯声言其被通缉离省几年的郁气“一吐无余”。

四、其他行业的投资

略懂中医药学，这也是传统知识分子的特点。陈启沅早期在简村开了一间药材店，但只是做慈善用的。大概是受父亲的影响，儿子陈竹君为奇和堂药局司理，[③]是陈家对于医药的最大投资。

奇和堂药局最早创于越南，着力改革越南妇女不符合卫生要求的生育习惯，救助了不少孕妇和新生儿。广州的奇和堂药局旧址位于广州十八甫路一百零二号，陈竹君于 1895 年创办，时间正好与建立崇正善堂大致相同。此处原为十三行四大首富潘、卢、伍、叶中的伍家的花园。当时园内有一井，井水随潮涨退而升降，有时还可抽出活虾。陈启沅考察过此处，认为此处做生意可“发”。当时已是万国缔盟红十字会会员的陈竹君便买下此处，开设了奇和堂药局，并重新装修。

---

① 以上据陈天杰：《我所知道陈廉伯的几件事》，载《广州文史资料》1963年第10辑。

② 陈安薇叙述，2018年5月。

③ 陈天杰：《我所知道陈廉伯的几件事》，载《广州文史资料》1963年第10辑。

奇和堂药局旧址建筑为西方传统式，用当时最流行的装饰墙面的涂饰建筑主体立面，原有建筑的花园、阳台、檐柱基本保留，是近代广州商业建筑的典型。陈竹君还引进西方的牛痘免疫技术，对广州民众预防天花做出了贡献。奇和堂药局二楼阳台中间两圆柱，曾分别雕有“始创牛痘种”和“豆蔻油”字样。豆蔻油具有防治关节痛的功效，药局阳台东侧墙上还曾刻有豆蔻油在巴拿马获得的奖章。陈竹君后来又创制了气痛散，有疏气散痛的奇效，深受海内外同胞欢迎。陈竹君之子陈维则，一直在奇和堂药局继承父业。奇和堂药局一直办至 1956 年，在公私合营运动中并入马百良联合制药厂。[①]奇和堂药局作为广州七十二行中成药行的成员，一直从事慈善事业，在善堂中起的作用很大，说明它一直是盈利的。

奇和堂的号召力，使广州的成药行、药材行、参茸行都在崇正善堂的名义下行善，并参与七十二行商会、九善堂的活动。为了维持善堂中陈氏对崇正善堂的投入，奇和堂就要以营利为主。按照陈天杰的说法，陈启沅在世时，陈氏家族是绝不招收外姓资金为股份的。据此，奇和堂应是陈氏家族独资。林润和先生告诉我，简村传说奇和堂是以西药为主、中药为辅作经营方针，前者占七成，中药占三成，所以很能赚钱。他说晚清传说有“南有奇和堂，北有同仁堂”的说法，后者以中药经营为主。中药的利润比不上西药，故后者赚钱比不上奇和堂。这个传说或有夸大成分，但陈竹君为奇和堂司理，得乃父商业知识和医药知识的真传，这是可以肯定的。[②]

陈启沅逝世后，陈氏家族还投资了不少行业。如陈廉伯兄陈廉仲在丝业、银行、矿业、保险等方面均有丰富的管理经验，曾任公益保险公司经理、地利矿务公司及太华保险董事，并设立多家银号。

---

① 以上陈竹君与奇和堂药局事引自陈安薇叙述，2018年5月。

② 1906年，粤商自治会成立，骨干分子名单中有陈竹君名字，邱捷说是陈启沅之子，成药商人。见邱捷：《晚清民国初年广东的士绅与商人》，广西师范大学出版社，2012年，199页。关于粤商自治会的作用，参看邱捷：《晚清民国初年广东的士绅与商人》，第197～216页。

陈氏资金还流向香港商业。晚清时，广东商人很多到香港发展，香港在19世纪后期已经确立了在大陆与海外贸易之间的中转港地位，故广州不少商人将资金调往香港经营。陈氏资金自然也参与其中。据陈孺直的《本身大事记》记载，他在1910年，离开昌栈丝行后，到香港担任均和栈的司理。均和栈是陈氏的老字号，在越南就采用这个商号名字。1912年，陈孺直在侨业华商行业有限公司掌财政。1913年，陈孺直同时担任均和栈号司理和航业公司分局财政。1916年，航业公司分局结束。陈孺直1918年担任保利船务有限公司司理兼司库，1919年兼均和栈、保利公司、拈孖洽洋行共三职，1925年任裕利隆司理，1926年兼任均和栈、裕利隆司理，1927年退均和栈号股和退司理。1928年隆泰利行开设，陈孺直司理之，1929年兼隆泰利、裕利隆司理。1934年，隆泰利、裕利隆结束。[①]此后的年份，未见陈孺直任商务职。

根据陈孺直自己的叙述，娶了妻子潘氏之后，生意一直很顺利。只是到19世纪30年代中期，生意才走下坡路。[②]

在陈启沅及其稍后的年月，陈氏家族内部的生意从来不吸收外姓的资金。但陈启沅逝世之后，陈蒲轩大约在1919年简照南的南洋兄弟烟草公司招股时，加入了股份。而比这更早的是1910年，陈廉伯任丝庄司理，已经和广州的大丝商和丝厂、绸缎庄老板联合资金炒丝，当时已经打破其祖父不和外姓联合股份做生意的惯例，家族生意走向巅峰，家族成员的财产亦急剧膨胀。因此可以推算，陈启沅九子陈孺直所任职的商号，不是自己独资就是和别的商号合资，产业涉及航运、洋行等方面，与其侄陈廉伯一样，生意涉及面非常广。说明在清末民国，陈氏资金已经脱离单一的生丝生意，而进入很多行业运营以谋利，而且资金经营地区和经营范围都广了。

由于这个家族的财富太惹眼，民国初年，一支分不清是匪是兵的武装，

---

① 〔民国〕陈孺直：《本身大事记》，手抄本复印件，1968年。

② 〔民国〕陈孺直：《先室潘氏事略》，手抄本复印件；另陈孺直孙子陈树华提供。

有针对性地洗劫了百豫坊，陈氏在西樵的工厂和家资被掠一空。[①]幸好陈氏家族的大部分资金都在广州陈廉伯手中，陈氏家族资金没有被一网打尽。

陈氏资金投资于房产，只是为了自己家族的消费。佛山地区的基塘投入产出比很高，但陈天杰的回忆录以及其他陈氏后人的回忆中，都没有提到他们的祖先购买田地或基塘。

五、投入慈善事业的资金

陈启沅逝世时，还特意吩咐陈蒲轩捐一千两白银编撰宣统《南海县志》。这笔捐款是在陈启沅逝世之后的光绪三十三年（1907年）。陈启沅捐款最多的，可能是给崇正善堂，应当是捐了万两以上的白银。

简村人现在还说，陈启沅虽然是一个精明的商人，但也有失手的时候。陈启沅失败的两项生意，一是开书偈，即刻书卖书的店档，地点就在简村，林润明先生还指给我书偈的地址。二是开矿山亏了大本（以上均由林润明先生告知）。笔者以为，这两项失败的生意，都可能与慈善事业有关。陈启沅的书斋名为“惜阴草堂”，三本刻印的书均以此名。可能这三本书都是在这个“书偈”中刻印的，而陈启沅的三本书都是与他行善有关。

《蚕桑谱》是为了让蚕农懂得改良蚕业的操作技术，其中关于机器缫丝的内容，是为了让投资者懂得机器缫丝的技术。《理气溯源》是为了堪舆学的正本清源，劝导习风水的人做善事。《陈启沅算学》是为了对一般老百姓普及实用算学知识。推断陈启沅的书偈所以亏本，根本原因是将刻印的书半卖半送，或者干脆赠书。而且简村不是一个商业发达的地方，如果刻书要赚钱，“书偈”一定要开到官山这样的区域性商业中心。地点选择在简村，可

① 《简村全村被抢》，载《民生日报（广州）》1912年6月19日，引自邱捷：《晚清民国初年广东士绅与商人》，第280页。

以推想陈启沅根本就没有想过开书偈要赚钱。

开矿山亏本，则可能与两广总督陶模叫他开广西的锑矿有关[①]。锑矿与银矿往往共生，叫陈启沅开锑矿，也有开银矿的意思。宣统《南海县志》说陈启沅开矿获大利，是根据陈启沅自己的说法。那可能是陈启沅一个善意的谎言。因为开矿不同开缫丝工厂，开矿有很多未知数，比如要知道矿苗的大小深浅，还要妥善处理开矿山与当地人的关系，没有亲赴其地掌控，营利的目的就很难达到。

陈启沅当时年事已高，陈蒲轩需要打理丝庄和丝厂，亦无暇分身前往。可能是委任其他人前往。这样盈利的机会就少多了。陈启沅调解了粤北的矿山纠纷，却被总督大人忽悠去开矿。亏本可能就出在广西的矿山。在这种情况下，陈启沅可能就送了一笔钱给官府交差，说得利了，面子上好看，实际上只可以算作给官府的捐赠。这笔数可能也是以万两白银计算的。

陈启沅的儿子陈蒲轩、陈竹君都有参与慈善事业。陈蒲轩继承父亲的职务，参与广州总商会的活动和管理惠济义仓。陈竹君的奇和堂参与维持崇正善堂，光绪末出资刻印《蚕桑谱》一千本散发丝区各地，也是很大手笔的慈善之举。

陈廉伯的丝业经营和金融业务，做得风生水起，继承先人的遗志，也捐赠不少钱给广州等地的善堂，是清末民初广州慈善事业界很有名望的人。从他的慈善行为来看，也可以说是一个慈善家。他对民国初年广东慈善事业的贡献值得肯定。首先，当时的商团不仅是商人的武装队伍，还有明显的社会公益性质。商团成立的文件《粤省商人议草》规定，商团责不只维持商场治安，还兼办社会救济和慈善事业。商团的社会救济作用，在民国早期开始。有学者认为，“自辛亥革命创建粤省商团，陈廉伯抱持即远出于一般商人之上”。商团参与民国之后灾荒期内的调剂粮食、平粜和赈济活动，“乙卯水灾是善堂和商

---

① 〔民国〕陈孺直：《家中先人事略》，手抄本复印件，1968年。

团角色的分界线”。陈廉伯创建广东粮食救济会是继救灾公所之后的创举，举办平粜和粮食救济的能力很大，并逐渐取代善堂为救灾的主力。

最重要的是，陈廉伯从创业成功的商人处得到了支持。他说服了南洋兄弟烟草公司创办人简照南，得到其支持。1920年，东江大水灾，陈廉伯的粮食救济总会拨赈东江灾区二十五万元，陈廉伯自己再捐五千元，并说服简照南兄弟亦各捐五千元。简照南兄弟有很大的影响力，因此陈廉伯吸收商人参与救灾的活动卓有成效。在民初动乱的时候，这些赈济活动起到当时的官府所不能起的作用。

其次，陈廉伯还是广州近代消防事业的开创者。他任商团团长时，首倡建立救火队，消防事业遍于“省河南北，棋布星罗”。[①]陈廉伯自己还出钱资助其他的慈善事业。1918年，广州自治研究社在文澜书院召开水灾治理办法的会议，有广州商会、爱育善堂、崇正善堂、广济医院的人参加，陈廉伯以出口洋装商会代表身份出席。商人主张救治水灾以疏浚河道为要，需要派人前往各江考察，陈廉伯是捐助人之一。[②]广州自治研究社对水灾防治的讨论，虽然只是代表了商人治水的倾向，但促成了广东近代治水体系的初步形成。[③]这些都说明，陈廉伯带着家族的资金在广州开拓生意，有不少利润是流向慈善事业的。

因为他的慈善行为是有目的性的，与乃祖发自内心的回馈社会的慈善思想不同。陈廉伯在慈善方面投入的目的，就是提高他在商界和政治界的声望。将生意和政治连接在一起，把慈善作为政治的投资，这就注定了陈廉伯

① 以上据敖光旭：《商人政府之梦——广东商团及“大商团主义”的历史考查》，载《近代史研究》2003年第4期。

② 广东地方自治研究社编：《筹潦汇述》，1918年，第1～2页。

③ 吴建新：《民国广东的农业与环境》，农业出版社，2011年，第89页、第273～275页；吴建新：《近代广东公民意识与治水体系的发端——以〈筹潦汇述〉为中心》，广州市文史馆“纪念辛亥革命学术研讨会”论文，2011年，广州。

一定失败的命运。当他在广州的生意达到高峰时，政治野心膨胀，他担任广州商团团长，和国民政府对着干，最后灰溜溜地逃到香港。他在广州的政治命运也从此结束，广州的生意也逐渐结束而转移到香港。

陈启沅和陈氏家族的资金走向，说明第一代的民营产业资本，在进入实业之后赚了钱，会有多元化的发展，而资金不会永远沉淀在制造业方面。这一点，还有顺德的丝厂可为佐证。顺德缫丝业的工业资本，也向流通领域延伸，最成功的是岑国华（1886—1942）。岑国华，葛岸西村人，先后在桂洲和葛岸创办“大和生”和“瑞栈”两家丝厂。民国初因改革四角车丝为六角括丝成功，积累资金，在南海良堡乡、石湾镇增办“祊昌”“永昌”两间缫丝厂。后来属下丝厂一度发展到十八家，分布在本县乐从、容桂、勒流和南海南庄、官山、石湾、沙头等地，股份总额两百多万元。与此同时，岑国华在广州开设了永和隆丝庄，专门代理各厂生意交售、银口往来以及交纳税项的业务，并在沙面租界内设立永和隆洋行，直接和日本、英国、法国、美国、印度的丝商交易。因为重视信誉，经营有方，令四十家非属下的丝厂长期委托永泰隆洋行代售。永和隆丝庄、永和隆洋行的常年经营额在一千万银元以上，居全市三十家丝庄之冠。[①]而且顺德的丝业资本，最擅长进入金融业。广州商团的第一任团长岑伯著，就是一个丝业巨商。不少顺德的丝商就是银号商人。

陈氏资金有华侨资本的属性，说明华侨资本对清末民国家乡的投资非常活跃。陈氏资金并不是独立的个案。佛山简照南兄弟的资金也是华侨资金，并与陈氏资金有来往。经商海外的佛山地区籍华侨，有了资金，就投资于家乡的缫丝业和其他商业，以顺德乐从最明显。18世纪中叶，顺德废稻树桑，缫丝业为各县之冠。到19世纪中后期，在全县的九十五间茧丝厂中，乐从占四十一家，数量为各区之首。1895年以后，侨居亚洲、非洲、欧美的华侨先后回乡兴办丝厂。

---

① 《民国时期、建国时期人物传稿·工商界专题》，载《顺德修志》27期，1～2版，1988年5月。

据不完全统计，到1925年，华侨在乐从投资的大型丝厂有十八家，每家投资两万至七万银元。[①]一丝兴百业，19世纪20到30年代，乐从侨乡进入繁荣期。仅仅乐从有店铺数百家，其中楼高四层的大安公司经营百货、金融，较大的商号有长乐、永安、和乐、和茂，广益庄专办出口猪油，此外还有经营金银首饰的店铺多间。农贸市集有相当规模，茶楼业也相当繁荣，有十间之多，本仁市场横跨几条街道。桑市、茧市、丝市有公信和、永和祥、广和、永安和、泰和祥。工业相当发达。为丝业服务的就有机械厂德祥、就成、祥兴、协成、协利等，碾米厂有华丰盛等五间，还有布厂、榨油厂等。工商业随行就市，有打铁街、米街等。公共设施也很齐全，有自来水、电灯、电话。在交通方面，广湛公路横跨其间，花尾渡、丝渡直接到达广州，并有代办往港澳、东南亚和东南非、美洲的船票。到沦陷前，乐从有小广州之称。[②]像乐从这样商业繁荣的市镇，有两龙、容奇、桂洲、大良、伦教、勒楼、九江等。

当时国内有十大商帮，广东商帮是其中之一。粤商在明代中期以后崛起，在传统中国进入近代社会之后，伴随着本地流通商品扩大、商品经济发展、海外移民高潮而进一步得到壮大。粤商以其独立进取、冒险开拓的精神著称，其成分以广府商人为最。佛山地区商业的发达程度为珠江三角洲之冠，佛山地区商人是广府系商帮的重要一支，也是粤商中的杰出代表。但是他们的资金还是以商业流通领域为主，投入新兴的机器缫丝业并持续进行技术升级的资金比例相对就少得多。这是因为缺少产业引导和产业投入风险过大造成的。

陈启沅和儿子陈蒲轩、陈竹君，孙辈陈廉仲都是近代粤商中的杰出代表，也是华侨商人中的优秀代表。

---

① 《华侨》，载《顺德修志》50期，6版，1990年1月。

② 《华侨》，载《顺德修志》50期，6版，1990年1月。

第十章

水利专家陈启沅

一、简村在清代桑园围水利建设与水利社会中的地位

西北江三角洲下游的桑园围，位跨南海、顺德两县。桑园围是珠江三角洲最重要的堤围，被称为“粤中大围”。其包括的范围，在明清至民国时期成为华南最大的淡水养殖基地、蚕丝中心、桑基鱼塘区，清代有耕地面积六千余顷，是明清至近代广东最重要的财税来源地。

桑园围的形成有特殊的地理基础：西北江从三水平原直下南海、顺德境，沿着西樵山呈西北向东南倾斜的地势。西樵山以下直至南海九江一带，远古是一片汪洋大海，中间点缀着不少岛屿，唐宋元以后海岸线退缩，西樵山以下便逐渐冲积成陆，岛屿变为陆地上的山坡。宋元时期人们沿着桑园围平原两边的西北江筑成基段，将山陵与人工堤壆连接在一起，逐步形成桑园围的西基和东基。

明代景泰年顺德从南海分出后，一直有“南围南修”“顺围顺修”的惯例，只有危险基段被冲决时才合围“按亩均筑”“按粮均筑”。在开口围的情况下，水灾没有遍及全围，分处上下游的南海、顺德围段，能够各自顾及自己围段修筑，是当时的民间惯例。清代由于受到日益严重的水利形势压力，打破地域观念，集合全围的资金人力对全围实行统一管理的需求便日益迫切。民间如盗葬、放牧、耕种、建房、砍伐堤树、侵占堤坝等有害堤围建设的“惯行”，也十分需要被新的水利习惯所代替。但这必须有新的水利组织来贯彻。

乾隆末年，桑园围内的士绅，在官府支持下第一次达成合围通修的行动。一个新的治水体系的雏形就出现了。建成的合围通修时的施工总局虽然不是常设的机构，但它实际上代表了桑园围阖围士绅在建立新的治水体系和制定新的堤围管理规定方面的要求。

清代桑园围还逐步建立起全围的施工管理机构。清初有“各堡会议”，

是后来岁修管理机构的雏形。乾隆五十九年（1794年）全围通修，始设施工总局，由南海、顺德各派二人充任“首事”“协理”，齐集办公。各基段不得私自施工，必须由施工总局负责统一筹划、施工监督、物料采购、分拨资金等过程，严格按照“章程”进行，组织严密有条不紊，工程完结后还负责汇集资料编纂围志。以后堤围大修均设施工总局，对确保修堤质量起了重要作用。

清乾隆五十九年施工总局的设立，是桑园围水利史上的重要事件，其意义在于确立了协调围内南海、顺德的人力、财力、物力，统一对全围定期“通修”，统一全围各堡各甲实行既有专段专责、重要基段合围通修的乡规民约，按照官府颁行的“章程”，形成全围的管理维护制度。施工总局不是常设的机构，在岁修和大修、潦涨时抢修才建立，工竣后解散。

简村堡在西樵山脚下，只有不太长的基段，上接云村堡基，长五百六十丈。[①]桑园围志还这样记载：“简村堡围基南阻西樵山，吉水窦在基弯尽处。盛潦猝至，狂风骤作，可借冈阜杀风潦之势。唯墟亭一段，低矮单薄。漫溢时虞外基三丫、海口与水相敌，非垒石不能。矮薄但培土，立可使高厚。”[②]简村堡在西樵山北，地势较高，基围不长，所以受西北江水患的压力较小。当北江水来时，可以借地势高而减少水潦漫浸的威胁。由于背靠西樵山，西樵山的水流都顺着吉水河流出，在西潦未到时，雨季时就要开闸放出山水；当西潦到，又要闭闸防潦。而且当桑园围的最险段三丫、海口基段与简村堡基段相连，三丫、海口基段的水与西潦相激，潦水就会威胁简村堡围基，低矮的墟亭一段就要用土加高培厚。而且简村对着三水方向的吉赞基，若吉赞基决，全堡就会受浸。自桑园围合围之后，简村堡的水利形势就与全围紧密相连，在全围的合围通修和岁修中，也有重要的地位。

在全桑园围南海段十一堡中，简村堡算作大堡，与九江、沙头、海舟、

---

① 光绪《桑园围志》卷二《图说》，《广州大典》34辑史部地理类第16册，第53页。

② 光绪《桑园围志》卷二《图说》，《广州大典》34辑史部地理类第16册，第53页。

先登并列，历次全围大修，简村堡都会被要求捐出很多银两，仅次于九江这样的大堡。陈启沅在简村的缫丝工厂在光绪年间稳定下来以后，合围岁修和抢险时，陈启沅都被劝捐。同时，光绪年是水灾频繁的时段，故陈启沅也参与到桑园围事务中。在桑园围的首事中，每堡要派一人前往议事。乾隆年间简村堡十二村组成了“廿七户文会”。①有学者认为，至迟在乾隆年间，作为简村堡基的廿七户，已经组成了类似于基主业户联盟的堤段联盟。而简村七姓氏就在廿七户之中，陈氏又是主要的分子。②

二、陈启沅参与桑园围事务

我们说陈启沅是一个桑园围水利专家，是有根据的。陈启沅精通风水学，风水学的本领是相土和相水。相土是给人找“吉壤”，“吉壤”既包括葬地，也包括能建筑住宅的地方。在珠江三角洲的风水师，被要求能“相（观察、确定）”建筑堤围的基址，因为桑园围不少基段是在冲积成的田地基础上建起来的，而且为了防止潦水冲击，基址的选择非常重要。桑园围的险要基段又多建神庙，给神庙“相”建筑的吉壤，既不能建在险段上面，也不能远离险段，方便水利的操作。风水师还要能“相”水，能观察各季节水利形势和气候变化，在险段的基址要顺应水流，尽量不与激流冲撞，以防激流侵啮基围。长的堤围还要选择远离河流主流的地方为基址，尽量使潦水上涨时不会很快漫浸上堤围；在人们要挖基塘时，也要风水师“相”土和

---

① 〔清〕潘石朋撰：《云瀛书院碑记》，《南海区文物志》，广东经济出版社，2007年，第73页。简村堡廿七户，其实是图甲制度下纳税的业户，不是丁户。图甲制度下的户会含有多个姓氏和纳税的子户。

② 袁爽：《明清珠江三角洲基围水利管理机制研究——以西樵桑园围为例》，广西师范大学出版社，2015年，第135页。

“相”水。《九江乡志》记载“形家”能预测气候，指导桑基鱼塘的生产。

“相”土、“相”水在陈启沅著的《理气溯源》中有很详细的记载。陈启沅长期生活在桑园围内，“相”土、“相”水是他的本事，所以他参与水利事务，这些知识就能派上用场了。《陈启沅算学》中有关于水利建设的知识。为了便于人们理解，他将古算书关于筑堤的歌诀列出：“筑堤之法最蹊跷，东高倍之加西高，上下广并乘折半，西高另加东高，上下广并仍乘折。两折数并相交，却用原长乘为实，五归其实积无饶。”[①]然后设应用题详细解释。他将筑堤各歌诀做总结并提出疑问：“（古算书）筑堤各诀，有以五归得实积。沅甚疑之。故特将其所设问题，剖分数体，照数求积，则与原数大相径庭，详问列，以俟后之君子再订，可乎？”[②]这显示了他一贯的求实问难的作风，也显示他水利建设方面的造诣。《陈启沅算学》中还有挖秧塘方法的挑土计方歌，[③]都与堤围建设和桑基鱼塘经营中碰到的计算方法有关。

丰富的“相”土、“相”水知识和水利工程计算方法结合，使陈启沅成为桑园围内一个受人尊敬的水利专家。

（一）参与抢修、筑堤、劝捐等活动

陈启沅作为简村堡水利专家和殷实商户，他完全有可能代表简村堡参加桑园围的岁修、祭祀河神等重要活动。陈忠烈先生在论述桑园围的水利习惯时说，清末民初，总理围务的有香港巨商岑伯巨，副总理也是省港巨商，他们能够垫支数十万“围款”，修整基围缺口，工程完固后再向各“族姓之

---

① 〔清〕陈启沅：《陈启沅算学》卷六下，《广州大典》总45辑子部天文算法类第2册，第410～429页。

② 〔清〕陈启沅：《陈启沅算学》卷六下，《广州大典》总45辑子部天文算法类第2册，第410～429页。

③ 〔清〕陈启沅：《陈启沅算学》卷六下，《广州大典》总45辑子部天文算法类第2册，第410～429页。

总值理”收回垫款。[①]但这是要收回利息的，如果利息高于市场，那就是商人们的营利行为。晚清广东绅商的地位已经得到提高。陈启沅是被视为绅商的，他办继昌隆之后，声望大增，作为桑园围的“首事”，应该是在光绪年间（工厂搬到澳门时例外）。而且按照陈启沅做善事的原则，即使垫款也不会收利息，收高于市场的利息更是恶行，因为这与他行善事的原则相悖。

陈启沅的小儿子陈蒲直回忆录说：“幼时（陈启沅小时候）桑园围崩决，避水于樵山之麓，目睹一片汪洋，民无所归，恝焉伤之，遂慨然曰：吾如达（发达）时必修此围，免为民患。厥后每岁乘公余之暇，即躬亲巡修。故桑园围当时有铁围之称。更建吉水窦为一劳永逸计。果终其世未再见崩决之患”。[②]这一记载虽然简单，但可以见到陈启沅在小时候便有修复桑园围，解决家乡水患的志向。等他办缫丝工厂的大事成，在光绪年间成为富人时，便积极践行昔日的理想。

桑园围内水闸

① 据陈忠烈大作描述的桑园围抢修堤围的活动细节，见陈忠烈等：《清代民国珠江三角洲农田水利若干习惯与农村社会》，《古今农业论丛》，广东经济出版社，2003年，第339页。
② 〔民国〕陈蒲直：《陈氏先祖事略》，手抄本复印件。

陈启沅带领儿子参与抢修、筑堤的活动，结合简村堡的水利形势，也可以在文献上找到痕迹。

简村北面的吉赞围是桑园围上游最重要的基段，如果西北面的三水大路围决，简村首当其冲。如“崇祯十四年（1641年），大路峡决，我横基东头决一十七丈，全围淹浸”[①]。简村堡基段在岁修时也付出不少。在继昌隆开始赚钱的时期，陈启沅就成为简村的殷实户，要捐抢修、岁修的银两。我们看以下桑园围出现紧急状况下，陈启沅可能捐了不少银两，而且会到抢险第一线。如文献记载：

“光绪三年（1877年），西北江并涨，堤多倾卸。编修陈序球呈请岁修，需要万金。”[②]

“光绪四年（1878年），大路峡决。光绪五年（1879年）大路峡决。简村十二户基浸泛在内。”[③]有很多时候，如抢救，还要向“围内殷实业户捐足支用”[④]，等抢险完毕计算费用，验收之后再筹款归还。

“光绪五年（1879年），夏五月，大路峡复决，东基水溢。编修陈序球呈请岁修。”说要三万余金，“现向围内殷户劝捐。且按田亩摊派。唯连年歉收，两岁救险经费浩繁，民力恐不能逮”。（请向岁修本款息抽八千两）[⑤]

“光绪六年（1880年）潦盛涨，东西基多倾卸漫溢，编修陈序球呈请岁修。护费数千金。”“邻围十决八九，而桑园围能获保全，皆近年迭次给拨款岁修筑基所致。查东西基多受冲刷。倘不筹筑，明年夏潦溃决，可惧。”请求拨款、准许劝捐。此次拨息银六千两和向围内劝捐。“非四五万金不能

---

① 〔清〕明之纲：《同治桑园围通修志》，卷之三，丁丑，《四库未收书辑刊》第九辑第六册。

② 光绪《桑园围志》卷四《修筑》，《广州大典》34辑史部地理类第16册，第79页。

③ 光绪《桑园围志》卷五《抢救》，《广州大典》34辑史部地理类第16册，第83页。

④ 光绪《桑园围志》卷七《拨款》，《广州大典》34辑史部地理类第16册，第93页。

⑤ 光绪《桑园围志》卷七《拨款》，《广州大典》34辑史部地理类第16册，第94页。

集事。”[①]

“光绪十一年（1885年）西北江并涨，冯栻宗呈请岁修。”[②]

“光绪二十四年（1898年）围决亦岁修。”陈启沅当时还在世，但已经年老，虽然没有上堤围，但估计亦会捐银两的。

我们只能推测陈启沅父子参与了上述的抢修，或参加了部分维修，至于是何种形式，也只能推断。《桑园围志》不是每事、每人必记，因为它只是记载全桑园围的大事，参与捐助的殷实户也没有记载其名字，只是对全围建设起全面作用的人才记载。陈启沅是缫丝业的，是简村的殷实户，应参加了全围重要的抢修会议，或者是捐助、修堤等。故陈启沅父子名字不见载于桑园围志也不奇怪。

宣统《南海县志》陈启沅传记载：“尤喜施予，办善举，解囊资助无吝色。有关于振兴实业，地方公益者靡不极意提倡，力任其难。”“地方公益”就包括了桑园围水利。又陈启沅第九个儿子陈孺直说：“兄（陈蒲轩）经商之余暇即随父亲往修基围，栉风沐雨，不稍畏避。”[③]陈孺直的回忆，正好与《南海县志》的记载对照。

其时陈蒲轩正当壮年，在潦涨简村段危急时，应该是作为陈氏的代表代替父亲上第一线的。如果汛期来时，基围上有险段出现危机情况，带头的人要率领众人，拿起铜锣、桩锤、麻袋、绳索、扁担、杉木等救灾物资放置在自己所属的社稷坛，同时还要放置一箩香。当险情来到，带头的人要命令巡逻人员一边飞快走一边敲响锣鼓，将险情传播到下一基段，锣声会下传到九江的桑园围首事集中的地方（即指导全围抢险的地方）。各地亦如此传播，好让其他人知道全围险情。然后带头的人会将从社坛上请来的一炷香（叫作“请社公”）高高举起，众人就会跟着他拿着物资走向险段，然后将香火插

① 光绪《桑园围志》卷七《拨款》，《广州大典》34辑史部地理类第16册，第94页。

② 光绪《桑园围志》卷七《拨款》，《广州大典》34辑史部地理类第16册，第94页。

③ 〔民国〕陈孺直：《先兄蒲轩公事略》，1968年，手抄本复印件。

在自己的基段上，叫作将社公请来了。

简村的妇女在男人们抢险时，不断从社坛上请香火，以使基段上请来的香火不会熄灭。同时妇女要从事后勤工作。抢险期间，妇女供应给男人的食品大多是冬瓜，一是表示不杀生，二是冬瓜便宜。当抢险行动结束以后，带头的人会将原插在堤段上的香拔起，带回本“社”，以示把“社公”请了回来，然后全体社众开斋还神。这时鱼塘的业户会按照自己的受益田亩，拿出鱼来慰劳参与抢险的众人，不出鱼的会折钱买肉，慰劳救灾的“社众”。[①] 如果陈蒲轩在基围抢救活动中是“带头的人”，以上的事就都要做的。

（二）主持吉水窦的维修

水窦、水闸是珠江三角洲堤围中一个重要的设施，是水利系统中的重要设施。如果从水利社会史的角度看，闸窦也是一个牵涉了多方面社会关系的介体，它的应用与水利社区的形成有很大的关系。

在珠江水网地带，如果下游因为潮水倒灌要修建闸门，河流的流速就会减慢，在洪水季节还会因为潦水消退不及，使上游地带水位上涨而受淹浸。围绕着闸窦的设立或者拆毁，就展开了激烈的斗争。不同的水利社区有不同的利益边界，闸窦和堤坝往往就是利益边界的节点。但是如果牵涉水闸利益的各方能达成一致，围绕着水闸又能成为一个相互合作的水利社区。

这种情况的出现，有赖于水利社区精英的出现和调节各方的利益。这就是水窦、水闸在水利社会史中的作用。如明代九江乡的一个水闸，在万历十年由南海县令建成使用。但九江乡的部分士绅并不领情，认为此闸有碍风水，请官塞之。但有人“言此舌引西樵送龙水入泮涧，形家称利。又谓三十年来水患非由舌至，用是至今赖之”。各方经过争论，认为这个水闸能起作

---

① 此段根据陈忠烈大作描述的桑园围抢修堤围的活动细节做推测，见陈忠烈等：《清代民国珠江三角洲农田水利若干习惯与农村社会》，《古今农业论丛》，广东经济出版社，2003年，第332页。

用，决定保留。[①]

窦与闸有所不同。水闸比较大，水窦较小，一般在田间的渠道上的才称窦。但桑园围中有时将闸也称为窦。如在九江，“惠民窦旧名南桠闸，又名下村闸，在南极涌口，文昌桥内。明万历十年壬午邑侯周文卿督建，乾隆丙寅阖乡重修”[②]。惠民窦其实是桑园围下游一个很重要的水闸。

与此对应，桑园围上游最重要的吉水窦，也是一个水闸，位于简村堡和先登堡之间。吉水窦汇聚了西樵山上流下吉水河的水，宽度和规模远远大于田间水渠的小窦。只是桑园围的人习惯了这个称呼而已。当雨季时，山水就特别多，需要水闸将水放出去。当西北江潦水季节时，需要关起闸门防潦。至今这个水闸仍是西樵山下的重要水利设施。这个水闸关系到西樵山下简村堡十二个乡村的事，先登堡也受影响。“凡围基必有窦，基捍外潦，窦泄内水，二者相需，弗治必为田庐患。桑园围诸窦以吉水窦为最大，亦最古。”[③]

在没有设水闸之前，雨水季节西樵山流下来的水入吉水河之后，会从大江漫过基段浸泛田地，而且会和大江上的潦水汇合，造成更大的水灾。当旱季时，田地需要灌溉，没有水闸管束和小渠分流到田，水会白白流走。在明代重臣方献夫从朝廷致仕归来之后，捐资建设了吉水窦，[④]从此改善了简村堡、先登堡的水利环境。

这是一项非常重要的工程，即西樵山的水都从这个水闸分流。雨季时山水可以泄出，天旱时关起闸门，抬高吉水河水位以灌溉田亩。潦涨时关起闸门防潦水入围内；如果潦季时因为关闸引起内涝，简村堡的农民会挖深鱼塘蓄水防涝。所以，简村堡、先登堡的地势虽然比九江等地的高，但桑基鱼塘

---

① 光绪《九江儒林乡志》卷二《灾祥·乡事附》，光绪刻本。

② 光绪《九江儒林乡志》卷四《建置略闸务》，光绪刻本。

③ 〔清〕李锡培：《吉水窦碑记》，宣统《南海县志》卷八《江防略》，中国方志丛书本，第866～867页。

④ 〔清〕李锡培：《吉水窦碑记》，宣统《南海县志》卷八《江防略》，中国方志丛书本，第866～867页。

一点也不少。

到了清代光绪年间，距离明代方献夫那个时代已经历了三百多年。水闸的石头是以蚝壳灰为黏结剂的。年久，石头之间的蚝壳灰脱落，产生了渗水现象，闸“以颓坏。每潦至闸闭，窦内四旁如泉注，斯涌盖冲击日久，石为溜穿，浸注滋深，土复内陷，力不足以障之也”。[①]西樵山水逐渐侵蚀闸内土壤甚至内陷，石头会坍塌，不足以起到防护的作用，甚至会造成水灾。乾隆和道光年间，简村堡的人想大修这个水闸，但都因为工程太大，所费极多而只能“间有修补，率皆补苴罅漏图救。目前至欲改弦更张，则以工巨费繁，畏难而中止”。[②]

光绪十八年（1892年），陈启沅在丝厂开工之余，到吉水窦视察，发现水闸非重修不可。“顾念斯窦不治，基虽固庸足恃乎？”桑园围有地位的士绅李锡培赞扬陈启沅“智力过人，勇于任事。首倡善举，合力大修。冀一独永逸。爰集简村、先登村堡公议。佥谓事宜亟行，过此恐非所料。相举设法筹款”。[③]这就肯定是陈启沅先捐出了可观的银两，被称作“倡捐（即捐款的发起人）”，接着，陈启沅与简村堡廿七户业户联盟商议，将简村堡每年的长河渡和横水渡的渡租截留一半，作为修闸费用，不足部分在简村堡按照受益田亩征收费用。再有不足，就由陈启沅在简村堡“劝捐附近殷户间义解推，不色吝，先登堡亦协力钦助。不数月而事集焉”。士绅集议，推举陈启沅和麦氏、梁氏士绅督理，征募工人和买石料和黏合剂。陈启沅建议用从外国进口的水泥，即当时广州人称的“红毛泥”。

陈启沅督理这个工程，首先确定了重建方案。先在水闸的上方建一土

---

① 〔清〕李锡培：《吉水窦碑记》，宣统《南海县志》卷八《江防略》，中国方志丛书本，第866～867页。

② 〔清〕李锡培：《吉水窦碑记》，宣统《南海县志》卷八《江防略》，中国方志丛书本，第866～867页。

③ 〔清〕李锡培：《吉水窦碑记》，宣统《南海县志》卷八《江防略》，中国方志丛书本，第866～867页。

坝，旁侧挖一水沟引水出闸外，以便水闸动工时闸内大部分地方不受水，便于施工。按照风俗，先选择了吉日作为动工的日子。原来基址没有变动，先将旧石头挖去，在基的两面都换上白石（即花岗岩）。这种石头坚硬耐冲刷，而两面白石内则用红砂岩，因为这种石受风化不耐冲刷故不能在外，里面石头之间，都用水泥代替传统的蚝壳灰掺和砂子成灰浆。李锡培说，这是“仿西法以洋泥搀灰与沙搏击石后，使涓滴不入”（李锡培《吉水窦碑记》）。这是桑园围第一次在水利工程中使用这种材料。

建成的水闸，较以前加高而更坚固。整个工程，光绪十八年（1892年）倡修，光绪二十年（1894年）完工，“共费五千金有奇，无虚縻，无粉饰，欲致牢实屹若金城。是役也陈君启源实始终其事。然非藉佥同之谋，众擎之力，亦何克臻此美善哉”[①]。这一工程当时的影响很大。

当再遇到水灾时，人们在诗歌中提到吉水窦：“蚬塘再决势轰轰，多少人家寐不成。吉水湾曾开窦口，仙莱乡亦坐愁城。幸蒙大吏先筹策，会有绅衿解劝耕。我辈驰驱何敢惮，江头今上驻双旌。”[②]可见吉水窦的重建，是光绪年桑园围重要的水利工程之一。

直到今天，水闸上仍有横书“吉水窦”三字，左直书“先登、简村堡重建”，右直书“光绪甲午年”。至今，吉水窦仍是西樵山重要的水利工程。相隔若干年份，水利部门就会向工程队招标修理这个水闸。闸旁边还有“南海市文物保护单位”字样，以永远纪念这一工程的重建者陈启沅。

（三）维修河神庙

桑园围基围上有一个重要的习俗，就是每一个重要险段上，都要建一座神庙。一是围众深信风水学中的近乎巫术的镇压之说，即以神灵来镇压

---

① 〔清〕李锡培：《吉水窦碑记》，宣统《南海县志》卷八《江防略》，中国方志丛书本，第866～867页。

② 光绪《桑园围志》卷十五《艺文》，《广州大典》34辑史部地理类第16册，第221页。

吉水窦

河妖，使之不能作恶。此举亦能提振围众抗击洪水、维护水利设施的决心。二是在重要的险段上建神庙，使人们来祭拜时，就会顺途勘察基段的变化。尤其是官绅，他们每年在潦水盛涨之前，前来勘察重要基段以决定岁修的方案，到了危险重要的基段时，首先要拜河神以及其他神灵祠庙。拜完神之后，官绅就在这些祠庙内休憩和议事。三是桑园围险段要岁修以及抢险时，祠庙就成为抢险和岁修的指挥部和堆放修建堤围抢险物资的地方。所以每年岁修和潦涨时发生抢险，重要地段和险段上的神庙，就有重要的作用，而不仅只是平时拜祭那么简单。

河神庙的建造会与风水、宗族发生关系，从而引发社会矛盾。如嘉庆年间，在近广州城的南海县区，有陈、李二姓因为建神祠，“狃于阴阳拘忌之说缘争执而构讼，缘构讼而械斗，至互相截杀，虽翁婿不相容。守令员弁弹压不能止”。举人戴挺生“乃择诸生之明理者分日召至，详为劝谕，且力破风水之说。曰：尔等争风水，欲求福也。今福未来祸先至矣。……劝事甘结，事遂息”。[①]所以神祠的建立，是一个重要的社会事件。

河神庙是桑园围最重要的神庙之一。在乾隆末年和嘉庆初年，桑园围险段李村被冲决一百四十余丈，导致下游的两龙和甘竹堡都受水淹。在南海县士绅发起和顺德县龙山堡士绅温汝适的倡议下，借李村段抢修，发起合围通修。温汝适最为得力。这次大修最重要的贡献，是打破了南围南修、顺围顺修的惯例，开了清代合围通修的第一例。

这次通修之后，在南、顺两县士绅商议下，还在“李村上墟地”建了一座河神庙。庙成之日，省城的“藩宪”和广州城的“郡伯分府”和南海、三水、顺德的县令都到河神庙，一时冠盖云集，旗帜飘扬，香火缭绕。这标志着合围通修的惯例在官府支持下和南顺士绅的认可下，正式确立。河神庙后来的维护受到很大重视，它的维护、祭祀的费用来源，除了每次大修之后的余款之外，官府还将那些有争议的田坦、无主沙田拨作庙产，将其每年收的租纳入“公箱”，为春秋祭祀之用。[②]

河神庙在嘉庆、道光年间屡有重修。从道光乙巳年（1845年）到光绪丁酉年（1898年），已经五十多年没有修建。当时的李村基已经因为河水水位抬高，基段的高度也相应加高。这样，河神庙在潦水上涨时，河水就会漫上庙的门槛堂阶，有的神庙内的桁桷朽坏，瓦石脱落，人们非常担心。当时有诗歌这样描述：“暴雨侵入又暴风，长堤来往各西东。惊涛已上河神庙，乡俗犹祈斗姥宫。果有灵能化吉凶，将毋岁岁叹为丰。池塘开后鱼虾贱，到底民穷水不穷。”[③]

“惊涛已上河神庙”一句表达了围民的担心，因为他们认为河水漫上河神庙就会惊动神灵，从而会导致水灾的发生。

河神庙需要迁址重新修建，成为人们的共识。光绪年由于桑园围重视

① 同治《南海县志》卷十五《列传》，中国方志丛书本，第285页上。

② 〔清〕明之纲：《同治桑园围通修志》卷二《甲寅》。

③ 光绪《桑园围志》卷十五《艺文》，《广州大典》34辑史部地理类第16册，第10页。

岁修，又有充足的经费支持，桑园围比其他地方的堤围维护得好，因为其他地方的堤围往往“十决九八”。桑园围的士绅认为是“河神之庥”。有声望的九江乡士绅冯栻宗，集合南海、顺德桑园围十四堡的士绅，在光绪丁酉年（1897年）仲春祭祀河神时，提议迁址重建河神庙，得到十四堡士绅的响应。[①]他在当年修桑园围志特设“庙祀”一项，有重修河神庙的意向。

丁酉年在祭祀河神庙之后的商议中，李锡培向士绅们介绍了陈启沅修理吉水窦的情况，提议请陈启沅负责修河神庙的重建事宜。士绅们商议，“拟将本围公箱存项相度重建，众情欢悦，佥曰：可！今岁（戊戌）二月祀河神之日复集众定议，公举简村陈绅启沅董其事”。[②]所谓“公箱”，即每次修围结存剩下的公款，由全围士绅代表监管，平时储蓄在殷实商家处生息，需要时需桑园围各堡士绅代表同意才能支取。

这段记载将陈启沅的姓之后加上“绅”的衔头，表明陈启沅在桑园围士绅群体中的地位。陈启沅接受了这个任务，先给河神庙定的位置要高于李村基，又不能太远离基围，其坐向也要符合风水学的原理，并要得到士绅们的认同，然后才画建筑图纸，定材料和督建。陈启沅选择了农历三月的某天为开工的日子，“材欲其良，工欲其坚，地增其高，迁而上，欲其崇，祠旁添置神厨欲其宜，随以是年十月告竣，共费白金一万零九两”。[③]按照惯例，陈启沅作为工程的负责人，多少要捐点钱，这对于他来说，也是一件善事。

经过了吉水窦和河神庙的建设，陈启沅作为一个水利专家和风水家，名声遐迩，南海、顺德一带水乡，请他去督建水利建筑和看风水的人就多起来了。

---

① 宣统《南海县志》卷十四，中国方志丛书本，第1415页。

② 〔清〕冯栻宗：《重修南海神庙碑记》，宣统《南海县志》卷六《建置略》，中国方志丛书本，第749页。

③ 〔清〕冯栻宗：《重修南海神庙碑记》，宣统《南海县志》卷六《建置略》，中国方志丛书本，第749页。

第十一章

《蚕桑谱》与晚清蚕桑业改良

一、陈启沅创作《蚕桑谱》的缘起

中国蚕桑业的撰述，最早是附在农书中的。如北魏时期贾思勰撰写的农业百科全书《齐民要术》，就有蚕业的记载。专业的蚕书最早出现在江南，宋代诗人黄庭观撰写的《蚕书》，被认为是中国现存最早蚕桑专书。此后，蚕桑业的撰述除了附在综合性农书之外，命名为《蚕书》或《蚕桑经》的专业蚕书不断涌现，以清代为最多。

但是，古代的蚕书，大多是叙述黄河中下游和江南蚕业的。古代广东关于蚕业的撰述，迟至康熙二十六年（1688年）成书的《广东新语》中才有，撰者是番禺人屈大均。关于屈大均，其成就主要在诗歌创作，而他撰的《广东新语》，是明末清初的广东百科全书。他在这本书中显露出来的在农学、地理学、博物学方面的成就，却很少人知道。《广东新语》关于珠江三角洲蚕业的著述，只有一百多字，远不能反映当时广东蚕业的全貌。广东蚕业虽然传自江南，但在明清时期已经形成有特色的产业，华南丝区在中国蚕业中举足轻重，但直到晚清仍没有一本蚕书。

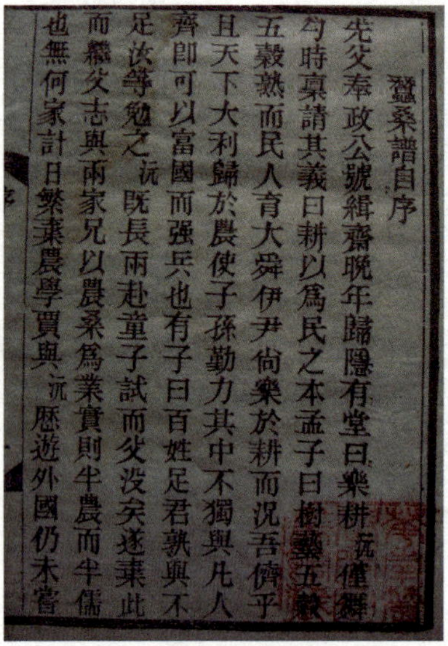
蠶桑譜自序
先父奉政公號緝齋晚年歸隱有堂曰樂耕沅僅髫
齡時稟請其義曰耕以爲民之本孟子曰樹藝五穀
五穀熟而民人育大舜伊尹尙樂於耕而況吾儕乎
且天下大利歸於農使子孫勤力其中不獨與凡人
齊郎可以富國而强兵也有子曰百姓足君孰與不
足汝等勉之沅既長兩赴童子試而父沒矣遂隸此
而繼父志與兩家兄以農桑爲業實則半農而半儒
也無何家計日繁隸農學買輿沅歷遊外國仍未嘗

《蚕桑谱》自序

陈启沅对此有疑问，认为必须有蚕书指导，才能精于其术："何农桑缫丝各法，是衣食之本原，竟无一人详述矣耶？岂人人皆明其理耶？抑无人深明其法耶？大约习惯成自然，不深考究，至有得失之患耳。虽然深知其性，未必百不失一。苟精其术，断无大弊之虞。"[1]他认为广东

① 〔清〕陈启沅：《蚕桑谱》卷之一《养蚕赞育篇》，光绪惜阴草堂本。

的蚕桑业需要改良，必须深入“考究”，“精其术”方可。

广东蚕业著述不盛的原因，光绪十九年（1893年）粤人邓荣干为《粤中蚕桑刍言》一书作跋也提道：

> 常读世间之书，教人为圣为贤；学文学武，习艺学术者，汗牛充栋，即如曲本演义，小说弹词，坊肆皆有藏版。何农桑蚕缫各法，一是衣食之本原，竟无一人详述耶？①

出现这种现象的原因，是岭南人文不盛吗？非也。试看《四库提要》中，粤人著述林林总总，数目亦可观。或是岭南经济落后，没甚可记，没甚可录？亦非也。由宋入元，岭南开发日盛，逮及明清，农业及其他各业蒸蒸日上，几可与江南比肩。邓荣干在《粤中蚕桑刍言》的跋中进一步道出，是“此间学士文人又或鄙（农桑）为习见，或视为无关学术，不屑以翰墨为事，用是数百年来载籍虽繁，鲜有农桑全书出而问世”，以至于以农桑为生的广大劳动人民“止谙其法而未克达其词”。

最先知先觉的是陈启沅。他在“创办继昌隆，工厂管理走上正轨，之后迁到澳门再办厂，复回简村”过程中，对“工厂收购的茧之质量欠佳、蚕农饲养不得法”有切身感受，觉得需要进行蚕桑业的改良。他在年轻时就熟悉蚕桑技术，创办工厂之后，在次子陈蒲轩的协助下，改良了足踏缫丝机，又对南海顺德的蚕业进行了考察，在这个基础上写成了《蚕桑谱》（又称《广东蚕桑谱》、《陈启沅算学》序中作《蚕桑谱略》）。

《蚕桑谱》成书于光绪十二年（1886年），光绪三十四年（1908年）的奇和堂药局版本是陈启沅儿子陈竹君出资印的，版本末页除写着“广州城十八甫奇和堂药局藏版”之外，还有“光绪丙戌年陈氏七子岭南畸人启沅稿”字样。如果该版本来源是刻本，就不会写“稿本”。而且光绪二十三年（1897年）潘

---

① 〔清〕卢燮宸：《粤中蚕桑刍言·跋》。

衍桐为《蚕桑谱》作序，潘氏说："吾友陈君芷馨心焉悯之（即看到蚕桑业的落后），因出所著《蚕桑谱》示乡人仿而行之，屡著成法，传抄不已。因怂恿付梓。是篇一出，粤人已先受其惠。"[①]则光绪二十三年（1897年）潘衍桐看到的是手抄本，而不是刻本。这说明光绪十二年（1886年）到光绪二十三年之前，《蚕桑谱》一直以抄本在南海、顺德的乡村中流行，而且抄本数量是很多的。光绪二十三年刻本出，很快传到岭北，光绪二十八年（1902年）冬天岭北人吴尌在天津的衙署看到了这个刻本，在光绪二十九年（1903年）再翻刻。光绪三十四年（1908年），奇和堂药局以陈启沅光绪十二年的稿本原件刻印《蚕桑谱》一千册，扉页上有光绪十三年（1887年）海军总理衙门与张之洞汇报李长龄调查佛山地区机器缫丝业的来往文件，以及广东劝业道陈某收到陈竹君赠《蚕桑谱》十本的复函，还有皇族崇绮赠陈启沅的七言律诗一首。则《蚕桑谱》有光绪十二年抄本与光绪二十三年、光绪二十九年、光绪三十四年刻本共4个版本。近年修《广州大典》，又将此书收入该丛书的农学类。

《蚕桑谱》分为二卷。卷之一主要论述养蚕，包括蚕桑总论、论练种法、论放蛾泡水要法、养蚕赞育法。卷之二分为九部分。最有价值的是"论缫丝法（附缫丝图）"，包括对茧和丝的分析，多釜蒸汽缫丝机和足踏单汽机的图样，其他分述从头造到第六造、寒造蚕的养殖宜忌。叙事多用粤语中的俗字，如"蓬"即为桑枝上长出的细嫩的叶子，"蔃"即为桑根，"采择"为采摘，天色"阴噎"即天气很阴沉和气压很低。表明作者力图让普通桑蚕农都能看懂这本书。"论缫丝法"是给有意投资机器缫丝业的人看的，但光看这个图肯定还不行，估计陈启沅还让有意投资的人看了机器的图纸和现场参观，才能弄懂缫丝机器的制造。

《蚕桑谱》是广东第一本叙述本地蚕桑技术的蚕书，同时它也是中国第一本叙述新式缫丝技术的蚕书，所以它在近代中国蚕、桑、丝技术史上有重要的地位。

---

① 光绪二十九年版《蚕桑谱》潘衍桐序。

二、《蚕桑谱》的成就与在蚕桑改良中的历史地位

（一）农本思想与农学思想

《蚕桑谱》体现了陈启沅对古代农学思想的继承和发展。他在自序中说：

> 先父奉政公号缉斋，晚年归隐，有堂曰乐耕。沅仅舞勺时，禀请其义，曰："耕以为民之本。孟子曰：树艺五谷，五谷熟而民人育。大舜伊尹尚乐于耕，况吾侪乎？且天下大利归于农，使子孙勤力其中，不独与凡人齐，即可以富国而强兵也。有子曰：百姓足，君孰与不足？汝等勉之！"既长，两赴童子试而父没矣。遂弃此而继父志，与两家兄以农桑为业。①

奉政公是陈启沅的生父，以"乐耕"自号，表明他继承了古代的"耕读传家"的风气和古代的重农观念。"树艺五谷，五谷熟而民人育"，"百姓足，君孰与不足？汝等勉之！"都是孟子说的话，生父以此来勉励陈启沅兄弟，说明古代农业文化的精髓一直流传在这个普通的家庭，陈启沅等人虽然以经商办厂起家，但也没有放弃"以农为本"的观念，反而觉得需要改良蚕桑业。《蚕桑谱》的撰写，说明陈启沅的见识远远超出一般士人。

陈启沅还在《蚕桑谱》中，处处体现出他对古代农学思想的深刻理解和运用。特别是他对古代农学天地人三才论的运用，很有道理。他在《蚕桑谱》中说："是书内藏三要：先观天时，次择地利，然后参以人事，补天时

---

① 〔清〕陈启沅：《蚕桑谱》自序，光绪惜阴草堂刻本。

地利之不足。故敢云一定不易之理也。是书专就广东天时地利言之，若别省谱用则宜在寒暑针度，变通观看，方无误用。”[①]

在他的风水学著作中，也阐发了这种观点：“天地万物必先论其种，其种佳则所生之物亦佳。……即如果木其种佳则其所生之果必佳，此先天之理也。倘果之种不甚佳则补之以人事或移其佳种以接之，此后天之理也。若其种酸苦难堪耕不加以培养，即所种植之地丰肥，果虽多终不美也。”[②]

这虽然是善恶因果论的观点，但也说明了果木佳种和土地、人力之间的关系，是传统栽培学的理论。

农学中的天地人三才论，最早出现在《吕氏春秋·审时》篇中：“夫稼，为之者人也，生之者地也，养之者天也。”这是对农业生产要素（生物有机体）、人和环境之间有了深刻的认识，表明先秦时期的农学家已懂得农作物生长对环境的依赖，尊重自然规律，因时因地制宜以安排农业生产。但同时强调在安排农业生产中要发挥人的主观能动性，改造环境条件，使之更加适合农作物的生长。这一理论被认为是中国古代传统农业的基本思想，且为后代农书如《齐民要术》等所不断发挥而演进，对中国精耕细作农业的形成与发展有深刻影响。[③]陈启沅在《蚕桑谱》凡例中强调这个理论，表明他是阅读过古代农书的。而且古代的三才论强调天地人是因时因地变化着的，而不是划一的。而陈启沅说“是书专就广东天时地利言之，若别省谱用则宜在寒暑针度，变通观看，方无误用”。[④]这就表明陈启沅对三才论的灵活运用。他又认为在蚕桑生产中，“天时占其五，而人事地利亦占其五。苟不知其性，百不得一”。[⑤]即天时是主要的，要尊重自然规律。此说与《吕氏春

① 〔清〕陈启沅：《蚕桑谱》凡例，光绪惜阴草堂刻本。

② 〔清〕陈启沅：《理气溯源》卷四，《罗经管见》，484页。

③ 梁家勉主编：《中国农业科技史稿》，中国农业出版社，1989年，第102～103页；《中国农业百科全书·农业历史卷》，中国农业出版社，1998年，第316页。

④ 〔清〕陈启沅：《蚕桑谱》凡例，光绪惜阴草堂刻本。

⑤ 〔清〕陈启沅：《蚕桑谱》卷一，光绪惜阴草堂刻本。

秋·审时》意合。

从对三才论的深刻理解和运用，说陈启沅是深谙传统农学理论的蚕学家，一点不为过。因为在《蚕桑谱》之前，从来没有广东人所著之农书这样说过，即使是在被称为农学家的博学的屈大均所撰《广东新语》中也找不到这样的说法。陈启沅还提到蚕桑生产中用“寒暑针度”来测天时。故说陈启沅的《蚕桑谱》“会通中西”，也是恰当的。[①]

陈启沅还有一种著作名《菊宜谱》（《陈启沅算学·序》），从书名看是一本谈菊花栽培的著作。如说陈启沅仅为蚕学家，也是不全面的。

（二）《蚕桑谱》中的蚕桑技术

《蚕桑谱》有很高的蚕业科学成就，主要在以下方面：

1.《蚕桑谱》提出了循环经济的思想

> 历年土丝土绸出口征税，动以数百万计，另内地销流，不知凡几。且蚕桑之物，略无弃材，蚕食余剩之桑，可以养鱼，蚕疴之屎，可以作粪土，固可以培桑，并可以培禾，蔬菜杂粮无不适用，更可以作风药。已结之茧，退去蚕壳，化成无足之虫，曰蚕梦，若不留作种，煨而食之，味香而美，可以作上品之菜。偶有变坏之虫，亦可饲鱼养畜。更有劣等者，曰僵蚕，可作驱风药，即缫丝之水，均可作粪土以耕植。岂非虫中之圣品乎？[②]

这是对佛山桑基鱼塘的循环式经济较完整的表达。桑基和鱼塘是一个农业生态系统，里面的物质是循环、生生不息的。基面树桑以养蚕，池塘养

---

① 黄世瑞：《会通中西的陈启沅》，《农业历史论丛》，江西人民出版社，2000年，第151页。

② 〔清〕陈启沅：《蚕桑谱》卷一，光绪惜阴草堂刻本。

鱼，蚕粪可以养鱼，这是大致从元明之间就开始的农业技术。利用废茧养蚕的下脚料和废料养鱼，可能也大致和桑基鱼塘同时出现。利用蚕粪养鱼也很早就出现了，但利用蚕粪施肥，则是晚清出现的事。

宣统《南海县志》说："豆麸一担灌桑一亩，灌麸之桑其叶厚，其色乌，可生两造。粪廿担只生一造，近养蚕之家多落蚕沙，其发生比诸豆麸虽逊，惟不生草，农人恒利用之。但有度数，过度则发热叶焦。"[①]这是清末的记载。《蚕桑谱》早已有记载，起码在光绪十二年（1886年）以前已经出现蚕粪作肥料。《蚕桑谱》是最早提出蚕粪作肥料的蚕书。

机器缫丝厂出现之后，带来的废物也非常多。如缫丝釜中的水，是很好的肥料；机器缫丝中剔除的废茧可以喂鱼，陈启沅都会叫蚕农来收集。缫丝时不要的废丝，叫水结，家庭手工业者可以将它利用，将乱丝整理好，用作纺织绸布的原料。所以在缫丝厂外，常常有妇人来买水结。但家庭加工水结效率很低。机器缫丝厂的水结，大都给洋人买去加以利用。后来顺德人卢满殿"发明水结功用，纺之成布，挽回绝大利权"。[②]这也是循环经济的成果。

近现代工业和农业都会产生大量可以利用的废物。彭世奖将古代传统农业的精华称为"循环式农业"。他说："废物激增而循环通道受阻的尖锐矛盾，已经酿成浪费资源、威胁人类生存环境的严重问题，同时也是未来农业所必须解决的问题。这一问题应如何解决？鉴古知今，最好的方法应是发扬我国农业的优良传统，使'万物生之于土，万物归之于土'，即发展全新的物质循环式的可持续发展农业。这不仅是对我国农业优良传统的继承和发展，而且也是对我国古代优秀环保思想的继承和发展。"[③]

---

① 宣统《南海县志》卷四《物产》，中国方志丛书本，第610页。

② 民国《顺德县志》卷二十《本传》，中国方志丛书本，第249页。

③ 彭世奖：《从中国农业的发展看未来的农业与环境》，《中国农业历史与文献研究》，世界图书出版社，2016年，第206～207页。

远在一百多年前，陈启沅就提出了循环式农业和循环经济的思想，这是他对中国生态经济思想的重要贡献。

2. 提出要按照环境变化掌握蚕业技术的细节

陈启沅对广东独特的热带亚热带气候与蚕业的关系，做了深入的研究。他认为广东的多化性蚕经过了长期的演化，已经“喜天气之和平”，但是最怕“无风之酷暑，恶昼雨，忌烈风雷电，地居喜清爽，畏卑湿，恶香臭气，宜熏风微凉，食桑爱洁润，忌雾水”。[①]所以蚕房一定要通风，遇到恶劣天气，一定要改善蚕房的环境。发生雨水或潦水暴涨的季节，会影响桑树的生长，桑的嫩叶受“咸秽之气”污染，蚕儿吃了就会死。但蚕绝对不能饿着，这些都是“蚕性”。

关于“练种”。“练种之俗名，曰饲蚕花。”[②]即蚕蚁的繁殖法和蚕花的饲养法。待蚕蛾下卵之后，将蚕蚁收集起来，称为“收种”，“将其封好，挂在半壁之间，或用干爽竹筒载之封密，不可使蠹鱼虫所伤。候至大寒节前后以竹筒摊开，渐渐变色而出。观其出得八九则饲以桑”。

在蚕卵孵化之前，还有温汤之法。古代蚕农对于多化性蚕，通常用温汤淋洗，目的在于促进蚕卵孵化。古代没有温度计，温汤的工艺高低，全凭操作者的经验。《蚕桑谱》称为泡水，指出需要冷沸水各一半，滚水多蚕仔死，冷水多蚕亦不出。还要看天气之寒热、用水之多少。“泡水固为紧要之法，即对蛾落格，亦当知其时。”还叙述非常详细的“泡水”技术操作。“各法所用度数，虽未得谓之尽善，但谱其意再加考订，便可精益求精云。”[③]直到20世纪初，蚕业工作者才摸清华南多化性蚕泡种的最适宜温度，并阐明这种理论能促进蚕卵孵化的原因。[④]而在这之前，陈启沅就进行

---

① 〔清〕陈启沅：《蚕桑谱》卷之一，光绪惜阴草堂刻本。

② 〔清〕陈启沅：《蚕桑谱》卷之一，光绪惜阴草堂刻本。

③ 〔清〕陈启沅：《蚕桑谱》卷之一《论放蛾泡水要法》，光绪惜阴草堂刻本。

④ 《中国农业百科全书·农业历史卷》，中国农业出版社，1998年，第84页。

了有意义的探索。

《蚕桑谱》认为，刚孵化出来的蚕种消化能力尚差，喂蚕“最好系数年不斩枝之老树桑，其次则新栽核，初出至迟余、二尺高之桑仔叶。均喜其桑叶无粪料之咸味。叶色宜黄润，不脆者为佳”。[①]这时不能饲之太嫩的桑芽，《蚕桑谱》认为嫩桑芽“叶太嫩，则水气重也”，其实是嫩桑芽营养不足。将合适的桑叶“以薄力切至如毛发之幼，使蚕仔舐其胶。初非食叶也。约数日，或至十日，始得蛾眠”。练种每天饲四次，间或太寒冷则饲三次亦可。蚕儿经过大眠、二眠之后，正造每天饲七八次之多，大约五十五天成熟。这就需要掌握蚕儿的身体变化，人为适当掌握成熟期，蚕身太壮会有“痃症”；而过了五十五天之后蚕正造茧必薄，丝少。

在蚕生长期间，蚕室宜黑密，使蚕不受风寒，空气又要流通，否则“蚕必受湿而生浮症”。如果有寒雨连天，至三四十日而不歇者，蚕儿的生长大多是“伤身之蚕”，所得之丝必少，这时就要放置炉炭，保持室内温度在七十度（为华氏度，下同），一连三十天，天气炎热时，不能超过八十度，否则蚕体大受损伤[②]。但是制种者为利所趋，不顾禁忌，加大温度。作者对此批评：“既有知此等弊端，何以明知故犯。皆因冷辏练种艰难，徒知卖种获利，不计其买者之收成，亦偶然骗人一次而已。”[③]

更有制种家，用一种名曰“火上火”的方法。因为年有大寒前后，天气太暖，蚕仔频出，欲其迟出而不能。既出之后，忽遇风雨缠绵十余天，制种家加强火的温度，达到八十二三度的室温，强行在十七八天催生蚕花。但这种蚕花多不能成活，是制种家骗钱，坑害蚕农的“最弊之法”。“沅因知练种之难，故特详述其法，以公诸业斯法者。”[④]有制种家“因看蚕有无受

① 〔清〕陈启沅：《蚕桑谱》卷之一《论练种法》，光绪惜阴草堂刻本。
② 〔清〕陈启沅：《蚕桑谱》卷之一《论练种法》，光绪惜阴草堂刻本。
③ 〔清〕陈启沅：《蚕桑谱》卷之一《论练种法》，光绪惜阴草堂刻本。
④ 〔清〕陈启沅：《蚕桑谱》卷之一《论练种法》，光绪惜阴草堂刻本。

症，方可作种。倘其种受了各症，下造则不佳矣。故有蚕师之称”。[①]

将蚕蚁孵化的制种过程技术要求最高，一般蚕农都不能掌握技术，故制种法掌握在少数“蚕师”手中，《广东新语》记载是在九江人手中，清中叶以龙山、龙江人最熟。制种家技术诡秘，虽然能产出优良蚕种，但也有不少坑害蚕农的劣行。陈启沅深谙其道，并道出其弊端，可见他是实实在在经过实践的。

对于蚕病害，《蚕桑谱》主张积极防治，认为养蚕之道有十法：知性、辨色、掣风、避热、掣雨、审症、防蝇、掣蚁、护茧、缫丝。[②]除了缫丝法之外，其他九法都与防治蚕病害有关。知性是要知道蚕和桑的“性”。根据蚕的生长阶段，饲以合适的桑叶，避免以有害蚕体的桑叶喂蚕。辨色、掣风、避热、掣雨都要求蚕农按照天气变化趋利避害，保障蚕生长的适当环境以防止病害入侵蚕体。

广东桑不能像江南养蚕法一样，“洗以净水风爽之”，因为“广东之桑，身嫩叶薄，一受风热，叶尽干枯而不能食”。但变通方法可以利用，“先于树止洒水洗之，候其桑爽而后采择。此法异功同”。这样可以使蚕免吃污秽东西而受病害。以下还叙述多种蚕病及其防治：在蚕吐丝之时，用“炕茧之法”，提高蚕室温度，蚕丝一出便干，符合广东的天气，可以防虫蝇。

书中提出每一造的操作细节，及其与蚕茧重量之间的关系（根据气候的变化提出宜忌，如三造宜忌篇，提出防止淫雨天气，夏天防止蚊蝇），有指导意义。[③]

蚕的养殖也要适应机器缫丝的需求，而力求生产出好茧。陈启沅认为，正造的茧最好，蚕农每天要喂够七八次之多，间或天寒，蚕的消化力弱，每

---

① 〔清〕陈启沅：《蚕桑谱》卷之一《论放蛾泡水要法》，光绪惜阴草堂刻本。

② 〔清〕陈启沅：《蚕桑谱》卷之一《三造宜忌篇》，光绪惜阴草堂刻本。

③ 〔清〕陈启沅：《蚕桑谱》卷之二《头造宜忌篇》，光绪惜阴草堂刻本。

天三次就可以，如果喂的次数太多，茧身太壮，会生“痃症”，即病茧影响茧身。又要及时收茧，茧身若“迟熟至五十五天外，将来正造成熟时，其茧心必薄”。如果是伤身之蚕，“非五十天不能成熟，将来正造变症多端，所得之丝亦少，岂能获利者耶”①？

如果在寒冷天气，《蚕桑谱》建议蚕农加温以便蚕不受寒冷，“常用火辘，其法：用炭火载在盆上，以炉灰盖其边，贮于养蚕之密房，使房内暖气，常得七十度，定可得三十余日便能成熟，名曰‘火纸’。倘正造天时，春雨缠绵，潮湿居多，亦可能收成获利者。”但如果天气变热，“若在立夏左右，天气炎热在八十五度之外，三日如此其热，则尽化为乌有矣。只因练种之时已受火气熏蒸，故一沾暑气，焉有不死者乎”②？所以蚕农要根据天气变化，保持蚕房的适当温度。

因为桑基鱼塘的蚕房多在桑基鱼塘之中，湿气很重，蚕农在蚕房，将茧箔“常放在泥地之处，该箔发潮而不知，一遇天雨淋漓，茧已发霉而不觉”。陈启沅针对这种情况，“予新设一法，蚕将上箔之日，将近天明，或五鼓时候，觉天色阴噎有下雨之势，先将蚕箔如炕虽炕之，使蚕箔焦干，然后捉蚕上箔，再用炭火暗暗焙之，一则蚕吐丝出便干，二则蚕身喜暖，固无隐丝之患，即有蚕屎尿沾之即干，何至于蚕丝霉烂乎？近有用之者百不失一”③。

陈启沅认为，无论缫丝业和蚕的养殖，都要发挥人的作用，以便得到最好质量的生丝和蚕茧。

关于桑树的栽培法，《蚕桑谱》论述了南海、顺德低洼地的“桑性”。认为南海、顺德具有低地平原水多的特点，故桑“植地宜肥美，泥宜润泽而不淤，喜通风，能受日晒。虽喜雾雨，亦不宜过多。忌北风霜雪，不宜露

① 〔清〕陈启沅：《蚕桑谱》卷之一《论练种法》，光绪惜阴草堂刻本。
② 〔清〕陈启沅：《蚕桑谱》卷之一《论练种法》，光绪惜阴草堂刻本。
③ 〔清〕陈启沅：《蚕桑谱》卷之一《养蚕赞育篇》，光绪惜阴草堂刻本。

蕴，流水浸之，数日即败”。[1]又比较了粤地桑和两湖川浙等地所产桑的区别。岭北桑多只产二三造，而广东桑一年到尾都生长，适应多化性蚕的养殖。指出广东桑树不能像江南那样斩枝，因为这样桑叶会太老，而不能供应六造蚕的养殖。需要“每年三四月将成熟之桑葚，俗名桑枣，用竹箩洗去其肉，留其核晒干，贮至下年二三月放栽”。栽植时，要整理桑地，分述锄地、铺桑种、洒水、施肥、移栽的技术细节。还叙述了桑基和鱼塘的比例：“种桑之地宜根肥，不淤水，忌砜泥。广州各属所种之桑，多因田土低陷，锹高作基塘，以其水浸不能插禾，即有外围，亦被雨水所侵。故改作鱼塘，四便高基，得以种桑耳。约得四分水，六分基。”这是对四水六基的较早论述。后面主要叙述桑基上桑的种植法，对养鱼法没有涉及，但提出鱼塘放水要适应桑的生长期：“凡种桑之地，宜肥不宜瘦，宜生水不宜淤于水为根本，因时制宜，便全美矣。”这就需要将基面与鱼塘水面保持适当的高度比例，降低地下水位。这也是桑基种植和鱼塘养殖关系的较早论述。

陈启沅认为如果栽植得法，基面桑产量，一亩每造收得六担有余，年中可得桑三十担。[2]这是一个重要的桑农经济的数据。依照此可以大致计算出桑农的年收入。《蚕桑谱》特别指出摘桑的时间，施肥之后，“必相隔二十天方可摘桑，若相隔日子太近，桑叶必有咸味，饲蚕必坏。慎之慎之”。[3]

对于桑树害虫，《蚕桑谱》主张人工防治法。“或有天气不齐，每出虫伤桑，非勤于捕捉，断难获利。虫有数种。正二月桑远初出之时，有虫如蟋蟀一式，俗名大头狗。”（治之法，可用菜叶斩碎，和以信石粉，放些少在洞口，该虫必食而死）“有曰尺蠖，俗名按尺虫，又一种狗毛虫，皆要用大香火烧之，趁其细小未散较易治，既散开略恶治矣。无他，总勤捉

① 〔清〕陈启沅：《蚕桑谱》卷之一，光绪惜阴草堂刻本。
② 〔清〕陈启沅：《蚕桑谱》卷之二《栽种桑宜忌篇》，光绪惜阴草堂刻本。
③ 〔清〕陈启沅：《蚕桑谱》卷之二《栽种桑宜忌篇》，光绪惜阴草堂刻本。

可也。”[①]陈启沅认为，在传统农业时代，对害虫只能人工捕捉和用植物农药、农业防除法进行防治。

（三）《蚕桑谱》开启了清末佛山专书的撰写

《蚕桑谱》手抄本出现之后，开启了佛山蚕书的书写的时期。《粤中蚕桑刍言》光绪十九年刻本，撰者为顺德人卢燮宸，题“番邑黄从善堂梓行”，全书分《种桑事宜目录》《养蚕事宜目录》《养鱼事宜目录》，分二十八则，不分卷。除叙述顺德蚕农栽桑养蚕经验和技术以外，《粤中蚕桑刍言》记载了蚕区淡水鱼类的养殖方法，包括桑基鱼塘生产技术和经验的各个方面，还涉及蚕桑的流通、蚕市设立等蚕业经济方面的情况。作者熟悉顺德、南海的蚕桑业和桑基鱼塘，书中最有价值的是关于鱼塘业的记载，可与《蚕桑谱》互为补充，则可深入研究当时的基塘农业的操作。

《岭南蚕桑要则》为佛山同文堂刻本，赖新依著，宣统年罗定“泷阳蚕桑义学”刊行，卷首有陈经序。清末罗定州兴起蚕业，创办蚕桑义学，从顺德延请四名蚕师教授蚕业技术。本书记载了顺德蚕业技术以及在罗定推广蚕业的情况。此书对顺德、南海等地的蚕桑技术有记述，部分内容与《蚕桑谱》有重复，但也有作者的创见。特别是首篇《劝业刍言》，是一篇关于蚕桑业、实业关系的论文，对顺德的蚕农经济、蚕桑业盛行时顺德的民风都有涉及，对乡村如何发展实业，不乏作者的真知灼见。

以上两种蚕书，除了没有机器缫丝业技术、分析生丝的内容，对蚕病防治等方面不及《蚕桑谱》之外，三者都呈现出“不仅继承古代农学的精髓而且有所发扬”的特点。

如《粤中蚕桑刍言》作者自序云：“顾天地有不齐之憾，当尽人事以弥之，天地有自然之利，必借人事以兴之。……（广东）未获人事以为之鼓舞，则纵得天时而地利亦无由自辟也。鄙人生长农乡，素知蚕事，虽非传家

---

① 〔清〕陈启沅：《蚕桑谱》卷之二《栽种桑宜忌篇》，光绪惜阴草堂刻本。

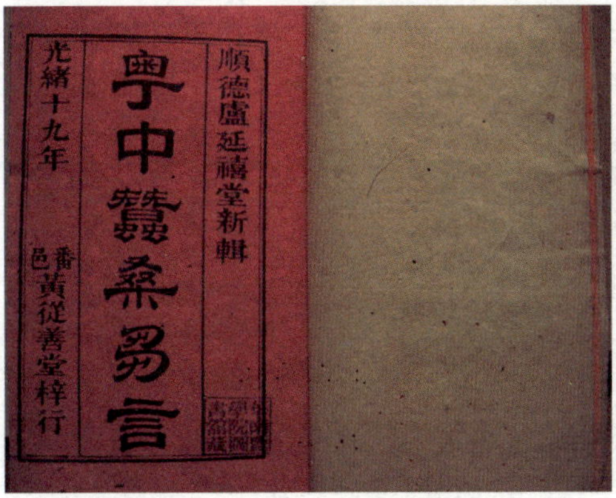

顺德蚕书之一《粤中蚕桑刍言》

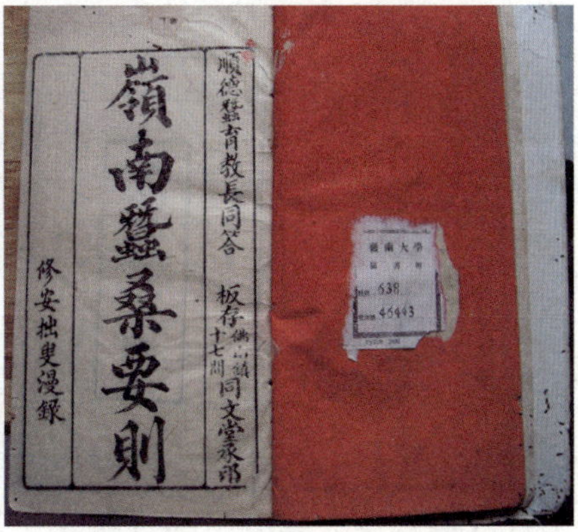

顺德蚕书之二《岭南蚕桑要则》

之业，颇廑利众之怀，曩曾详考老农，透参各法，实具天地人相需之理，爰辑是书。”从作者自序看，也是对中国古代农学思想有较深体会的蚕学家，而且自称“素知蚕事”，在撰写过程中，曾经“详考老农，透参各法，实具天地人相需之理，爰辑是书”。也是对天地人三才论的阐发。《粤中蚕桑刍言》还提出方案，建议设立一个推广蚕桑改良的“公局”，以地方士绅的权力去发展这项事业。

在《岭南蚕桑要则》中，该书作者的弟子所作的序言中说：“客有问于予曰：子在经堂助教乎？曰然。曰：其所教也，几何矣？曰：未尝云教，然亦无所不教。曰：儒教耶，抑释道教耶？曰：三教合一。一者何也？曰：仁义而已矣。客曰：子之迂也。吾闻保、联、格三堂，有农桑研究会，教民树艺，而尚食斋，是农学也，种植家学也，释道之学也。将逃儒而归释道，何仁义为？”序者的下文将仁义解释为教人耕与读，“教读而不教耕则不仁，教耕而不教读则不义”。然后阐发农学教育的意义，“先耕以求温饱，后读以致闻达之古法”。一群顺德人在一个顺德蚕师的带领下，到罗定山区办教人蚕桑业的“义学”，相当于一个小规模的旧式教育机构，将古代经书中的“仁义”要旨归结为“教耕”，这是对古代资生之术的发扬光大和创见。

如果根据《蚕桑谱》最早成书于光绪八年（1882年）左右，在南海、顺德的传播范围来推断，《粤中蚕桑刍言》《岭南蚕桑要则》应该受到《蚕桑谱》的影响或启发。更为确切的是，晚清至清末的实业思潮，催生了这三种佛山农书，则是符合当时的社会现实的。《粤中蚕桑刍言》《岭南蚕桑要则》都延续了《蚕桑谱》的实业思想。《粤中蚕桑刍言》还设计了一个蚕桑推广的“公局”，类似于邱捷所说的由当时基层社会士绅掌控的机构[①]来推广蚕业。《岭南蚕桑要则》提出了“倡办蚕桑实业局程”，也认为蚕桑推广和改良需要“组织化”的过程。值得注意的是，继《蚕桑谱》之后的两本蚕书，都是顺德人写的，这也是顺德蚕业超过南海蚕业的标志之一。

三、《蚕桑谱》与晚清、民国蚕业改良思潮

晚清时，中国南北大地都兴起蚕桑改良的浪潮。岭南蚕业大兴的原因，在于“近来（晚清）岭南蚕丝，欧美各国皆有巨商来购……先年广东厘务总局，禀覆制府所云：遵札查得光绪三十一、二两年（1905年、1906年），每年洋商所买广州蚕丝出口，其数皆在四百余万斤，均时价一千元计，则每年卖出外洋蚕丝，得银已逾四千余万，尚有丝皮、茧壳、水结几宗，亦皆洋商买去，今亦日以加多。另有买归本省织造而销之粗幼蚕丝，其数尤巨”。[②]

在蚕丝出口繁荣的大背景下，官与民都希望通过推广蚕业来实现实业振兴。江南等地蚕丝业的繁荣，吸引了各地的目光，“吴南诸乡，岁有百十万之益。是以虽赋重困，穷民未至于空虚室庐，舟楫之繁庶胜于他所。此蚕之厚利也”。[③]这使得各地官员希望像江南那样发展蚕丝业，来达到“民富”

① 公局被认为是晚清广东的士绅统治乡村基层的社会机构。见邱捷：《晚清民国初年广东的士绅与商人》，第75～89页。

② 〔清〕赖风韶：《岭南蚕桑要则·罗阳蚕桑实习纪始》，宣统罗定泷阳蚕桑义学刊本。

③ 〔清〕唐甄：《教蚕》，《贺长龄皇朝经世文》编卷三十七《户政》十二。

和国家增加税收的目的。

但是，这种思潮也导致了在不适宜蚕桑业的地区盲目发展蚕桑业的弊病。如陕西，虽然曾经是中国蚕丝业的起源地，但在唐宋以后，由于气候等方面的原因，已经不适合蚕桑业的发展，但地方官却认为“陕省未尝不可养蚕。现今各地方可以种桑者甚多”。[①]其他地方也有类似现象，以致晚清时是中国农业史上蚕书最多的时期。在《蚕桑谱》出版之后，除了《粤中蚕桑刍言》《岭南蚕桑要则》两种蚕书之外，广东还有《粤东饲八蚕法》《蚕桑格式》《课蚕要录》《蚕桑辑要》等数种蚕书，大抵是顺德、南海蚕书的翻版而已。而晚清的蚕桑业推广大都是盲目的，因为蚕桑业是技术、劳力集约型的经济，同时需要蚕丝加工、蚕丝产品流通的配合。达不到蚕桑业技术、商业要求的山区与边缘地区，新兴蚕业大都以失败告终。

故《蚕桑谱》说，“是书专就广东天时地利言之”，言下之意是别的地方，广东的蚕桑技术就不一定适合。蚕桑谱刻印之后，是在顺德、南海蚕区产生了影响。如《蚕桑谱》中的练种法，引起了顺德两龙制种商的注意并采用，当时顺德的“著名种商……惟顺德龙江、龙山有数十家，前以和信、元信二号称首，今则各家亦颇知讲求”。[②]所谓讲求，就是对原有的旧练种法进行改良。

《蚕桑谱》的出版，毕竟引起了北方有蚕丝改良抱负的官员或学者的注意。光绪二十八年（1902年）岭北人吴尌在天津官府看到《蚕桑谱》，就将蚕桑谱再版，希望将此谱重刊，序言中说：“以广其传，为两河士庶劝。果能深通其法，则中州沃壤接轸，则蚕业大兴。”可见，在光绪二十八年以前，《蚕桑谱》已经传到北方，光绪二十八年之后再度得到传播。其中的蚕桑技术或为北人所用，成功与否则不得而知。但《蚕桑谱》其中所载的机器缫丝法，对上海等地机器缫丝业的影响是存在的。

---

① 陈宏谋：《巡历乡村兴除事宜檄贺长龄皇朝经世文》编卷二十二《吏政》八。

② 宣统《南海县志》卷四《物产》，中国方志丛书本，第621页。

光绪年，文字学家、农学家罗振玉潜心农学是在甲午战争之后。光绪二十九年（1903年）罗振玉被两广总督岑春煊聘为教育顾问，为“商榷教育”，举办新学堂兴实业，次年进行广东实业调查。[①]

罗振玉首先到了西樵山，与南海县令以一问一答的形式，撰写了《罗振玉南海县西樵塘鱼调查问答》，县令姚绍书则撰写了《南海县蚕业调查报告》。可见罗振玉非常重视桑基鱼塘的生产。罗振玉还发动广东部分官员和士绅，写了一共八种关于广东的实业调查报告，主要是农业的内容，包括他自己写的《南海县西樵塘鱼调查问答》、姚绍书《南海县蚕业调查报告》在内，收入他编纂的《农学丛书》第六集。罗振玉的粤东之行，应该看过《蚕桑谱》。大概《蚕桑谱》不属于农业调查的体例，故未收入《农学丛书》。

光绪十三年（1887年）广东当局肯定了继昌隆的成绩之后，觉得民办机汽丝偈大发展滞后，顺德、南海的种桑面积扩大，“栽桑之利，顺德而外，（南海）县属为最。向因研究无人，致鲜进步。近日大吏创设蚕业研究所，力求整顿以辟利源”。[②]

《南海县志》提到的这个“大吏”设立的“蚕业研究所”运作如何，在后来的文献中并没有提到，但起码倡议是有成效的，引导了蚕桑业向广州周边原来没有的地方扩展。如番禺县人向来忌讳“桑”与“丧”音同而没有蚕业，但清末沙湾、市桥、韦涌、石壁、东涌等处均有桑基，大约一百顷，都用手缫车出土丝。[③]光绪年间，番禺人张凤华投资二十余万金，在番禺新造等地“自批筑田地数百顷，锹塘筑基，植桑养蚕同时并举”[④]。珠三角很多地方的蚕业，都是在新兴缫丝业的驱动下发展起来的。

---

① 〔清〕赵天赐：《〈广州府新宁县实业调查报告书〉·跋》，《农学丛书》第六集，光绪江南农学会石印本。

② 宣统《南海县志》卷四《物产》，中国方志丛书本，608页。

③ 民国《番禺县志》卷十二《实业志》，中国方志丛书本，第187页上。

④ 番禺《张氏克慎堂家谱》，清刻本，不分卷。

如果将《蚕桑谱》放在晚清蚕桑改良的大背景下看，这是一本非常有价值和创新的蚕书，陈启沅也是晚清蚕桑改良的成功者之一。

民国时期，近代农学兴起。近代蚕学作为近代农学的一个分支，逐步采用新式养蚕、种桑、缫丝方法。如育蚕采用生物遗传学，育成产丝量高、抗病力强、繁殖快的品种，养蚕采用消毒、杀虫的新方法。种桑采用新桑种和近代栽培法。缫丝也采用新机器和蚕丝检验法，以适应出口的要求。这开创了蚕桑学的一个新时代，是传统蚕学所不能比拟的。近代蚕学产生于高等农业学校和新的科研机构，凭借新的农业推广模式，向蚕农推广新蚕种和新的养殖方法，亦是晚清蚕桑改良所无。

尽管民国时期建立了农业行政机构和大力进行蚕桑改良，各种关于蚕桑改良的计划层出不穷，但是面对晚清以来建立的数百家私人资本的缫丝厂，无法将先进的管理技术推广，也无法将比陈启沅时代更新式的缫丝技术用于改良小缫丝厂。关键是小型机器缫丝厂故步自封，对新技术表现出不屑的态度。如民国十六年（1927年），岭南大学的科技推广人员到顺德考察丝业，小丝厂认为自己能生产出质量较好的生丝，对新技术不屑一顾。当岭南大学缫丝学推广人员上门时，“生产人员性极骄傲，有自满自足之态”。[①]这不是个别现象，而是整个行业的风气。在新蚕种推广中，民国的农业机构面临制种家和农民的阻力。

从近代蚕桑改良这个角度看，《蚕桑谱》与继昌隆就有了一定的时代意义。《蚕桑谱》以乡土语言写成，很容易被农民接受，因为农民特别对乡土的新东西感到亲切而易于接受。继昌隆自我强化管理，且有自己的丝栈，其产品质量远胜同行，陈启沅两个儿子所办的足踏缫丝工场，直到1928年国际市场发生了变化才结束营业，这说明他们管理得法，经营一直是盈利的。

民国蚕桑改良机构，直到1934年建立蚕丝改良区，以各种方式接近蚕

---

① 广东蚕丝改良局：《赴顺德分送蚕种纸及考察缫丝厂报告》，载《蚕业丛刊》1卷1期，民国十六年6月。

农，新蚕种推广才有了一定成绩。但对于众多的私人机器缫丝厂，民国实业管理机构始终未能改变它们的经营方式，更不能改变蚕丝对外贸易体制，在这些方面，民国蚕丝改良是失败的。

四、从广东其他农学著作看《蚕桑谱》的农学地位

古代农书，有几种撰述方法。

一种类型是主要汇辑前代文献为主，作者在行文之中，很少或者根本没有加以自己的创作。如吴应逵的《岭南荔枝谱》，主要从前代文献中爬罗剔择，将有关荔枝的栽培史料按照类别排列在一起，并没有作者自己的调研或劳作心得，特别是对当时的荔枝栽培的介绍，还比不上康熙二十六年（1687年）成书的屈大均《广东新语》。劳潼的《救荒备览》、赵古农的《槟榔谱》也是这一类型。这是传统农书中一个比较常见的撰述特点。因为一般士人没有创作农书的实践条件和知识条件，采用这种方式写作农书不足为奇。这类农书只起到保存前代文献的作用。此外，有的农书作者通过汇辑前代文献表达自己的观点，具有特别的作用。但是这些农书缺少作者的原创和对撰述对象的实践的深入调研，虽然有一定的价值，但是作者不能被称为农学家。这种农书或可称为“士人农学”。

另一类型是除了汇辑前代文献以外，还采集民间农谚、农民实践经验和作者个人的实践，记录下来而成书。北魏时期被誉为中国古代农业百科全书的《齐民要术》，作者贾思勰就采用这样一种方法。一般说来，只有农学家才用这样的创作方法。

陈启沅撰《蚕桑谱》则是在深入了解本地蚕桑业的基础上，在书的内容上既搜集了当地蚕农的生产知识，同时加入不少作者对改良蚕桑业技术操作的实践经验和新的看法，“是书所述各法，皆系数十年中亲手考究得来，

非道听途说之比也”[①]。书中《缫丝》一章更是当时中国国内蚕书的首创。同时，作者在撰述时为了使普通蚕农能看懂这本书，“专为教人种桑养蚕之法，故所作文理但求明白易晓，不计工拙，是与村人道非与文人道也”。[②]可见，该书充分照顾到蚕农的需求，方便蚕农充分掌握书中的技术。《粤中蚕桑刍言》《岭南蚕桑要则》都采用了《蚕桑谱》的创作方法。说《蚕桑谱》等书是平民农学、实用农学书籍的范例，一点也不为过。

① 〔清〕陈启沅：《蚕桑谱》凡例，光绪惜阴草堂刻本。
② 〔清〕陈启沅：《蚕桑谱》凡例，光绪惜阴草堂刻本。

第十二章

实用算学家陈启沅

一、《陈启沅算学》的时代背景和撰写的缘起

（一）时代背景

清代南海的学术可圈可点。何梦瑶是清初南海人，医学家（1692—1764年），著有《医碥》，论述内科杂病，是很著名的医书。何另著有《算迪》一书，述梅氏之学，兼阐《数理精蕴》《历象考成》之旨。《算迪》一书受到清代经学家江藩的很高评价。但此后南海学术便沉寂了。直到晚清，道光年阮元来到广东做总督，广东的学术风气才焕然一新。学海堂建立，使广东学术致用的风气大起。

《南海县志》在总结这一时期的学术时说："自阮文达公元督粤，开学海堂以古学训士经史词章，分门课习，然后人知向风，一时经师词宗，联翩蔚起，风气始丕变焉。至于今新学兴而旧学殆将废矣。"[①]晚清之际，佛山学术大放异彩。儒学有朱九江、简朝亮、康有为。算学则有邹伯奇和陈启沅。

晚清时期，实用算学受到重视。因为八股取士制度，随着政治腐败，风气日坏，越来越显示出它压抑人才的种种弊端。广东社会上的有识之士对八股时文禁锢思想、不利于自然科学发展的弊端，尤为深恶痛绝，采取了轻视的态度。邹伯奇对于科举取士、功名利禄的态度非常鲜明。

岭南大学问家陈澧有《科场议》等三篇抨击八股文，要求改革取士制度。他说："文章之弊，至时文而极，时文之弊，至今日而极。"指出时文之弊，一在于"代古人语气""为时文者皆不读书"；二在于"巧立名目、私相沿袭，心思耳目，缚束既久，锢弊既深，凡骈散文字诗赋皆不能

① 宣统《南海县志》卷十九《文学传序》，中国方志丛书本，第1641页。

为”。[①]可谓一语中的。虽然陈澧早年曾试图从科举入仕途，但自从落第后便不再走这一条路，终身潜心钻研学术，教书育人，晚年掌教菊坡精舍，大力主张经世致用的学问，“讲读书之法，取顾亭林说，大书‘行耻，博学于文’二语，揭于前轩”。

作为学海堂山长的陈澧主张将算学列为学海堂的重要科目。他已经看到算学作为自然科学基础的重要性。这时，南海出了一位著名算学家邹伯奇。邹伯奇从小就受到自然科学的熏陶。童年时，“九数之学即禀承庭训”，少年时从学梁云门，对数学产生浓厚兴趣。文献上还未发现邹伯奇研习时文应试的记载，也未发现他有否定八股时文的言论，但行动上表明他对功名利禄持淡泊态度，一生以科学研究、教书育人为己任。后人所辑《邹征君遗书》，就是他一生科学著作的结集。

邹伯奇与朋辈、学生的来往信件，亦多以切磋研究学术为主要内容。他在科学研究方面的卓越成就，不仅受到士大夫的推崇，也受到清朝官员的重视，但他从不以此作为进身的阶梯。郭嵩焘曾保荐他，曾国藩也曾想将他罗致幕下，但他都拒绝。他在一封谢荐书中说：“弟以书生钻研故纸，军旅之事，未之前闻，岂可以臆测之事贻误军国。”[②]

广东算学界的学术活动也活跃，陈澧与邹伯奇来往甚密。广东议开同文馆、开算学一科；顺德人黎召民议开算学书院；江南算学家吴嘉善返江南掌教算学。对此，他们都表示赞赏。陈、邹在与粤籍、非粤籍学者的交往中，倡导自由讨论、相互切磋的学术风气。当时与邹伯奇交往的非粤籍算学家，有夏鸾翔、吴嘉善、徐有壬、丁取忠、刘熙载等，邹伯奇与他们有深厚的学术情谊。邹伯奇对夏鸾翔评价很高，称赞他“所著书词简而意赅，理精

---

① 〔清〕陈澧：《东塾集》卷二《科场议》，清刻本。

② 周满奇等主编：《邹伯奇遗稿》，南海区大沥镇宣传办，2009年，第193页。笔者在20世纪80年代末看过《邹伯奇后人藏邹伯奇书信集》的手抄本复印件，其中有这封邹伯奇给曾国藩的手迹。

而法密”。[①]但邹对夏氏在对数方面的不足之处，作《乘方捷术》一书以匡补之。

吴嘉善与夏鸾翔一同客寓广州，从他与邹伯奇的往来书信，多以切磋学术为内容，从中可见他们的学术作风与友谊。[②]邹伯奇的家乡在南海泌冲，不少学习算学的士人慕名前往泌冲拜访邹伯奇，求学或者商讨算学的问题。泌冲一时俨然成为广州与佛山之间的算学中心，亦是当时中国算学界人物交流学术的地方之一。

在晚清推崇西方自然科学的社会环境下，学习古算学同时学习西人算学这一风气在民间蔓延开来。邹伯奇之后的陈启沅，只是一个普通的没有功名的商人，在西樵山下的简村从事工商业之余，长期从事古算书的学习，还读了不少洋人的算书，在算学方面也是会通中西，他的代表作是《陈启沅算学》。遗憾的是，宣统《南海县志》中的艺文志是抄同治《南海县志》的，虽然后面说明是邹伯奇总纂，但这时他已经作古，当然没有看过《陈启沅算学》。陈启沅虽然没有和士大夫们交流算学，但也感受到了晚清时期士人追求新科学的热烈氛围，很多人向陈启沅借算书。这本书他本打算只是作为家藏教育儿子和后代的读物，在人们的需求下，这本算书，于他晚年才付梓。[③]

西樵山与泌冲，虽然相隔百里，但先后出了两位在晚清佛山地区科技史上，也是晚清广东科技史上的重要人物。

（二）《陈启沅算学》撰写缘起

陈启沅是一个深受传统文化浸淫的学者，到他晚年时已经将著名的算学著作研究透彻了。《陈启沅算学》一书，是他长期从事商业活动过程中

---

① 〔清〕邹伯奇：《邹征君存稿》，《刻夏笙算书遗稿序》，清刻本。

② 吴建新：《清代广东算学人物录》，载《羊城今古》1999年2期。

③ 〔清〕陈启沅：《陈启沅算学》自序，《广州大典》总45辑子部天文算法类第2册，247页。

学习算学的心得。他在自序中说："唯算学一书，寝馈此者十数年矣。纵群书之大成，日积月累，编著一十三卷，原期家藏适用，何敢灾及枣梨。"就是说，这本书只是他个人爱好和自学的记录，原来是不打算出书的。"寝馈此者十数年"，十数年只是个虚数。他少年受过私塾教育，当时的私塾有古算学启蒙教育。到他当教书先生时，为了教人，再进一步学习古算书是必要的。远渡重洋到越南经商，也需要丰富的算学知识。《陈启沅算学》有卷一卷二不少的应用题，可能就是他在越南经商时，一边贸易一边学习古算书的心得，说明他是精明的商人，懂得锱铢可较。书中卷十三述及机械动力和能够计算出"汽机"的计算，说明他有制作蒸汽机的理论基础；他懂得平面几何和立体几何、制图学，测量法，说明他制作继昌隆的机器时，已经阅读了不少西人的著作，懂得几何制图学、机械制图学。

这些知识应该从陈启沅青少年时期就开始积累。他在自序中说："纵群书之大成，日积月累，编著一十三卷（算学）。"整理算书心得记录成一本书，已经是他晚年时的事。他创作的书逐步出版，光绪十年（1884年）出《理气溯源》，光绪十二年（1886年）出《蚕桑谱》。同时，《陈启沅算学》书成，经常被人借去，或"束之高阁，竟化蠹腹"，以《粟布》《均输》两章为甚，只有重新撰写失去的章节。但此时他虽然"学与年进"，对算学的理解更深，但是"讵知力与心遗（违），精神将败，不得已于古本补录，稍参己见，草草成帙"。

友人、门人劝其印刷，他虽然自谦"老而有得，不该贻笑方家"[①]，但主张"凡有功于世之书，谁不欲公诸同好"。[②]所以也乐于"于古本补录，稍参己见，草草成帙，付之剞劂，俾精于算学者得为问泽"〔光绪十五年

---

① 〔清〕陈启沅：《陈启沅算学》自序，《广州大典》总45辑子部天文算法类第2册，第247页。

② 〔清〕陈启沅：《陈启沅算学》凡例，《广州大典》总45辑子部天文算法类第2册，第249～251页。

（1889年）序〕，而且还基于当时兴西学的大背景，“我朝有考数学，新兴是以从新道者日益多矣”。[①]为了使更多的人掌握算学，分享他的成果，陈启沅其实也是非常乐意出这本书的。这与《蚕桑谱》《理气溯源》“付于梓人”，撰述的动机是一样的。

二、《陈启沅算学》主要内容与特点、价值

（一）主要内容

《陈启沅算学》有十三章，末附《测术补遗》一章。这样算来，《陈启沅算学》实为十四卷。自序前有《陈启沅算学藏书》，“惜阴草堂藏版”。第二页用篆书刻“光绪十五年岁沅己丑息心老人稿”，“息心老人”是陈启沅的号。“惜阴草堂藏版”这句，从陈启沅第九个儿子陈孺直民国时刻印自己的诗集时名为《惜阴草堂诗集》，可说明“惜阴草堂藏版”是陈氏家族书籍刻印本的称呼，就是现在简村人传说陈启沅曾办的书偈。所以，清末流行的《陈启沅算学》是家刻本。可能家刻本只送不卖，版页上虽然有“翻印必究”，大概陈启沅也预料到书贩会盗刻，故在书中说“深望后之翻刻者留心校对”。[②]近年大型丛书《广州大典》出版，《陈启沅算学》被收入子部的天文算法类。

《陈启沅算学》卷首为各章目录。目录之后将古算书《周髀算经》的主要内容放在前面，每则下面有陈启沅的解读。包括提纲十二式、要诀十四则，可以说是算学初步。卷二包括归除因乘总论等二十则，大都是加减乘除

---

① 上引自《陈启沅算学》自序，《广州大典》总45辑子部天文算法类第2册，第247页。

② 〔清〕陈启沅：《陈启沅算学》例言，《广州大典》总45辑子部天文算法类第2册，第249～251页。

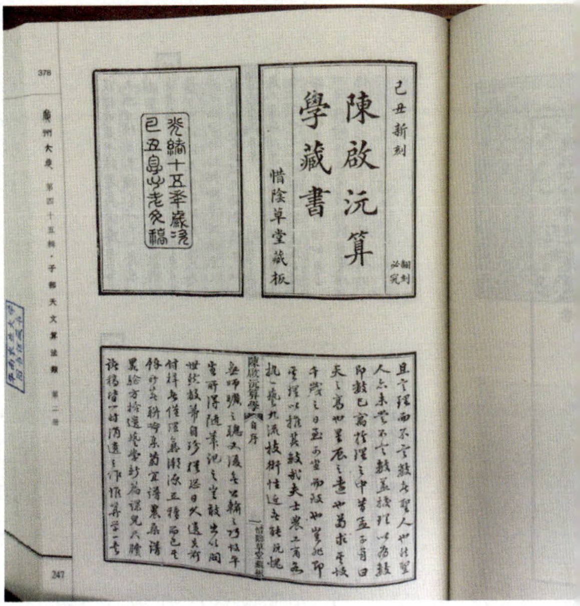

《陈启沅算学》扉页照

的算学初步，“所立各问皆贸易常用之要，亦与各算书无异”。卷三上为“方田章”，只有“各形求积法”一则，是解读各种形状的田土计算方法。主要算法来自明代数学名著《算法统宗》，陈启沅对应用题做解读。卷三下为“粟布章”，是计算米和布的。陈启沅说此章“只照古法，增加捷法数条而已”。卷五为“少广章”，“为测量之根而开方”，根据田土的各种形状来计算田土的面积。卷六的“商功章”“均输章”多来自古算书，陈启沅增加了不少应用题来解释。卷七“盈朒章”，朒作亏解。古算书中的“盈朒”称为“乘除开方起例”，主要介绍大数记法、小数记法、度量衡的单位、乘除算法中用字的解释、整数四则运算和分数四则运算等。陈启沅对“盈朒”算法，采用比较快捷的方法解释之。卷八方程章，认为“统宗书设问，似有不甚了然。梅氏增删之，又设方程论”，不利初学者，因此“沅特详解其理并详解其法”。卷九勾股章，其中一半的图多来自清代算书《数学精详》，陈启沅增设了新图，并以“所以然之原理而图解之”。第九章至第十三章，以三角求积，各形边线、割圆之理，测量分列四种，“皆前人之范围。沅不过赘解之，使学者易明而已”。

（二）《陈启沅算学》的特点

《陈启沅算学》有普及性和实用性的特点。

《陈启沅算学》撰写的最初目的，是为了教育陈氏子弟和门人。他在序言中说：是书“原期家藏适用，何敢灾及枣梨”，足知撰写此书的最初用意。每章题目下，除了有“南海息心居士陈启沅芷馨甫集注”外，第二行有“门人顺德林宽葆容圃氏校刊”，第三行有“次男陈简方蒲轩绘图”的名字。从第一章到第十三章，林宽葆、陈蒲轩都参加了校刊和绘图的工作。唯十三章之后的《测术补遗》，不见林宽葆的名字，只有“男乃才召乃策蒲轩仝校”。可见，大儿子陈乃才、二儿子陈乃策（陈蒲轩）在书刻印前，同时参加了《测术补遗》的校对。

陈启沅有多少算学弟子不可考，民国《顺德县志》没有林宽葆的传记，艺文志中的子部天文算学和术数（堪舆）也没有林宽葆的著作。这本书有两个儿子的校注，其中次子陈蒲轩从头到尾都参与校对，说明他是陈启沅五个儿子中算学水平最高的。陈蒲轩的算学水平深得其父之教，所以陈蒲轩在帮助陈启沅机器缫丝事业中贡献最大。

陈启沅最后整理他一生的算学笔记时，为了保持作为算学普及读本的需要，亦尽可能照顾到学算者的水平。他的序言中就已经说：在准备付梓前，将笔记整理，并将缺者“于古本补录，稍参已见，草草成帙，付之剞劂，俾精于算学者得为问泽”。所谓“草草成帙”是陈启沅的谦词而已，每章节都审理精密，“俾精于算学者得为问泽”。

关于该书成书时的严谨态度，陈启沅进一步说：“凡有功于世之书，谁不欲公诸同好。而每见前人所出书坊翻版，必有舛错，皆因校对不真。故人得书者定归咎著书之人所误解。况算学一书更宜清楚，倘差一字则全数皆非，故是书凡壹贰叁拾数目之字皆用官板，大字作正。深望后之翻刻者留心校对。凡绘图各不拘大小，虽照丈尺缩成。然一图一例，勿以两图比较。作为两图比较，作为错误用者。须知但刻板必要求人难保工人不无小误。不得以差之毫厘为绘者之咎也。”①

可见陈启沅并不因为这是一本普及性的书而匆匆成稿付梓，而是以科

① 〔清〕陈启沅：《陈启沅算学》例言，《广州大典》45辑子部天文算法类第2册，第247～248页。

学、认真、严谨的态度去提高这本书的学术水平。

关于《陈启沅算学》普及性的特点，该书“例言”中对每章的内容安排，说得更清楚。卷二虽然说贸易之常见算法，陈启沅认为时人学此多从《统宗》入手，但认为该书“各归句语，多有不全，似于初学者未免有些未能了了”，故以应用题和陈启沅曰的形式答题，以便为“学算者（提供）一捷径”。以下的各章，都有陈启沅设的应用题，然后以“沅曰”“答曰”来详细解释算法。

古算书撰述特点与农书、堪舆书一样，大都后人抄前人，有创见的不多。《陈启沅算学》虽然也大量参考古算书，但他对于古算书已经解释得很明白的问题，往往是“不赘”，即不多说了，让学者自己去找古算书。但对于古算书解释得不清楚的问题，才录入古算书的内容，然后加以详细解释。疑难问题大多是陈启沅自设应用题和解法，以便让学者明了。

如卷三上方田章，“古人所设各问，已无剩义，似不待赘解。沅犹恐下材之人未透其旨，故复详解。盖统宗原书直田五题，原欲比例勾股和较各理，因设词未甚明白，故亦详解之，非敢特驳前人也。又于钱田方周之积，增法四归，自乘四积之法，而直田容六等面一题，错得甚远，故不得不为之更正而发明之”。[①]卷三下粟布章，“增加捷法数条”。卷四衰分章，“将所以然之理，剖列清解使（读者）了然之胸”。卷五少广章，“古用借倍法略觉难明。沅增折半法似更明其所以然也”。卷七盈朒章，很难懂，“古用借倍法略觉难明。沅增折半法似更明其所以然也”。卷八方程章，古算书解法“犹未其详解所以然之法”，读者学之似对“秘籍”，“沅特详解其理并详解其法，又变其法以比例之今而后学算方程者方得迎刃而解矣”。九章到十三章，分别围绕三角求积、各形边线、割圆之理、测量等方面，陈启沅“参已见而详解之，或变其法引明之”，以达到使读者“易明”的目的。

① 〔清〕陈启沅：《陈启沅算学》例言，《广州大典》45辑子部天文算法类第2册，第247～248页。

语言朴素明了，是这本书普及性强的另一特点。陈启沅说："先哲有言，文不喜平。又曰：笔不喜直。盖论文而言也。为算学一书，是教初学者也。故要其文平而直。平则初学者易晓，直则初学者易明。故沅所解之语，即使妇人孺子读之而得之所以然也。"他认为世间上材之人少，中材之人多，"世间之人中材者多，我等亦中材之人，方知中材者学艺之苦"①。为了解决他们学算学中的疑难，故设应用题对难明的问题详细解释。

综上所述，可以将《陈启沅算学》定位为普及性的实用算学读本。

算书的普及性和实用性是连接在一起的。因为初学算书之人，目的是为了解决日常生活和生产、贸易等方面的问题，因此《陈启沅算学》有实用性的特点。

最古的算书是《畴算》，虽然公元前1世纪问世的我国经典数学著作《九章算术》里，就在世界数学史上第一次介绍了笔算开平方法，但长期以来中国算学主要还是筹算。明代《算法统宗》是一部应用数学书，是以珠算为主要的计算工具，列有五百九十五个应用题的数字计算，都不用筹算方法，而是用珠算演算。

陈启沅认为，笔算与珠算各有用处。陈启沅创《笔算新式》，便于不懂珠算和不带算盘的人计算。②还创作了"笔算平方歌"，认为笔算用于开方最佳。书中还有很多陈启沅自创的歌诀，便于学算者记忆。如用歌诀的形式表达计算要诀：加法歌曰：加法仍从下位先，如因位数或多焉。十归本位零居次，一十添加法更元。③其他算法的歌诀、口诀还很多。当然算学歌诀、口诀不是陈启沅首创，《陈启沅算学》一些歌诀来自古算书，不是他自己全

---

① 〔清〕陈启沅：《陈启沅算学》例言，《广州大典》总45辑子部天文算法类第2册，第249～251页。

② 〔清〕陈启沅：《陈启沅算学》卷二，《广州大典》总45辑子部天文算法类第2册，第281～301页。

③ 〔清〕陈启沅：《陈启沅算学》卷二，《广州大典》总45辑子部天文算法类第2册，第281～301页。

部创作的。《陈启沅算学》对笔算的解读和算学口诀的创作，说明这本书的实用价值。

《陈启沅算学》中的应用题涉及很多方面，更能充分说明这本书的实用性。

如卷二“所立各问皆贸易常用之要，亦与各算书无异”。在对外贸易中，中外衡量的算法是必需的。《陈启沅算学》中有“衡测比例谱”，研究了洋银折算为钱的方法，以及将中国的市制换算为吨、公斤和克的方法。[①]以应用题解决了使用洋轮运载货物时如何测算运货量和货运价格之间的关系。[②]这非常便于对外贸易繁荣的珠江三角洲地区商人的应用。

其他各章也有不少与日常生产有关的应用题。如筑堤台之法。筑堤法，就是适应珠江三角洲水利的算术题目。还有挖秧塘的土方和面积计算方法，[③]适用于桑园围内基塘农业的需要。下面我们在论述陈启沅的算学知识结构时，再充分说明这一点。

三、从《陈启沅算学》看陈启沅的算学知识结构

从《陈启沅算学》（以下简称《算学》）这本算书探讨陈启沅的算学知识结构非常重要，因为这能使我们了解他在其他方面活动的成功原因。

首先，《算学》表明陈启沅精通古算学。《算学》自序中说“纵群书之大成，日积月累，编著一十三卷”，说明他已经将中国算学中的基本著作

---

① 〔清〕陈启沅：《陈启沅算学》卷十三，《广州大典》45辑子部天文算法类第2册，第598～599页。

② 〔清〕陈启沅：《陈启沅算学》卷十三，《广州大典》45辑子部天文算法类第2册，第598～599页。

③ 〔清〕陈启沅：《陈启沅算学》卷六下，《广州大典》45辑子部天文算法类第2册，第410～429页。

看过了。他对经典算学著作尤为推崇。如卷一首置《周髀算经》并解释之，还引用了《九章算书》等。在《算学》引用的前代算书，“大旨首遵《数理精蕴》，其次《算法统宗》《屈氏数学》《梅氏丛书》，皆经领会，择无至精”。[①]这需要简介上述几本算书在数学史上的地位。

《数理精蕴》是康熙末年梅瑴成等编纂，是康熙末年皇帝命人所编纂的《律历渊源》的第三部分，所以又称《御制数理精蕴》，主要内容是介绍西方数学，是融中西数学于一体、内容丰富的“初等数学百科全书”，包括上编五卷、下编四十卷、数学用表四种八卷。上编名为立纲明体，主要内容为《几何原本》《演算法原本》。下编名为分条，包罗了算术、代数、几何、三角等初等数学的多方面材料。此书有着康熙“御定”的名义，获得了广泛的流传，从而形成了乾嘉时期数学研究的高潮。

《算法统宗》全称《新编直指算法统宗》，明代著名数学家程大位著。《算法统宗》有十七卷，卷一、卷二介绍数学名词、大数、小数和度量衡单位以及珠算盘式图、珠算各种算法口诀等，并举例说明具体用法；卷三至卷十二按“九章”次序，列举各种应用题及解法；卷十三到卷十六为“难题”解法汇编；卷十七“杂法”，以珠算为主要的计算工具，列有五百九十五个应用题的数字计算。这本书在数学史上的重要贡献，是完成了由筹算到珠算的彻底转变。从这本书的流传时间和流传广度看，是一本数学史上的重要著作。[②]

《屈氏数学》即清代屈曾法的《数学精详》，同治十年（1871年）学海堂重刊《九数通考》时收入，陈启沅看到的可能就是这个版本。顺德人伍仲赞在重刊《九数通考》跋文中，提到了这本书。可见这本书对广东算学影响较大。

《梅氏丛书》又称《梅氏丛书辑要》，是清初著名算学家梅文鼎的天文学和数学著作。《梅氏丛书辑要》二十三种六十卷，以先数学、后天文历法

---

① 〔清〕陈启沅：《陈启沅算学》自序，《广州大典》总45辑子部天文算法类第2册，第247页。

② 李迪：《中国数学史简编》，辽宁人民出版社，1984年，第221页。

的次序排列，包括数学著作十三种四十卷，并附梅瑴成著作二种两卷。该书基本按照算术、代数、平面几何、立体几何、平面三角、球面三角的顺序排列。梅氏的主要贡献，是把中国传统数学、天文学与从晚明开始传进的西方数学、天文学结合起来，融会贯通，并有自己的创造。①

虽然《算学》中重视《周髀算经》《九章算术》等最古老的算书，但是陈启沅撰写《算学》的“大旨”，却是《数理精蕴》等书。除了《算法统宗》之外，其他《数理精蕴》《屈氏数学》《梅氏丛书》已经接受了自明末以来传入的西方数学，所以陈启沅的算书撰述顺应了明末以来中国算学界的学术潮流，既重视古代算学，也从清初以来的著名算书中得到西方数学的知识。

其次，《算学》表明陈启沅活用“西人”数学而有实践。

《算学》吸收了西方近代数学的不少成果。《算学》中引用了《几何原本》等书，《几何原本》是古希腊数学家欧几里得的著作，明末由西洋传教士利玛窦传入，徐光启和利玛窦合作翻译了该书的前六卷，几何学和数学推理从此传入中国。清代有人翻译了其余部分。《艺学新篇》就是陈启沅自己创作的有关机械、算学的另一本书（见《蚕桑谱》自序及本书171页）。陈启沅通过清代算书和阅读“西人”著作，融会贯通，拥有了新的知识技能（相较于传统算学而言）并用于实践中。在《算学》中，陈启沅有以下受西方科技影响的技能和知识。

（一）陈启沅懂测量学

测量学运用新仪器。《算学》既有古算书中丈量土地的应用题，又介绍了“西人”丈量土地的仪器——“望筒式”和“铁链尺”的图样，认为其丈量更为准确和方便。②在《算学》卷十三中，有“表测比例论”：认为表

① 李迪：《中国数学史简编》，辽宁人民出版社，1984年，第236页。

② 〔清〕陈启沅：《陈启沅算学》卷三下，《广州大典》总45辑子部天文算法类第2册，第329～340页。

测在《周髀算经》中的“堰炬”“卧炬”之类，“与器测同理”，但感到表测不准确，认为“递器测不能移其表于前后，故其立算略异。用表竿则能进退自虞。但表之测，不及仪器测之准。故西人制为量尺，即重表之类耳。兹特分为两种。将古法再伸明之，学者从此可以类推也”。①又有“测仪器比例论”：“陈启沅曰：……兹仿西法比例，制一测仪器，略胜表竿，而算法亦大同小异常耳。……顺将新图绘录如左。至于用象限仪之法，其理亦同”（有测仪器歌），按照新制仪器立了应用题，以使读者实习和领会。镜测比例谱谈到了运用显微镜的方法。②

陈启沅精通测量学。《算学》对平面几何、立体几何、比例论等，都有大量应用题和解释。陈启沅的目测很准。他有个绰号为“鬼眼七”。《南海县志》记载一段趣事：陈启沅成年以后，曾经到香港旅游，与白人一同登上太平山巅，向香港海外的鲤鱼门外眺望。两人遥指往来船舶，要说出船上的桅杆和风帆是什么样式。其时船只尚未驶近，白人用望远镜，还看不清楚船上的桅杆和风帆。而陈启沅一一道出，待船舶驶近，果然如陈启沅所说。白人感到很惊讶，说“中国多奇士”。此事传到伦敦，当地的报纸传为美谈，所以《南海县志》说：“华人之能以才倾动白人者，自启沅始焉。”③实际上是陈启沅用了目测法。《算学》中有遥望海岛歌，说的是目测岛的方法，又有计算法和“窥望海岛之图”。④足以说明陈启沅掌握目测远物的算法。陈启沅后人认为他的视力确实好，能看远物是他的特异功能。⑤录于此，聊备一说。

---

① 〔清〕陈启沅：《陈启沅算学》卷十三，《广州大典》总45辑子部天文算法类第2册，第580～606页。

② 〔清〕陈启沅：《陈启沅算学》卷十三，《广州大典》总45辑子部天文算法类第2册，第329～340页。

③ 宣统《南海县志》卷21方技传，中国方志丛书本，第1728～1732页。

④ 〔清〕陈启沅：《陈启沅算学》卷九，《广州大典》总45辑子部天文算法类第2册，第460～491页。

⑤ 据陈安薇叙述，2018年5月。

而陈启沅那把上面写满了《康熙字典》中全部字的扇子，推测是他先定了字体的大小，定下字体面积，从而计算出需要的扇面面积，用显微镜照着扇面逐一写下《康熙字典》中的全部字。这是作者推测，陈安薇认为是直接在扇面上写。

（二）陈启沅懂机械制造学、制图学

《算学》的《器测比例谱》中，“器测之具，如西人所制时辰钟表者是也。假如有钟一座，问内用大齿轮若干，二轮三轮四轮齿若干？答曰：大轮外周七十二齿，内周六齿，外周六十齿，三轮内周六齿，外周六十齿，四轮内周六齿，外周六十齿，心六齿”。①

这一题提出了自鸣钟的大、小齿轮数以及包括外周轮数和内周轮数、齿心，并且能够计算出来。这是机械制造学的问题。虽然自鸣钟在清代的广州已经能够仿制，但其设计不是人人都懂的。既然陈启沅能得到齿轮的算法，结合他对平面几何、立体几何、圆等的计算方法，说明他能制图。制图法是机械制造的第一步。陈氏后人说“陈启沅曾遗下有许多自绘形图样本等，不下一柜子”，只是在抗日战争中珠江三角洲沦陷时失去。②这些失去的资料，当然包括了继昌隆创办时的图纸和大量其他图纸。

与机械制造学相联系的，还有蒸汽机的气流动力学。“汽测比例谱”说：“陈启沅曰：如制机汽（蒸汽机）以表，以称二先知其气之力，而后以气测其大炉之气。”③又提出应用题：“假如有机汽一座，用指力器测得汽

① 〔清〕陈启沅：《陈启沅算学》卷十三，《广州大典》总45辑子部天文算法类第2册，第580～606页。

② 陈天杰等：《广州第一间蒸汽缫丝厂继昌隆机器创办人陈启沅》，载《广州文史资料》1963年第8辑。

③ 〔清〕陈启沅：《陈启沅算学》卷十三，《广州大典》总45辑子部天文算法类第2册，第580～606页。

筒内每平方寸均力四十磅，扣去全机滞力一磅半，汽筒内径大七寸，推机路长二尺，鞲鞴（活塞）每一分时，总行迟速率一百六十尺。问机汽实得马力若干。答曰：七马力零一八三七九二。”①

可见，陈启沅懂得“指力器”（压力表之类仪器），用之计算汽筒内每平方寸动力、鞲鞴（活塞）的速率，然后推算“机汽”的马力。

与“机汽”相关的应用题，还有“假如有机汽炉一座，用汽四十磅，问应开汽盆大小，用称竿秤砣长、大、重数若干。”有答案和详细的算法、实验法。（卷十三）“假如有小炉一个，汽口圆径二寸一分四厘零九，秤杆长一尺二寸，砣方四寸，汽压在一寸四分，称竿重十五两二钱，问受汽力若干。”答曰：九十二磅零五。还有详细的算法、实验法。②

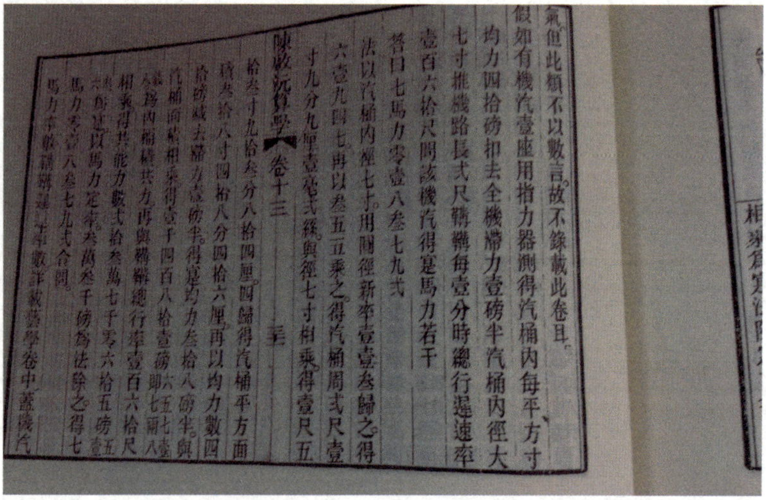
氣。但此類不以數言。故不錄載此卷耳。
假如有機汽壹座用指力器測得汽桶內每平方寸
均力四拾磅扣去全機滯力壹磅半汽桶內徑大
七寸推機路長弍尺鞲鞴每壹分時總行遲速率
壹百六拾尺問該機汽得實馬力若干
答曰七馬力零壹八叁七九弍
法以汽桶內徑七寸。用圓徑新率壹壹叁歸之。得
六壹九四七。再以叁五五乘之。得汽桶周弍尺壹
寸九分九厘壹毫弍絲。與徑七寸相乘。得壹尺五
陳啟沅算學 卷十三
拾叁寸九拾叁分八拾四厘。四歸得汽桶平方面
積叁拾八寸四拾八分四拾六厘。再以均力數四
拾磅減去滯力壹磅半。得實均力叁拾八磅半。與
汽桶面積相乘得壹千四百八拾壹磅。
為內桶積共力再與鞲鞴總行率壹百六拾尺
相乘得共能力數弍拾叁萬七千零六拾五磅
實以馬力定率叁萬叁千磅為法除之得七
馬力零壹八叁七九弍合問。
馬力本較精鞲鞴遲速率數詳載算學卷中蓋機汽

《陈启沅算学》中关于蒸汽机的算学题目

① 〔清〕陈启沅：《陈启沅算学》卷十三，《广州大典》总45辑子部天文算法类第2册，第580～606页。

② 〔清〕陈启沅：《陈启沅算学》卷十三，《广州大典》总45辑子部天文算法类第2册，第580～606页。

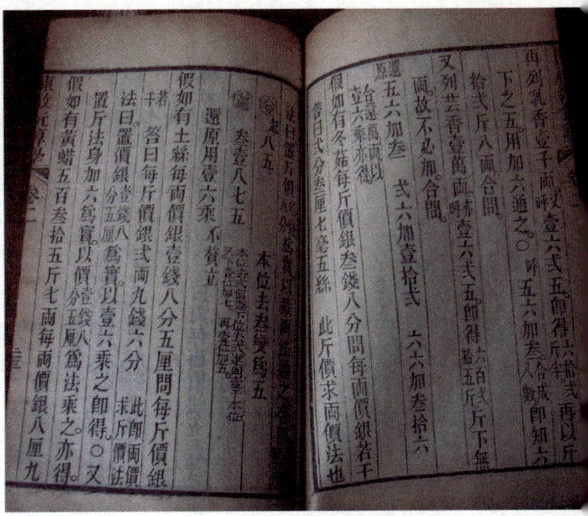

《陈启沅算学》中的应用题

据此，推测陈启沅自修过机械动力学之类的书。文献记载和陈启沅后人追述的“继昌隆的机器是陈启沅自行设计的”这个说法，在这里可以找到根据了。

根据《算学》中叙述的应用题以及上述分析，将陈启沅定位为“实用算学家”比较确切。因为他研究的不是重要的算学难题和理论，而是研究生活、生产、贸易等方面的实用应用难题。虽然他的算学理论不算高深，但书中的题目对一般人来说还是难题，也是清代不少算学家不屑解答的问题。

陈启沅是一个非常精明、锱铢可较（可较但不一定较）、贸易知识广泛的商人，还是一个懂得理论和有较深实践基础的工业家。

四、《陈启沅算学》的社会经济史价值

《算学》中有不少算学题涉及了社会生活、贸易方式等，是研究晚清佛山社会经济情况的资料，值得重视。

（一）日常生活用品的价格

日常生活用品的价格，是社会经济史和日常生活史的重要资料。《算学》有不少应用题涉及这一方面，可供研究者参考。《算学》成书于同治到光绪年间，将《算学》中的资料与其他资料对照，可以研究这一时期的社会经济史。

如米是清代佛山地区重要的生活资料，由于蚕桑业的发展，桑园围地

区基本不产米而须从外地运入，故米价经常变动。应用题有："假如有银贰百四十叁两，籴米每斗价银五分四厘，问共该米若干？答曰：四百五拾石。"[①]可以知道这一时期的米价，为每斗价银五分四厘。

佛山沙田区盛产鸭。《算学》曰："假如有鸭七十五只，卖得银四两八钱，问一只卖得银若干。答曰：六分四厘。"[②]则一只鸭子为六分四厘。

明清佛山农家一般养两只猪，而在晚清的桑基鱼塘，桑、蚕、猪、鱼齐养[③]。《算学》曰："假如有银贰拾六两六钱，买猪贰拾八只，问每猪一只该银若干。答曰：九钱五分。"[④]则市面上一只猪的价钱约为九钱五分。如果有旁证资料能弄清楚这条资料中的猪是成猪还是仔猪，就可以弄清楚桑基鱼塘中猪的产值。又《算学》曰："假如原有一钱买猪肉四斤，今只有银三分五厘，问肉若干，答曰该肉一斤六两四钱。"[⑤]这一资料是生活消费史资料，能说明当时佛山农村市场上一斤肉的价格。

《算学》里，还有市场上茶叶、水果、土丝、绸布、各种布料、各种染料心红、水银、靛蓝、大绿，和黄蜡、大青、杏仁、枣、水果，以及生漆、白铜、黄铜的价格计算。[⑥]

---

① 〔清〕陈启沅：《陈启沅算学》卷二，《广州大典》总45辑子部天文算法类第2册，第284～307页。

② 〔清〕陈启沅：《陈启沅算学》卷二，《广州大典》总45辑子部天文算法类第2册，第284～307页。

③ 〔清〕赖凤韶：《岭南蚕桑要则·劝业刍言》，宣统罗定泷阳蚕桑义学刊本，华南农业大学藏本。

④ 〔清〕陈启沅：《陈启沅算学》卷二，《广州大典》总45辑子部天文算法类第2册，第284～307页。

⑤ 〔清〕陈启沅：《陈启沅算学》卷三下，《广州大典》总45辑子部天文算法类第2册，第329～340页上。

⑥ 〔清〕陈启沅：《陈启沅算学》卷三下，《广州大典》总45辑子部天文算法类第2册，第329～340页上。

（二）贸易方式

《算学》还有各种应用题能反映当时的贸易方式。如问："假如有棉树六百二十株，得花四两，问共该花若干，得斤数若干。答曰：二千四百八十两一百五十斤。"[①]又有整园果树价格和买卖方法、计算数量方法，[②]说明明清时期盛行资本到园艺作物产地"买园"的方式（即园艺产品在开花时，商人就按照商定的价格，将园圃的收成物预先买下）。

《算学》曰："假如雇得一奴，每月工钱七拾文，只用九日，问该工钱若干？"[③]题中的"奴"不是奴隶，也不是佃仆，而是墟市上找来的雇工。这道题能推算出长工和短工的人工，也说明在顺德、南海的墟市上有雇工的交易。因为桑园摘桑叶、鱼塘要干塘捕鱼、挖鱼塘和整理基面，园艺业和其他工商业都要雇工。《算学》又有大工和小工的工价计算法。[④]基塘主的雇工，有技术熟练和不熟练之分，就是大工和小工之别。这两条史料，可以作为计算基塘农业的人工成本依据之一。

《算学》中还有："假如织锦每人日织八尺二寸五分，今有五十六人，共织若干？"这是丝绸织造手工业工场的资料。《算学》中还有纱锭织造为布的方法、计算买布染色的计算法、[⑤]生丝织造为绢的计算法、[⑥]合股交易

---

① 〔清〕陈启沅：《陈启沅算学》卷二，《广州大典》总45辑子部天文算法类第2册，第377页。

② 〔清〕陈启沅：《陈启沅算学》卷五上，《广州大典》总45辑子部天文算法类第2册，第363～385页上。

③ 〔清〕陈启沅：《陈启沅算学》卷二，《广州大典》总45辑子部天文算法类第2册，第296页。

④ 〔清〕陈启沅：《陈启沅算学》卷五上，《广州大典》总45辑子部天文算法类第2册，第363～385页上。

⑤ 〔清〕陈启沅：《陈启沅算学》卷二，《广州大典》总45辑子部天文算法类第2册，第284～307页。

⑥ 〔清〕陈启沅：《陈启沅算学》卷三下，《广州大典》总45辑子部天文算法类第2册，第329～340页上。

过程中的本金和盈亏计算法。[1]这些都是关于佛山普遍存在手工业工场的重要资料。

（三）民间借贷

明清佛山的民间借贷非常活跃。宗族组成各种“义会”，筹集资金，或用于商业活动，或放贷给会员做生活资金、生产资金用，收取利息。但是由于利息计算方法很多人不懂，会酿成基础社会的骚乱。如光绪年间，南海夏滘堡有名为“长生会”的“义会”，但主会者将义会亏空，导致“本息无归，会众滋闹，群情汹汹，毁拆祖祠以泄愤，父老子弟皆匿避”。当地士绅黄增荣“独出排解，力任抵偿，众始散。增荣遂集众，责亏空挪借者缴出数千金，均派会众，事乃已”。[2]

壹率叁千六百隻　以叁個壹率相乘爲壹率
式率壹萬四千四百隻　以叁個式率相乘爲式率
叁率今有羊五隻　即以第壹次之叁率爲叁率
四率今換爲拾式隻　所得四率與第叁次同
陳啟沅曰西人叁率法原與歸除各等同理既明歸
除等似可以不必學也但仍明其所以然爲佳因西
法測量俱以叁率法佈算故要明其理方能了然也

陳啟沅曰義會之設始自龐公今廣東盛行有命曰
月會曰年會曰百子會曰千益會皆以本息同還之
法也每見世之聯會或無業作按則勢不能投領欲
將其所投之銀和息按供而又無法以算之遂至束
手無策又或欲出息銀若干至投會竟無術以定其
息數茲特立壹投會法名曰到捲珠簾金蟬退殼俾
世之人得以按會投會之用未嘗無小補云
本息同還法歌[illegible]名通法

《陈启沅算学》中关于“义会”的利息计算法

陈启沅将这些事看在眼里，急在心里，遂在《算学》中特立“义会新法论”一节，解释“义会”各种借贷法和本息的计算之法。《算学》中说：“义会之设，始自庞公。今广东盛行。有名曰月会、曰百子会、曰前益会，皆以本息同还之法也。每见世之联会，或无业作按，则势不能投领；欲将其所投之银，和息按供，而又无法以算之。遂置束手无策，或欲私出息若干，至投会，竟无术以定其息数。兹特立壹投会法，名曰倒卷珠帘，金蝉退壳。俾世之人得

---

① 〔清〕陈启沅：《陈启沅算学》卷四，《广州大典》总45辑子部天文算法类第2册，第340页下～362页。

② 宣统《南海县志》，卷十四《列传》，中国方志丛书本，第1495页。

以按会投会之用，未尝不小补云。本息同还法歌：本息同除法若何？十数为实即通和。十添息数以为法，法实相除不尽多。丝忽进将毫作算，便能通法永无讹。”[①]看了这本《算学》的人，就会明了“义会”的本息计算法。义会引起的社会纠纷减少了，乡村就能稳定。

五、陈启沅与邹伯奇的比较

陈启沅与邹伯奇是同乡，又是同时代差不多的人物，同样扎根于传统文化的土壤。将二人加以比较，对研究清代佛山地区学术史乃至广东学术史，都是有意义的。

（一）两人在中国算学史上的地位

陈启沅与邹伯奇的不同之处，表现在一位是下层社会的商人，出名之后被称为“绅商”，另一位是生员，又曾为学海堂山长。相比之下，邹伯奇的社会学术地位比陈启沅高。两人同为算学家，但两人在中国数学史上都没有地位。

如与邹伯奇有交往的浙江钱塘人夏鸾翔（1823—1864），被称为近现代数学史上较为优秀的算学家，主要贡献是对二次曲线的研究。[②]邹针对夏氏在对数方面的不足之处，作了《乘方捷术》一书以匡补之。

中国数学史提到邹伯奇刻夏鸾翔遗作，但没有提到《乘方捷术》。[③]显然，当代数学史家对邹伯奇的《乘方捷术》不以为意。至于陈启沅，其名字更没有提到。主要是因为邹伯奇的学术地位主要在光学和物理学，而不是在

---

① 〔清〕陈启沅：《陈启沅算学》卷二，《广州大典》总45辑子部天文算法类第2册，第284～307页。

② 李迪：《中国数学史简编》，辽宁人民出版社，1984年，第378页。

③ 李迪：《中国数学史简编》，辽宁人民出版社，1984年，第378页。

数学，他的数学缺乏体系，没有对重大数学问题做出解释，也没有提出重要数学理论。《陈启沅算学》是一本普及性的数学读本和商业数学，更难以入数学史的殿堂。

我们不必为邹伯奇、陈启沅争中国数学史的地位。邹伯奇在物理学、光学方面有重要成就，制造了中国最早的摄影机，是公认的近代中国科学先驱；陈启沅创办中国第一间民营的机器缫丝厂、自行制造缫丝机器，从而扬名于中国机器制造史。这就足以让他们的声名彪炳于中国科技史。

作为士绅中有自然科学知识的分子，将他们的学术行为和文化观等方面进行比较，可以看出晚清广东乃至中国的学术动向。

（二）治学方法和具体实践

作为算学家，邹、陈二人都有勇于实践的一面。如对于椭圆，尽管传入较早，但二人都不满足于前人的研究成果。陈澧为邹伯奇《邹伯奇学计一得》作序，记载了这样一件事：邹创椭圆锥心法，告诉陈澧。在场的粤籍算学家梁南溟、侯度、徐灏等人，对此都持怀疑态度。陈澧当场设数以算之，证明邹伯奇的算法正确。

陈启沅尽管是普及算学，但他对椭圆计算法也有心得。他说："回忆算学中，有新增丈量弧矢准，似于旧法尤为敏捷，为用之量田则可，用之测量星历，则谬之千里矣。故不嫌赘，别立新法推椭圆之术。"[①]可见，两人对这个问题都有研究。

中国古代学术的流弊是抄袭成风，后学者勇于超越前人者如凤毛麟角。邹伯奇对于前人已有的论断，正确者不重复，有错者必辨正。他有感于古算书关于弧矢的论述多有疏漏，而后世"算书多用之，故正其谬"，因此提出"以矢自乘半径归之为统背差"，"以相乘，得弧矢形倍积"两个结论。

---

① 〔清〕陈启沅：《陈启沅算学》卷十三，《广州大典》总45辑子部天文算法类第2册，第580～606页。

后来见“梅氏《赤水遗征法》引而申之，为弧背求矢诸术，又见董方立《割圜连比例术图解》已畅言之，故不复著”。[①]邹伯奇对清以前学者如汉代刘歆、王充、郑玄、甄鸾、王应麟、黄道周，清代学者梅文鼎、何梦瑶、戴震、程瑶田、钱大昕等人的论断，都曾进行过拾遗、正误。

陈启沅著《算学》“纵群书之大成”，将最著名的算书都看完了，还参考了不少西人的数学著作或观点，实际上是将不少较复杂而难懂的算学问题弄得简化易懂。《算学》虽然是一本普及性、实用性的书，但是用不少算学应用题来解释疑难问题。这就使这本书脱离了抄袭的风气。

邹伯奇、陈启沅二人都重视实验、实践，故能在自然科学的多个领域有杰出成就。与邹伯奇来往密切的南海学者陈璞为《邹征君遗书》作序，记载了邹伯奇重视实验、实践的严肃学风：“每见征君读书，遇名物制度，必穷昼夜探索，务得其确。或按其度数绘为图，造其顺物而验之，涣然冰释而后已。故其解释多前人所未发。又能证舛误，别是非，皆以算术权衡之。”带着这种学风，邹伯奇不停研究、考证、推算、演绎，而且非常重视亲力亲为，进行科学实验，将书本知识与实验、实践结合起来，在天文观测、地理测量制图、仪器制作方面都取得了成就。邹伯奇勤于实践，在仪器制作方面取得很大成就，一生制作的仪器机械有十种之多，大多是出于独创。

至于陈启沅自学缫丝法，然后用算学计算丝的结构，又用机械制造学、气流动力学制造出缫丝机器，是学以致用的典范。关于陈启沅把学问用于实践的成果，前面章节已经解释很多，不赘述。

在测量学方面，邹伯奇与陈启沅可能有相同的实践，或者大致有差不多的水平。在地理学方面，邹伯奇尤其强调实地测量的重要性。他精于测量，故与陈澧等人一起被郭嵩焘任命绘制全省地图。陈与邹认为“文武官所绘图及旧志书皆不合”，必须重加测量绘制，使之精密。邹的弟子罗照伦、族弟邹景隆在邹伯奇指导下精心测量，并采用方格法制成《浔冈洲图》《桑园围

---

① 〔清〕邹伯奇：《邹征君遗书》，《学计一得》卷下，清刻本。

全图》，这是当时比较先进的地图。

陈启沅亦精于测量学，能使用“西人”的测量仪器，自己也制造了新的测量仪器，而且能画立体图和平面几何图。如果让他测量地形，估计画地图也是可以的。至于二人在这一方面的水平高低，则不敢妄测。

陈启沅是一个工业家，懂得造缫丝机器又懂得企业管理和贸易，在这方面的素养，是作为士子的邹伯奇所不能比拟的。曾国藩开江南制造总局，诚意邀请邹伯奇到任，校订所翻译的西方科技著作，招收门徒讲授数学，或担任制造总办，但邹伯奇婉拒。[①]这固然有邹伯奇淡泊功名的因素，但他不具备企业家的素质，不足以担当此任，也可能是原因之一。

在培育人才方面，两人各有成就。邹伯奇在学海堂掌教，教习科目为数学。他的学生大多是研究数理科学的，有孔继藩、伊德龄、汤金铸、汤金铭、冯俊光等人。这些人后来都大有作为，在当时的广东学术界、科技界有一定地位。孔继藩精天算之学，尤工测绘；汤金铸在光绪年间于福建船政学堂、两湖书院教数学，有《平面卓记》《三角公式辑要》等著作。冯俊光对“中外舆地、天算、制造之法”，“皆博综详究”，曾助曾国藩制造枪炮。[②]

陈启沅算学有顺德籍门人林宽葆，至于还有没有其他门人，史料无载。但《陈启沅算学》出版之前就有不少人来借阅，刻印之后就有更多人能接受陈启沅的算学教育了。跟陈启沅学习算学的人应该是很多的。《蚕桑谱》流传很广，甚至传到北方，其中的蚕桑业经营和机器缫丝法，受惠的人就更多。

总之，邹伯奇、陈启沅在科学和实践方面各有成就，在将自己的知识与人分享方面，两人都有共同之处。

（三）对古代传统文化、西方自然科学的态度异同

邹伯奇、陈启沅的知识，都深深扎根于传统文化的土壤之中。传统士人

① 吴建新：《陈澧与邹伯奇的自然科学观》，载《广东教育学院学报》2000年4期。

② 吴建新：《陈澧与邹伯奇的自然科学观》，载《广东教育学院学报》2000年4期。

在这个基础上，即使接受了西方的自然科学，其知识体系大都是不完整的，呈碎片化倾向。张之洞提出“中学为体，西学为用”这个命题，从广义来说，这不仅仅是他个人的观点，而是在近代教育、近代自然科学文化没有整体传入中国、颠覆旧的封建文化体制之前，当时知识界对“中学、西学”两种文化交汇时的整体反映。邹伯奇、陈启沅二人在这方面的学术行为，可谓殊途同归。

邹伯奇自小浸淫于经学、诸子学说，长大后研究学问，走的是乾嘉考据学的路子。邹伯奇在《学计一得》自序中说：“稍长读诸经义疏，见其于算术未能简要，又往往舛误。甄鸾《五经算术》既多疏漏，王伯厚《六经天文编》博引传注家言，亦无辩证。尝欲会通中西之法尽取而释之，以为治经之助。”

从这段自序中，可以看出邹伯奇科学研究中的一个重要倾向，是试图将中国古代传统学术方法与近代西方自然科学方法融会贯通，运用于经学和古典文献的研究中。邹伯奇长于珠江三角洲腹地，自小既受到传统教育，又接触到近代自然科学，长成后直至学有所成仍不断吸收西学。所以邹伯奇是这样一个既“通经学、音韵学”，又掌握近代自然科学的“学贯中西”的学者。他用他的学识解释经学及古代典籍时，“开经学有关天文、算学，先儒未发、发而未明者，一经权证，皆昭晰无疑”。[①]古代学者研究经学或其他典籍，只是汇辑历代传、注、疏，或做穿凿附会的考证，往往错误百出。邹伯奇用“中西之法”导入古代经学研究中，不仅纠正前人对于经学研究中天文、数学的错误见解，而且有独特的发现。如周武王伐纣时岁星及太岁的位置，后代学者众说纷纭，“皆未以算术求之”，邹伯奇运用数学确定其位置。他作《戈戟考》，以数学准确求出古代戈戟的尺寸，令陈澧大为惊奇，告柳宾叔，柳惊喜，“录其说置怀袖间而去”。所以陈澧说邹伯奇“非但精

① 〔清〕吴道镕：《广东文征作者考》卷十一。

算术，凡古书疑难伪脱，千古不解者，辄得其解”。[①]

邹伯奇融合“中西之法”，以之导入古代典籍文物制度的研究之中，从中发掘出中国古代科学技术的辉煌成就，最突出的是对于古代光学的研究。陈澧《邹伯奇〈学计一得〉序》记载：“相见之初，特夫告余《墨子》书有算术，有西法，发书共读，相对抚掌，因叹昔人若有明其说者，则西人为辽东豕者。”陈澧《〈格术初〉序》又载：宋代沈括作《梦溪笔谈》，中有光学几何知识，邹伯奇得“《笔谈》之说，观日月之光影，推求数理，而知西洋制镜之法，皆出于此。乃为一书，以存古算家之法……可见西洋制器之法，实古算家所有”。邹伯奇可以说是通过中西文化比较，最早肯定《墨子》《梦溪笔谈》中古代光学成就的学者。

邹伯奇通过对中西方科学文化的比较，写出了《论西法皆古所有》一文。他认为西方几何学的某些观点，在中国古代《考工记》中就已经有记载。他通过对《考工记》中“割圜术”的分析，认为“割圜之术，古已精密，古算经不传”，后世算家不明，“明末西人入中国，又有六纵三要二简法，以求割圜八线，以妙法理精密，古所没有”。实际上《考工记》中的割圜术“为六宗三要所不备，而古考工之所需，则西法岂能度超前古哉！”

邹伯奇认为《墨子》中有天文学、物理学、数学，认为“西人大学……尽其伎俩犹不出《墨子》范围”，《墨子》中有测日法，其出现比西学要早。他认为“西学之精，惟在制器，然古人非不能制器也”，引述《考工记》所说“智者创物巧者述之守之，世谓之工。百工之事，皆圣人之所作也”；只是后世学者“不读《考工记》之书，凡有造作，辄以器数之末委之拙工，古法日以消尽，遂为西人所笑”。他认为“西人说之最新者谓之日静地动”，但张衡作地动仪以及汉代的《纬书》《灵宪》《广雅》都已有这种思想。

在这个“西法皆古所有”观点之上，对西方自然科学体系就难以有整

---

① 〔清〕陈澧：《东塾集》卷三《〈学计一得〉序》。

体的认识，邹伯奇最终走到乾嘉考据学而研究经学、诸子中算学、光学的路子，也就是回归传统文化的研究了。

我们在研究陈启沅的缫丝机器制造以及蚕桑学、算学的研究时，很可惜他为什么没有将余生的大量精力用于在这些方面的研究，而是花了三十年去研究风水学。其实，这是与陈启沅扎根于基层社会有关，同他对传统文化中的“理”“气”“数”等哲学观念的理解也有关。他尽管是用行善的情怀去研究风水学（见风水学家陈启沅一章），但对“理”“气”“数”三个概念有特别的理解。即使在《算学》中，陈启沅也谈到三者之间的关系。在论述“测量比例”时，陈启沅曰：“古有云：理有尽而数不能尽，二语真的理与气之奥者也。先哲已将各数分列九章，而又用三角以补勾股之遗。复有割圆以补少广之缺，将谓数之可尽矣。不知尚有各形体积一术，几不可尽。况测量之道乎，大而至天地山川，小而及于埃渺漠末。若非比例岂能得其大意乎？”[①]他认为测量术只是算表达“理”“气”的“数”的手段，而“数”是必须用“算”的路径计算出来的。

他又在《算学》自序中说：“且定理而不定数者，圣人也。然圣人亦未尝不定数。盖按理以为数，即数已寓于理之中。昔孟子有曰：天之高也，星辰之远也，苟求其故，千岁之日至，可坐而致也。岂非即无理以推其数哉？”在这里，陈启沅进一步阐述了“理”“气”“数”之间的关系。堪舆学中的气和理必须用数来表达，但要经过算学，所以在“星历数学非一二卷可尽其奥，遂另著《理气溯源》二集付梓，详载其中”。[②]这样《理气溯源》这本风水学著作中有算学，就不足为奇了。

邹伯奇、陈启沅学问有异、有同的社会背景。二人同时浸淫于传统文

① 〔清〕陈启沅：《陈启沅算学》卷十三，《广州大典》总45辑子部天文算法类第2册，第580～606页。

② 〔清〕陈启沅：《陈启沅算学》光绪十五年序，《广州大典》总45辑子部天文算法类第2册，第247～248页。

化，邹伯奇接受的是经学和诸子百家的著作；陈启沅接触较多的是与民间贸易、生产、生活有关的算学问题以及民间堪舆学。两人在各自的知识背景下接受西学，虽然都有各自的成就，但邹伯奇回归到对经学和诸子中典章文物的考证方面，陈启沅则将对算学的推广和对堪舆学的正本清源，视为普惠基层大众的学问。从学习西学到回归传统文化，这似乎是清代不少具有深度传统知识文化结构的知识分子在接受西学时最终的学术命运。他们既不能一步步深入西方近代科学体系的学术殿堂，又不能舍弃传统的文化知识，完全颠覆自己的学术基础，直接跨入近代知识文化体系。这种情况只有等到近代教育体系建立时，新一代的知识分子才可以改变。

第十三章

风水学家陈启沅

一、陈启沅研究风水的缘起

风水的最早起源，其实与农业有关。古人种植作物，要相土和相水源，因为作物需要生长在地势平坦、肥沃的土地上，向阳又要易于接受灌溉。寻找水源时，要找到陆相沉积的土，下面才有水，才可以打井；或者要到树木苍郁的地方找泉水，以便给植物灌溉水，还要给农业聚落提供生活用水。

风水学是传统社会一门庞杂的学问。风水的起源与《易经》有关，卦象是风水学中重要的概念，阴阳五行、星象学、地理学、理学也为风水学的解释提供了理论资源。风水学，还夹杂着巫术等行为方式。理学者亦研究风水学。风水学便成为一门专门的学问，其理论内容也愈益变得复杂，又被称为“堪舆学”“青囊术”（或称“地理”“青鸟术”“形家”）。

佛山、广州等地的风水学，是从宋代开始大兴的。广东风水学理论大概受赣南风水学的影响。宋元时期由于珠江三角洲冲积加快，移民聚落遍布平原，人们首先相农业聚落的风水。有些族谱表明，来自江西的移民，首先会派人来珠三角相风水，看河流的走势和山川的形象，觉得是“吉地”，才整族人口并带着祖先的遗骸移居到珠三角。

“吉地”必须是适合祖先葬地的大片青山，青山下有河流，河流边是一大片冲积地，而且随着年月增长，冲积地要不断扩大。古人将这类能冲积的土地，称为“罗星”。河流来去的地方称为水口，便于航运，以便与外界交流和农产品贸易。这就是“吉地”的标准，由此而形成了庐墓一体的聚落格局。

《广东新语》记载：宋代有名“厉布衣”者，专门为人相“吉地”。广东一些族谱在提到宋代祖先时，也提到“厉布衣”。“厉布衣”可能就是宋代一位著名堪舆家为首的一群风水师的代称。这是文献记载的最早的珠三角风水师群体。

明代广东风水学亦因理学家的重视而传播。著名理学家陈献章与“地师”有来往，讨论可以做葬地的“吉壤”，言及土壤的土色美恶。[①]陈献章弟子湛若水亦通堪舆学，他作的《湛氏家训》，对葬地很重视[②]。因为珠江三角洲的冲积地底下是咸水，做葬地不合适，必须陆相沉积方可以。对于以看风水谋生的人，只要是不逾矩，符合礼，也在理学家的赞许之列。

如嘉靖年间崔权，嘉靖以前生，崔与之后人。大理学家黄佐赞扬他不乐仕进，“究心青囊术”。崔权大概以此起家，“初创小宗祠以祀祢”，后转为务农，“筑室于园以课耕，植兰盈畹”。[③]新会外海的陈诵，明万历间人，“精堪舆术，好施与，尝鬻产业，三赈乡邻，存活甚众，邑令周道行旌其门，寿八十四岁，从祀孝义祠”[④]。文献上称此人为“处士”，虽没有功名，而他通过擅长堪舆与乐于慈善事业，提升了自己在宗族和地方上的声誉，从而使自己获得在地方社会的话语权。明代广东民间大建风水塔，共七十四座，占明代全部古塔的百分之九十多。万历年间是广东风水塔建造最多的时期，有四十七座，占明代全广东风水塔的百分之六十多。[⑤]

清代佛山地区的风水学更盛。堤围的兴修，池塘的建造和看风水指导农业生产，一般有堪舆家或形家把关。如文献记载：“村场疏散，且乏崇山为障，故谓飓风。”风水家因此建议植树以防台风。（又按九江池塘形家每云：破碎地脉，而实养生适情，资益不少。见光绪九江《儒林乡志卷三·气候》）。至于祖坟地的选择，祠堂、房屋的建造，更需要风水师事前勘察一番。方志上所称的“形家”“堪舆家”不少就是士绅。

清代如南海九江乡的曾兆雷，“诸生中文行皆有声，家饶富而用财丰俭

---

① 〔明〕陈献章：《与钟地曹》，《陈献章集》卷二，中华书局，1987年，第201页。

② 《增城湛氏族谱》卷二十五族训，民国刻本影印本。

③ 〔明〕黄佐：《南所崔隐君墓志》，《泰泉集》卷五十二，《广州大典》集部别集类。

④ 〔清〕陈炬墀：道光《龙溪志略》卷下，新会外海龙溪志略续编编辑委员会铅印本，1971年。

⑤ 郭顺利：《初论广东古塔从佛门走向世俗》，《广东文物考古研究所建所十周年纪念文集》，岭南美术出版社，2001年，第241页。

举适其宜。为父建祠堂，构张丽，置祭田百余亩，手植果树千株，筑采苹亭其中……尤精地理，堪舆家不及也”。[①]曾兆雷为当地的一个儒生，方志作者特别指出其对风水地理之精通，甚至超过风水先生。

为适应社会需求，不少人研习风水，甚至出现了世业传代的风水世家。如《南海烟桥何氏家谱·家传谱》记载，清代何氏先后竟有何际绪、何康然、何健修，均精通医术，也均“精堪舆”，何其骏为贡生与教书先生，何锡恩“少治举业”，也分别“习堪舆术，精日者家言”。医者为人治病而获得人们的信任，同时兜售风水，更增加其可信度。

没有进入仕途的儒生兼习风水，或者由儒转而研习风水的情况，从明代就有。不能进入仕途的“处士”，就以给人看风水为生。如南海九江的关九皋，“貌不扬而有才艺。青鸟之术、刀笔之业皆能通晓”。[②]南海朗溪的黄庆，早年为探索学问，“虽阴阳地理卦命算法，以致各种诸书无所不通。……于风水一书尤为注意”[③]。宗族观念往往与风水结合，于是珠三角的宗族里，精通风水者大有人在。

如果说相土、相水、相宅、生产上的形家是“平民风水”，皇帝和官员应用的则是“官家风水”。如洪武皇帝建立明朝时，曾对他认为可能威胁皇位的泉州的“气”感到不安，于是派风水先生去勘察泉州的风水，并设计了一个打乱泉州风水的计划，试图斩断泉州人至关重要的“气脉”。[④]

远处岭南的广东，也曾遭遇了类似事情。据《广东新语》记载：相传广州的禺山一带，“来龙既远，形势雄大”，“秦时占者言有天子气，始皇遣使者凿破此冈”。大约南越王赵佗生前也相中了从禺山南至番山一带山

---

① 光绪《九江儒林乡志》卷十三《列传》。

② 光绪《九江儒林乡志》卷二十一《杂录下》。

③ 南海《朗溪黄氏族谱》，手抄本。

④ 王铭铭：《明清时期的区位、行政与地域崇拜——来自闽南的个案研究》，杨念群编：《空间·记忆社会转型——新社会史研究论文精粹选集》，上海人民出版社，2001年，第115～116页。

冈“偏霸之气所钟”，故营葬地于此。南汉刘鋹铲平二山，中断地脉。明代朱元璋深信此说，永嘉侯朱亮祖戡定南粤之后，就在越秀山上“建望楼，高二十余丈，以压其气，历二百余年，清平无事”。[①]后来的记载，认为朱亮祖这一风水手法是成功的。明代嘉靖年间，顺德知县吴廷举按照风水学的原理，重新规划了顺德县城，受到当地士民的赞许。

明代以来的风水学，深刻影响了佛山等地的人文地理和社会生态。风水学最重要的是葬地的选择，因为宗族认为祖宗坟地会影响族人的气运，但是佛山多是平原，于是有钱人就选择远离居住地的风水地葬祖先，这就打破了宋代以来“庐墓一体”的聚落格局。明代南海大官霍韬深谙风水，故将祖先地葬在西樵山上，其他宗族纷纷效尤，以致西樵山上葬坟累累。到清末，由于茶业衰落，西樵山上的茶园全部变为葬地出售。清末，九江、龙山等有山岗的地方，山上丛葬，几无隙地。人们还将葬地建造在桑园围等堤坝上，造成西潦来时堤围的危险状态。在水利建设上，崇信风水的宗族，认为风水阻碍自己的发展，会阻挠水利的进行从而造成水害。只为营利的风水家信口雌黄，对这些不良现象起了推波助澜的作用。

对风水资源的争夺，还会引起械斗，弱势的宗族只能迁走。如九江有“珠山，一岭高标四隅壁立，谓之鹤珠。岭上挺生老榕，翠干撑空如珠之吐焰……此山为曾罗两姓发祥地。罗氏他徙，全属于曾。曾大令俊筑宅掘得古碑，有春龙之谶”[②]。势力强大的曾氏或受风水家的挑唆。[③]

对于风水学的这种乱象和造成的社会危害，陈启沅年轻时期就记在心里，并且有了深研风水学，正本清源，以挽世风的决心。他认为这也是善事。他的风水学著作《理气溯源》，成书于光绪八年（1882年）。他的外甥

① 〔清〕屈大均：《广东新语》卷十九《坟语》，中华书局，1985年，第493页。

② 光绪《九江儒林乡志》卷一《舆地略》，清光绪刻本。

③ 关于风水学引起的社会纠纷，参看吴建新：《明清广东人的风水观：地方利益与社会纠纷》，载《学术研究》2007年第2期。

俞文诏给他的书作序，说他“积三十余年之经历而撰是书”。则该书的撰写在陈启沅年轻时就已经开始，早于继昌隆的创建。

关于《理气溯源》一书的撰写动机，陈启沅在他的著作里也说得很清楚：“且夫地理之书，由来久矣。其间分门别户，愈驳愈奇。或则议论纵横，死是而非。大言者警愚而饰智。或则寡阅浅见，一知半解。固执者惑世以污民。甚至不学无术，贻误苍生。异学争鸣，倾轧后世，浮华鲜耻，不充本源，失实无稽……愈趋愈下，流弊靡涯。沅于是积月经年，揣其本而齐其末。旁搜远绍，溯其流而清其源，就简删繁，由博返约。”[①]

陈启沅用行善的情怀研究风水学。在推行风水学的过程中，劝人为善，对导引正面的社会风气有一定作用。陈启沅认为，祖先作恶则难得吉壤；如祖先作恶后代须积善以补之，否则得吉壤无用。以非法手段谋得吉壤，既无天“理”亦无地“理”，[②]这是从善恶因果论述葬地。这段话的实际意义，是让人们不要争夺“吉壤”，要行善事，在今天看来无科学道理，但针对当时争夺风水的不良风气而发，是有一定意义的。

陈启沅还有一本风水学著作《周易数理汇通》。陈作海的书中有提到，其父陈襦直记载：“余父虽业商，而性亦嗜学，且精力过人。故每乘暇自修，积久渐进精微，曾著有《理气溯源》及《珠算法》《蚕桑谱》等书，均已付梓行世。唯所著《周易数理汇通》一书，惜天不假年，未毕其业，深以为憾。”[③]从《周易数理汇通》的书名看，这是一本从周易解释“数”和“理”的著作，若书成，更能看出陈启沅的治学方法和对周易的理解。可惜未成。

---

① 〔清〕陈启沅：《理气溯源》卷三《考源便览序》，《广州大典》总46辑子部术数类第3册，第386页。

② 〔清〕陈启沅：《理气溯源》卷四《罗经管见・种原的论》，《广州大典》总46辑子部术数类第3册，第484页。原引文参看216页。

③ 〔民国〕陈襦直：《家中先人事略》，手抄本复印件。

二、《理气溯源》主要内容

《理气溯源》卷首有光绪八年（1882年）陈启沅外甥俞文诏序，但陈启沅自己说成书于光绪十年（1884年）（《理气溯源》例言），大概他寄给俞文诏的是稿本而不是印刷本，则实际在光绪八年写好，印刷在光绪十年。卷首有作者总序，每卷有作者自序。全书分六卷。卷一《理气溯源》提要辨谬，是针对《四库全书总目提要》中的堪舆学著作的错处进行辨谬。卷二《理气考原上》有五十则，对古代的卦象、天干地支、阴阳五行等概念进行考证。卷三《理气考原下》有三十则，对音乐和卦象的关系有涉及。

卷四《罗经管见》论述罗经的基本原理和用法。卷五上下两篇，均论黄道恒星，论述其位置与风水物的距离和关系，其实也可以看作是天文历学的著作。卷六《利用合璧上》三十一则，是关于风水概念的解释，用诗歌的形

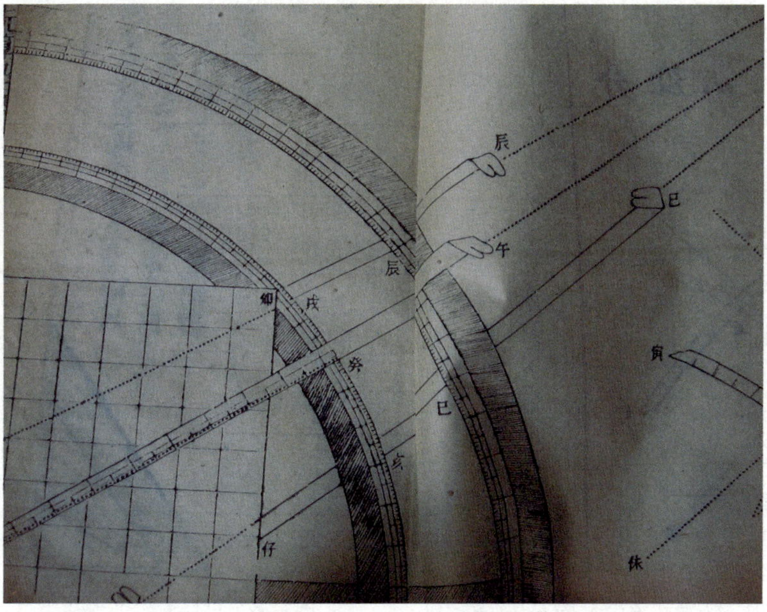

《理气溯源》中的罗盘图样

式解释风水，以便利用《罗经》者记忆。卷六《利用合璧下》用大量篇幅论述阳宅风水。卷六之后是《理气溯源》。

关于此书的成书过程和在风水学方面的成就，俞文诏序有详细的解释：“壬午冬……陈芷馨舅氏族以所著《理气溯源》邮寄，夜寒人静，秉烛展阅。夫术数之道，肇至秦汉，迄今不坠，则其说不为无据。而又未尽以为可凭。其旨奥，其理渊，未可以薄其技者，见浅好奇者。无异在有心人领会也。舅通历中外，博览群书，阴阳之理，浑然于心目间，积三十余年之经历而撰是书。列以五种，分门别类，证近世之误，补前人之厥。可谓集大成而独树一帜者矣。……观是书，采取之富，考订之精，洵足为后学津梁。读理气者，暗室之一灯也。因劝授梨枣以公同好。”①

按照这个序言的说法，风水学是不容易被一般人所理解的。但是陈启沅“通历中外，博览群书，阴阳之理，浑然于心目间，积三十余年之经历而撰是书”，说明从青年时期开始就涉足这门学问。这使我们想象到，即使是年轻时期在简村担任教书先生，或是他在安南从事贸易，或是在制造机器缫丝厂，或是继昌隆开张之后，或是被迫将工厂迁往澳门时，或是在家乡从事慈善事业，或是在西潦暴涨，他和儿子陈蒲轩白天立于桑园围上参与抢修堤围之时，三十多年间的夜晚，陈启沅在书桌旁挑灯夜读，研读一本又一本的风水著作，辨谬穷源，爬疏剔择，用毛笔写下心得。他在知非之年（即年过半百）时，终于写成大约二十万字的《理气溯源》。

这本书的撰写心迹，在《理气溯源》例言中可以窥见：

1. 这本书是“专以考原为本，非考原莫知先哲之用意”，而不知先哲用意就无法使用罗经。

2. 风水学“考原”的每方面，如星象、卦象、杂卦，都有相应的古书为依据，于诸书之透理者取之，如果有歧义的“必偕参未议”，等待深明此

---

① 〔清〕陈启沅：《理气溯源》俞文诏光绪八年序，《广州大典》总46辑子部术数类第3册，第349～350页。

理才订正。

3．书中的图都有文字说明。书中最重要的是罗经，书中所述为解释罗经的用法，罗经的使用必须参看书中内容。

4．该书有星度测量，全靠数目表达，数甚繁，“倘毫厘之差，便千里之谬”，希望使用者留心，用错不但不能获福，“更恐怕贻害无穷”。说明这本书的刻印，“非为自私，实欲大公”。为避免出错，希望后之翻刻者慎之。[①]

《理气溯源》一出，陈启沅在风水学方面声名大振。此前他从未以风水学示人。此书被人借去，罗经被人所知，此后请他看风水的人就多了。从陈启沅撰《理气溯源》的动机来看，他完全是怀着慈善之心去创作风水著作的，对以“堪舆”为名义而骗百姓钱财的风水家嗤之以鼻，所以他为人看风水是不收酬劳的。

三、从《理气溯源》看陈启沅治学方法的价值

陈启沅认为，要用扎实、深入的研究，来理清风水学的学术源流，揭穿“浮华鲜耻”的风水家嘴脸，希望一般人家都能运用简约、正确的风水学原理，进行相墓、相宅等日常活动。

如果抛开《理气溯源》所论述的风水概念，仅仅从研究方法来看，这本书的学术价值，主要有以下方面。

（一）运用了科学的考据方法

对《四库全书总目提要》的风水学著作评述和做考证。《四库全书总

① 〔清〕陈启沅：《理气溯源》例言，《广州大典》总46辑子部术数类第3册，第352～353页。

目提要》是独立于《四库全书》之外的一本目录学著作，最初是写给皇帝看的，后来就成为翻阅《四库全书》的学者的必读书目。这本书由清朝富有专门学问的阁臣、翰林之类的学者，对四库全书的全部目录收入的著作做“提要”。“提要”涉及该书作者的名字、成书年代、该书的流传、主要学术价值和缺陷。这就要求做“提要”者，要通读这本书，要有专门的学问，并要了解和这本书有关的其他著作、人物、事件等，不能有错，至少尽可能不出错。

《四库全书总目提要》至今仍是一部非常权威的目录学著作。但陈启沅要对《四库全书总目提要》中的堪舆类著作做辨谬，难度就非常大了。陈启沅首先要精通堪舆学，其次要有文献学的造诣，其三要通读《四库全书总目提要》提及的相关内容，或者是翻阅一遍，然后才能辨谬商榷。

陈启沅认为：“今地理书汗牛充栋，不下百家。其间简帙浩繁，鱼目混珠，究难辨别。”在这种情况下，“倘不辨妍媸，骊珠曷得？必须详加审核，仔细推求，然后真伪攸分”[①]。可见他的决心很大，在三十多年间，考证风水学著作的得失，达到“殚精竭虑”的地步。[②]

《提要辨谬》对黄帝宅经、葬书等著名的58种风水学著作进行了辨析，对提要的解说进行了商榷。我们不可能对陈启沅辨析的五十八种风水学著作都做评价，只以《黄帝宅经》《葬经》这两种最古老的风水学著作为例。

“黄帝宅经二卷按汉志云：法家有宫宅地形二十卷，较相墓为古，云：考五姓宅经，皆不出黄帝。考书中称黄帝二宅经，及淮南子李淳风、吕才等宅经二十九种，作书之时，本不伪称黄帝。提要特旨为方技之流，神其说云。又云：是书在术数之中尤最近古，恨未得其真本一读耳。”（《提要

① 〔清〕陈启沅：《理气溯源》卷三《地理提要辨谬原序》，《广州大典》总46辑子部术数类第3册，第351页。

② 〔清〕陈启沅：《理气溯源》卷三《地理提要辨谬原序》，《广州大典》总46辑子部术数类第3册，第351页。

辨谬》355页）明确提要的说法是“方技之流，神其说”，未指出《黄帝宅经》是伪书。但陈启沅认为此书对风水学的论述“最近古”，故“恨未得其真本一读”。

“《葬书》一卷旧本题晋郭璞撰。提要考：璞有尔雅注，已著录葬地之说。莫知自来。周官冢人墓，大夫之职，皆称以族葬，是三代以上葬不择地之明证。汉书艺文志：形家始以宫宅、地形与相人、相物之书并列，则其术自汉始萌。尚未专言葬法也。《后汉书·袁安传》载：安父没，求葬地。道逢三书生，指一处，当世为上公。安从之，故屡世贵戚。传至东汉，擅明者璞为最。考璞本传，载：璞从河东郭公，受青囊中书九卷，遂洞天文五行卜筮之术。璞门人赵载，尝窃青囊书，为所焚，不言其详。唐志有葬书、地脉经一卷、葬书五经一卷，不言璞撰。惟宋志载有璞葬书一卷。是其书自宋始出。后为蔡元定病其芜杂，删去十二篇，只存八篇。”首先提出提要只是说“璞有尔雅注，已著录葬地之说”，即说“《葬书》是晋代郭璞撰”有错，然后认为唐以前的目录学著作均未提到郭璞是葬书的作者，只有《宋史·艺文志》才提到葬书作者为郭璞，认为宋代才出现托名郭璞撰的《葬书》。

以上的考证，都是符合文献学逻辑推论的。他对黄帝宅经的辨析，用了《汉书》《淮南子》，考证《葬书》用了《周礼》《汉书》《后汉书》《唐书》《宋史》。所以，陈启沅自己说为撰《理气溯源》一书，历观数学、星学之书凡二百五十五卷，地理之书凡三百三十五卷，选择之书凡九十一卷。[①]这种在大量阅读文献基础上再做研究的方法，是一种实证研究的范例。

考据学考版本、纠错谬、辨音义，终使考据之学大盛。考据学派持慎重求证的治学态度，反对空泛而粗放的论证方法，这就需要阅读大量著作。故陈启沅的《提要辨谬》是符合考据学原理的。又清代中期以来，以戴震（戴

① 〔清〕陈启沅：《理气溯源》卷四《罗经管见·理气续篇》，《广州大典》总46辑子部术数类第3册，第462页。

东原，1724—1777）为首的考据学派在学术界占统治地位，其治学方法重实证，讲究逻辑推理，因而贴近数学。清代以来的学术界崇尚“严谨治学”的文化氛围，恰与西方数学要求严密逻辑推理的层面相吻合。陈启沅精通数学，在清末大范围的学术氛围中，在运用考据学时就得心应手了。

（二）《理气溯源》中有算学，可与《陈启沅算学》互为参看

《理气溯源》卷三《理气考原下》有三十则，除对音乐和卦象的关系有涉及之外，其中的《太阳到方刻表》《京师太阳到方时刻表》《广东广州太阳到方时刻表》涉及天文学，有精密的计算。《天干地支影响化气考》论述时间与气之间的关系。他创造的《罗经》，也用到测量学的计算方法。

卷四《理气总论》也是谈数与气之间哲学的论文：谈天者言数，说地者言气。数何能知，以理推之；气何能辨，以理度之。故天下万事万物，莫不有气数存焉。数不可以谬论也，即气亦岂可以谬言欤？（认为气、理、数三者之间存在着关系，气不可以见，但可以数推其气运。）[①]但陈启沅认为数必须是算学才可以得出，这是他与一般风水学家不同的地方。如果他相堤坝、池塘的风水时，用到算学中的测量学，那就显得合理了。

卷四《理气续篇》说：圣人言理不言数，言理而数已在焉。术士言数不言理，言数而理亦寓焉。故程子曰：寓于理有未穷。故其知有不尽也。予历观数学、星学之书凡二百五十五卷，地理之书凡三百三十五卷，选择之书凡九十一卷。虽各发其理，各推其数，然或有似是而非者；或实有之理而有以为非者。何也？考其原，亦俱由河洛太极之所生也。盖阴阳八卦消长之机。均皆出于太极之始。

从以上可见，陈启沅为了创作《理气溯源》，参考了不少相书和星历学著作。将数学引入对风水学的研究，在陈启沅之前是很少见的。特别是他认

---

① 〔清〕陈启沅：《理气溯源》卷四《罗经管见 · 理气总论》，《广州大典》总46辑子部术数类第3册，第460页。

为古代哲学概念“理”“气”都可以用数学来解释，可以算一创见。而中国传统文化学者大都不一定懂算学，所以不具备这种认识。

不少学者认为中国传统文化“缺乏形式逻辑，却一直倾向于发展辩证逻辑”，日本的三上义夫认为，在古代中国数学思想中，最大的缺点是缺少严格求证的思想，他把这一点同形式逻辑不能在中国发展联系起来。①

明代徐光启接触西方数学著作《几何原本》，开始应用数学研究农学。他在《农政全书》中，用数学统计螟虫的分布，自此以后，中国数学家对西方的逻辑推理从未提出过反对意见，而且能够很顺利地接受。徐光启、李善兰等都能够欣赏西方数学中精细的逻辑演绎推理。戴震等考据学者认为，西方的数学中国早已有之，不称赞西方数学，却并不拒绝，也未指责西方数学中的逻辑推理不符合中国国情。时至今日，华人地区数学课程中，逻辑演绎的要求远高于世界上其他地区，而且人们接受起来并不困难。

儒家学说虽不重视数学，但对数学的逻辑演绎方法并不拒绝或反对。中国文人常被认为如陶渊明那般“好读书不求甚解”，其实并非如此，至少中国考据学派是“好读书，也求甚解的”。

陈启沅说：“然近世代天文愈阐愈精，而理气愈须愈传愈精。盖因精于术者，秘而不宣，疏于考古者习而不悟。沅因新制罗经于利用。遂博览群书，寻其原理，剖册录之。”②能够将考据学和数学引入对风水学的研究，原因是陈启沅具有与一般知识分子不同的学术素养，也与自徐光启以来中国学术界的学术路径是一致的。

《理气溯源》虽然是一本风水学著作，但表现了陈启沅有很强的逻辑思维能力和注重算学的学术眼光。正如很多传统时代的知识分子一样，陈启沅的思想成分是多元的。从陈启沅捐金参修西樵山的云泉仙馆来看，陈启

① ［英］李约瑟：《中国科学技术史（数学卷）》，科学出版社，1980年，第337页。

② 〔清〕陈启沅：《理气溯源》总序，《广州大典》总46辑子部术数类第3册，第350～351页。

沅是信奉道教的，他的“理”“气”概念稍偏向于道家的思想。他的因果报应的慈善思想，又近于佛学。所以，陈启沅的思想大体是儒、道、佛思想的融合。

四、《理气溯源》的历史文化价值

传统风水学中关于葬地（即阴宅）的理论，在今天看来可以说全部是糟粕。但它在古代社会却有存在价值。宋代到明代，在庐墓一体的聚落格局中，祖坟是凝聚族人的一个心理因素。明代中期到清代，珠江三角洲打破了庐墓一体的格局，以始祖祖坟为中心发展成为历代祖先的葬地，以此维系着宗族每年的祭祀。宗族的凝聚力，就在每年对祖先的怀念中得以加强。与祖坟相连的蒸尝（即田产或其他形式的财产），每年由各房分支轮流管理，田产等财产收益，除了祭祀和宗族活动产生费用之外的部分，一般由管理蒸尝的房支分配，这就使各房能轮流获得祖宗的福荫，而且因为族产不能买卖，宗族积累的蒸尝到了清代，就变得非常庞大了。

宋代开始的祖坟建设，还可以宣示这个宗族对祖坟附近田地的所有权。明代东莞人的《琴轩集》中所撰的宋人墓志铭，就反映了这一现象。为祖先神灵选择的吉壤，是支撑宗族通过耕读传家、科举、经商等行为而获得利益的重要力量。所以，陈启沅花三十年精力写《理气溯源》，是有当时的社会条件背景的。但他认为“吉壤”并不绝对为子孙后代带来“福荫”，除非祖先不行“恶”；如先祖行“恶”，后辈必须“后天补之”，行善以积德，才能有效果。[①]古代的祖坟在今天仍是凝聚村族的重要因素。时至今天，虽然殡葬制度改革了，祭祖仍然是我国重要的民俗。

---

① 〔清〕陈启沅：《理气溯源》卷四，《罗经管见·种原的论》，《广州大典》总46辑子部术数类第3册，第484页。

风水学中包括阳宅在内的阳间理论，或有些合理因素。龙脉在《理气溯源》有较多的论述。龙脉不外是山川走势而已。山川走势如加上郁郁葱葱的树木，青山绿树会使一个地方显得秀丽。水口也是风水学中关于水环境的一个重要概念。水口本是来水和去水的地方，从自然地理的角度看，由于水流的冲积作用，河道中间或者河道两旁容易发生沙洲堆积，影响河流的流向，会对航运、灌溉、人居环境产生影响。然而，人们对水口的认识，也会对自然环境施加影响。

对于一个城镇来说，地方官员、士绅最重视的，就是水口的营造。当时的人往往认为水口的畅达关系着经济的繁荣，同时又系乎文运的兴衰。不管当时的人动机如何，毕竟对水口及其相关原理的认识，深刻影响了城镇景观的营造和城镇建设。[①]当代残存的古村落布局，大多含有风水格局，显得秀气古朴，被视为建筑文化遗产。

《理气溯源》中对阳宅的论述总离不开水，反映了珠江三角洲水乡的特点。陈氏家族对有水的住宅地资源很感兴趣。如陈公祠和百豫坊临水而建，奇和堂药局旧址中那口神奇的井，便是如此。陈蒲轩选择荔枝湾畔为宅基地，眼光亦独到。《理气溯源》卷六有三十二个阳宅风水个案的分析，大部分阳宅与水流有关。如该书分析一处旱地上零星分布的一个屋场的三个住宅，认为："此宅零星散椽，旷野之宅，有此数间，后空长，前空阔，左一间，右一间，并无一连数进，数间皆作静宅而轮，断不兴旺矣。如多起屋，叠叠而居，街巷平正，决然兴旺，人丁富厚也。"[②]这有一定的合理性，因为屋场分散，不利于防盗，也不利于人群交往，只有在人群聚集的水乡，才利于生产和生活。这便可以理解为什么北方人居住砖瓦房，西北高原人要挖窑洞，云南人要盖吊脚竹楼了。这就是生态建筑学在人们大脑中最基本的

---

① 吴建新：《明清珠江三角洲城镇的水环境》，《人大复印资料·明清史》（全文转载），2006年第8期。

② 〔清〕陈启沅：《理气溯源》卷六，《广州大典》总46辑子部术数类第3册，第617页。

反映。

《理气溯源》在分析风水时，强调“理”“气”。理、气，即寻找生气。而有生气的地方，应该是避风向阳、山清水秀、流水潺潺、草木欣欣、莺歌燕舞、鸟语花香之地。这恰恰和生态建筑学（研究人类建筑环境与自然生物共生关系的生态学）不谋而合。

风水学则加进了感官心理因素，难怪当率先研究生态建筑学的西方人，偶尔把目光投向东方文化时，惊讶地发现“发展了几千年的中国传统风水文化理论，竟与当代生态建筑学的新思潮理论产生了历史共鸣”。

虽然风水学的阳宅等阳间理论有些内在的合理内容，但大可不必对古代风水学深入研究，毕竟那是旧时代的学问。如果将建筑环境学加上风水的标签而蒙人，那就与当代科学格格不入了，还会使当代科学变得不伦不类。所以我们在评价《理气溯源》时，要将它当作古代文献来对待，将陈启沅的风水学思想当作民俗来看待，而不必对其中的风水学内容做太多解读，更不必学习。

第十四章

慈善家陈启沅

一、陈启沅慈善思想、慈善行为的时代背景

（一）陈启沅慈善思想的根源

慈善家的定义，是行善发自内心而没有任何功利动机；有自己的慈善理论和普惠大众的襟怀；有一定财力进行慈善事业而产生大范围的社会影响。

陈启沅的善行，完全可以称得上是慈善家。他的慈善思想，是从小时的儒学训练中扎下根来的。中国最早的文献《尚书·伊训》就说："作善降之百祥。作不善降之百殃。"[①]在先秦诸子中，孔子主张仁义，认为通过教化能使人行善，故曰"诗无邪"。后人解释说："凡诗之言，善者可以感发人之善心，恶者可以惩创人之逸志。"[②]孟子是持性善论的。他说："人性之善也，犹水之就下也。人无有不善，水无有不下。"孟子极力主张人们行善："及其闻一善言，见一善行，若决江河，沛然莫之能御也。"[③]到了佛教传入，中国的善行论亦受因果报应论的影响，而在社会上影响很大。

陈启沅深受儒家思想影响，认为人有性善和性恶之分。他同时受堪舆学的影响，认为吉壤能使人得福，故热心风水学，制作新罗经并且给别人使用，是怀着行善的心做的，认为罗经的正确运用，能找到好风水，"使人沾福泽"。[④]

陈启沅认为性善可以传代，也是可以改变的，即祖上在世时通过教育能使后代行善；而祖上行恶，吉壤则不能保佑后代得福，则后代必须通过行善补先世之恶行，而达到祈福的作用。这个观点既劝人们行善，也会使争夺"吉

---

① 《尚书·伊训》。

② 《四书章句集注·论语集注》卷一《学而第一》。

③ 《孟子》卷十一《告子章句上》。

④ 〔清〕陈启沅：《理气溯源》卷四《理气总论》，《广州大典》总46辑子部术数类第3册，第468页。

壤”而引起的社会纠纷得到平息。陈启沅认为，如果通过占有别人的吉壤能得福，则无天“理”和地“理”。这一观点亦受因果报应说的影响。

同时他信道教。而道教亦认为要行善，天师道要典《想尔注》中说：“百行当修，万善当著。”《抱朴子・内篇》中说：“人欲地仙，当立三百善；欲天仙，当立千二百善。”道教的这种着眼于现实的济世利人的教义，贯穿于其发展的全部历史进程。陈启沅自号“息心老人”。“息心”亦与道家葛洪的“养性”“养心”的养生观念有关。①我们不知道陈启沅是否有道家欲成仙的想法，但他一定看过葛洪《抱朴子・内篇》等道家名著，其慈善思想是发自内心的，其思想来源也是多元的。

陈启沅的慈善思想还有普惠大众，不求回报的博大情怀。他无论推广机器缫丝技术，劝乡村士绅、商人办厂，还是改良足踏机，撰写《蚕桑谱》推广蚕桑技术，都是为了改良旧缫丝法，“故特仿西人之法，变通制造缫丝之器，特为公也。实非自私，倘若为私，当必秘而不传，今则举省效之。……姑将其法而详言之”。②在他看来，这都是做善事。在简村继昌隆公示给前来访问学习的人还不够，他进而著书立说广而布之，体现了他实业救国，使普罗大众受惠的理想。

陈启沅还撰《理气溯源》，制作新罗经，撰《陈启沅算学》等，都是为了使大众受益。他认为做这些事都是最大的善行，而且不需要回报。他后来在推广机器缫丝技术的同时（或之后），参与义仓管理、建立崇正善堂，救荒、参与桑园围水利建设等善事，都是出于普惠大众的目的。

陈启沅还认为，一个人的慈善行为是终生的。其子概括了陈启沅创办继昌隆之后主要的善行：“出口货成品达数千万圆，人民直接间接得以谋生者不可胜计。父欣然曰：吾志愿幸已偿矣。但应以余力为国家人群谋福利。

---

①　翟麦玲：《葛洪生平及其养生思想》，《养生文明与生态文明》，广东旅游出版社，2018年，第14～23页。

②　〔清〕陈启沅：《蚕桑谱》卷之二《论缫丝之法》，光绪惜阴草堂刻本。

故暮年复致力矿务，开发广西贺县锡矿，并任官锑局总办，提倡整理，公私（得到）利益。广州总商会之成立，亦为发起人之一。又创办广州崇正善堂、官山普济善堂。又为广东善后局总办之一。缙绅公推其管理豫丰、惠济两谷仓办理得宜，人皆称之，其福利于国家人群者良非浅鲜。”①陈启沅就是这样一个大慈善家，其终身行善而不求回报的观点，是有着深厚的思想文化根源的。

（二）陈启沅慈善行为的时代背景

晚清的佛山地区是近代广东慈善事业的发源地，尤其以顺德、南海县善人多。故宣统《南海县志》作《善行传》，收入四十名善人的传记。该书同时作《善行传序》，针对当时对慈善行为有不当议论做了批驳。大意是说：善人的标准是“好行其德……为善者必获报。于是建立善堂。凡利物济人之举皆推行焉”。②针对有人讥讽善人行善是“沽名邀福”，该书贬斥持这些论点的人是“好议论而不欲成人之美，将使人避沽名之谦而阻其为善之路也”，认为善恶因果有报应，认为当时的“当世之簪缨之胄、素封之家”，大都是祖先积德，才能使子孙“食祖宗厚德之报”。为了宣传德行，故作“善人传”。该书又在叙述善堂起源时，赞扬善堂不图报的善行。③

晚清的慈善事业，大多是由“绅商”举办的，这与当时的社会背景有关。晚清基层社会的旧式士绅，大多声名很差。因为基层士绅的功名原来主要靠科举获得，但也有不少是捐纳给政府钱谷而得功名，而不是通过科举道路。这样一来，很多士绅的行为，只是为了获取捐纳支出的回报，指望靠他们做善事就很难了。同时，旧的士绅中劣绅不少，只是鱼肉乡民，对来自上级政府的不当税费无法抗拒，又不能为村民做主。

---

① 〔民国〕陈孺直：《家中先人事略》，手写本复印件。

② 宣统《南海县志》卷二十《善行传·序》，中国方志丛书本，第1667～1668页。

③ 宣统《南海县志》卷二十《善行传·序》，中国方志丛书本，第1667～1668页。

最重要的是，晚清还处在气候学的第三冷期，干旱时常发生，政府的赈济行为却很弱，清朝给广东地方蠲缓税费的措施很少，[①]救荒行为大多来自民间。而在这一时期，兴起的工商资本家为了争取政府的支持，大多有政府授予或自己捐纳的功名，故舆论多在商人前面加“绅”，商人的社会地位提高了。传统社会中商人是排在士农工商后面的，晚清则商人由“四民之末”变为“四民之首”。[②]最重要的是，商人为了提高社会地位，获得公众的支持，就大力举办慈善事业。晚清著名的“九善堂”，就是这些商人资本家阶层主持的。它属于带有慈善色彩和一些政治色彩的社会团体。这些商人资本家的慈善活动，对晚清民国广东的社会政治、经济、文化产生了极其重大的影响。这是晚清慈善事业兴起的时代背景。

宣统《南海县志》没有将陈启沅列入《善行传》，而是列入《方技传》，但同时不吝笔墨赞扬陈启沅的善行。《南海县志》在叙述了陈启沅创办继昌隆和推广丝业的行为后，赞扬他提倡实业的善行，认为他“挽回利权，培植国脉实启沅提倡”。该书认为他怀抱报国报民的善心，是“几经艰难险阻而后得成厥功也”，如果他局限于微雕这样的小技，“则一名一物使人爱之而不能学之”，最多好像古代的“介葛识牛鸣，处宗识鸡语”一样对社会毫无贡献，虽然“天生特质，亦只资世俗谈柄而已”，但不能创立能利国福民的伟大事业。

《南海县志》又叙述了陈启沅在成名之后，很多士大夫都乐意与他交游，并且有人劝他到官府谋一官半职。但陈启沅说：“我岭海农夫也，仕非所愿，亦行吾素志而已。”[③]所谓“素志”就是他行善的一贯情怀。《南海县志》又赞扬陈启沅“尤喜施予，办善举，解囊资助无吝色。有关于振兴实

---

① 吴建新：《明清广东的农业与环境——以珠江三角洲为中心》，广东人民出版社，2015年，201页，第307～308页。

② 邱捷：《晚清民国初年广东的士绅与商人》，广西师范大学出版社，2012年，第195页。

③ 宣统《南海县志》卷二十《善人传》，中国方志丛书本，第1678页。

业，地方公益者靡不极意提倡，力任其难。……其乐善济众之怀，盖与目力同受天赋者也”。说他的“乐善济众之怀”，同他超人的目力是同受“天赋”，即赞扬他做善事是个人品格所致。

陈启沅创立继昌隆之后，随着《蚕桑谱》中记载的蚕桑改良技术和机器缫丝技术的传播，名声达于朝廷。其子记载：“时余父振兴实业，服务国家人群，其名声达于京都。前清同治帝后之父崇绮召其入都。父以老辞，派家兄蒲轩从兄位行入京禀谢。”[①]很多人遇到这种情况，多会受宠若惊，并且将此作为在地方上邀名邀利的重要机会，但陈启沅乐于做善事而不求回报，且淡于仕宦之途。他晚年为官府做事是不受酬劳的，完全没有政治目的。这是他与同时代不少善人的最大不同点。

陈启沅始终认为，推广汽机缫丝是他最大的善行。有学者认为，陈启沅将缫丝技术公之于众，是应对乡村的人反对丝偈的策略。[②]这显然曲解了陈启沅推广丝偈的目的。

二、陈启沅的主要善行

（一）在简村、官山等地做善事

陈启沅在创办继昌隆时，在简村、官山等地的基层社会做了不少善事。他斥资数千元设立搭股人和茧市，开了一间永生号米机、一间卖肉类（如猪、牛、“三鸟”）、副食品等较大规模的商铺，不论米或牲口、整批的或零碎的，售价都比官山墟的同类商铺便宜。因此，简村以至附近村庄的人，多到简村买米、买杂货，人皆称便。

---

① 〔民国〕陈孺直：《家中先人事略》，手写本复印件。
② 张茂元：《近代乡绅技术观转型的社会经济基础》，载《开放时代》2016年2期。

陈启沅经营的米加工厂和大型杂货店，因为资金充足，买入（从广州等地整批买入运回简村）时很便宜，卖出时就可低价，以便利简村和周围的居民。[①]传统社会乡村居民的必需品和农产品的交易，都是经过墟市完成的。墟市有官墟和私墟两种。如果私墟是由豪强、劣绅或宗族举办，一般都采取收高租费、用非法衡器等手段牟取非法利益。如村中只有一间米加工厂时，米店老板就有垄断米价的优势。私墟之不法行为，会导致不平等交易和掌权者中饱私囊。如晚清南海“高唐十八社，有墟岁入万余金，主其事者没入私橐不可数计”。光绪时该乡举人梁莘亦是一个善人，出面干涉，“曰：以地方之财办地方之事，经理得宜可备缓急。因集众清算厘定之，岁溢余款。至今办清乡，兴学堂，皆利赖之”。[②]陈启沅举办非营利墟市的善行，给简村等地的人们带来福利。

陈启沅在继昌隆还没有正式开工之前，大约一年半，对简村、杏子头、龙仍三条村年老无依的年老妇女，发放施米簿数千个。老妇们凭施米簿，可以到简村和官山墟指定的米店，每月领取约两大斗，等于司马秤二十斤的大米。这些大米数量，足够每月个人食用。[③]

开办继昌隆之后，陈启沅在简村开设寿世堂药材店，延请医生驻店，赠诊施药。他开办克勤义学，延请本村秀才教书，不收学费。他还对穷困以致潦倒无以为葬者，施与棺材和赠送殓葬费，可以由其子侄来领取，为死者办身后事。[④]陈启沅办善事不求回报，乡亲们都亲切地称他为“七老爷”。

赈济老人、施米济贫、施棺、赠医送药，这些都是乡村中很有财力和

---

① 陈天杰等：《广州第一间蒸汽缫丝厂继昌隆机器创办人陈启沅》，载《广州文史资料》1963年第8辑。

② 宣统《南海县志》卷十四《人物传》，中国方志丛书本，第1460～1461页。

③ 陈天杰等：《广州第一间蒸汽缫丝厂继昌隆机器创办人陈启沅》，载《广州文史资料》1963年第8辑。

④ 陈天杰等：《广州第一间蒸汽缫丝厂继昌隆机器创办人陈启沅》，载《广州文史资料》1963年第8辑。

善心的人才能做得到的，也是古文献经常提到的善行。六朝时梁朝有“孤独园”收养孤儿和老人，赡给衣食。宋代的居养安济院，就是救济孤寡老人的。施米济贫在历代灾荒时最常见。宋代在岭南为了改变人们有病不吃药的习惯，设有惠民药局以提供义诊处方，后改名为“太平惠民和剂局”。为了埋葬贫病路倒无依者，宋代又有漏泽园之设。即使是明清佛山地区的家规、族训中，也有不少这类最基本善行的训条。陈启沅深受其父奉政公的教诲，知道行善应该从最常见的善事做起。这些举动获得了简村堡和附近地区人们的好感。

在官山墟，有一间云溪书院，是简村堡最有权势的“二十七户基主业户”于乾隆四十五年（1780年）合建的，目的是使简村堡阖堡子弟有读书、追求科举功名的机会。道光十九年（1839年）已经修葺过一次。光绪初年，简村堡士绅潘石朋、陈守之、黄理堂等看到书院地方太窄，不能展拓，欲迁址重建，困于资金，事未成。光绪十年（1884年），潘石朋认为这是迁址重建云溪书院的最佳时间。选择的地址，是沿着书院旧址的“崖麓”，山势“逦迤而东，得所谓屏障者，其下旷衍如拭，依山带水，相传形家称古，差足信者。阅旬月而巨资集，鸠工庀材，堂之庑之，坦之墉之，东西掖之，后则为神栖之。又于其东隙地，厂寓一区，周以嘉植，改颜‘云瀛’……是役也，经始于癸未秋，阅明年八月成，共需白金八千两有奇……董其事者麦荣宗、陈启沅、陈寿年、潘佐明，咸有力焉”。[①]

这个碑记交代了重建云瀛书院的始末，提到选址的风水，也提到建设经费八千两。陈启沅的名字赫然在“董其事者”之列，并被赞扬“有力焉”。

---

① 〔清〕潘石朋：《云瀛书院碑记》，《南海区文物志》，广东经济出版社，2007年，第73～74页。袁爽最先引用这条材料，不过她的引文是《白云洞志·名胜》，见袁爽：《明清珠江三角洲基围水利管理机制研究——以西樵桑园围为例》，广西师范大学出版社，2015年，第134页。但笔者查《白云洞志》和《西樵山志》均不见这个碑刻。此碑原在官山墟，后被迁移到西樵山上南海博物馆的碑廊，但与西樵山无涉。

说明陈启沅以精于堪舆的风水家身份，确定了书院地址；并且由于他财力雄厚，捐金八千两中相当一部分是他出的；陈启沅有建筑房屋的知识，参与了书院的设计和督工。曾兴办学堂村缫丝厂的陈植桨也有捐款。潘石朋是简村堡最有名望的士绅，他在碑记中特别提到光绪十年（1884年）是重建书院的最佳时间，也就是陈启沅的缫丝事业蒸蒸日上的时期，其用意不言自明。

（二）管理广东义仓

以仓储制度来调节市场谷米价格，以达到稳定社会的效果，从先秦起就有。常平仓制度是其核心，政府出资，举办常平仓，通过平粜以调节市场米价。在市场粮价低的时候，适当提高粮价进行大量收购，贮藏起来，待米价上涨时就以低于市场的价格大力卖出，以平抑上涨的米价。这一措施，既避免了“谷贱伤农”，又防止了“谷贵伤民”，对平抑粮食市场和巩固封建政权起到了积极作用，在一定程度上反映了人民群众的利益和愿望。

清代前期常平仓制度是起了一定作用的。但到了清代中期，常平仓的作用开始被社仓取代。在常平仓和社仓衰落以后，乾隆后期义仓已经陆续出现。义仓的来源有劝捐、派捐、挪用其他经费、官拨产业、公尝等，虽然大多数义仓规模不大，但其建立、管理、经营、赈济等方面都出现了新的趋势。[①]清代晚期义仓承担了重要的救荒职能，说明士绅在社会福利和公共救济的经济实力，已大大超过官府。[②]管理义仓的士绅是没有回报的，担任义仓职务的都只是做善事而已。

陈启沅担任预丰仓、惠济仓的职务，陈天杰的回忆录和宣统《南海县志》都没有提到。陈启沅第九个儿子陈孺直的《家中先人事略》提到了这件事。

---

① 陈春声：《市场机制与社会变迁：18世纪广东米价分析》，中山大学出版社，1992年，第244页。

② 陈春声：《论清末广东义仓的兴起》，载《中国社会经济史研究》1994年第1期。

惠济仓大致是光绪初年建立的，而且与南海人有关。

宣统《南海县志》记载：王鉴心（大通堡秀水乡人，道光举人，办团练）“会城西余庆水步被外人圈筑沙基所夺，鉴心据理力争，外人屈服让还。至今借此租息举办乡团，皆鉴心力也。……光绪初与番禺陈澧总理惠济义仓，仓旧存银十万两，地方官每因事提拨。鉴心谓存银多则易生觊觎，不如实业难以移动，因与陈澧倡议将银十万两续置香山番禺各属沙田若干顷，义仓租息日以增益。尝有陆姓绅佃仓田，致贿二千金……拒不纳”。[①]陈澧是大学问家，也参与社会活动。

由王鉴心与陈澧发动广州和南海、番禺等地商人、士绅出钱办起来的全省性的义仓（根据光绪《南海乡土志》的文件），其中南海人捐款最多。[②]将十万两银买田收租之后，历年积累下来的银两和粮食，应该是很多的。义仓应该是民办官督。但官督时经常挪用义仓钱粮，造成了义仓的亏空，这是对民间慈善事业的侵蚀。

关于义仓的管理办法，佛山义仓已经有一套很成熟的制度，以防止经办人和官府侵吞。但是只有远离官府势力和士绅势力强大的地区，义仓才能防止官府挪用。如佛山义仓，当地士绅势力强大，在乾隆末年开始建立完善的制度，才勉强避免使官府挪用。

惠济义仓虽然是南海、番禺士绅出资建立的，但是直到光绪初年，这个仓库的实际权力仍由“官督”，士绅要用义仓钱粮做慈善就很困难。这件事大概通过一定的渠道反映到了朝廷。光绪三年（1877年），御史邓华熙上奏朝廷，以往年广州大水为由，建议朝廷令广东当局在广州城“（开）惠济义仓，请饬酌提租息银两。以为办赈之需。交公正绅士经理”。[③]在光绪《南海乡土志》中的几个文件中，可以看出这个仓库“官督”的情况。《南海乡

① 宣统《南海县志》卷十五《人物传》，中国地方志丛书本，第1512～1513页。

② 光绪《南海乡土志》，《南海阖邑绅士致丁伯厚侍讲书》，手抄本，不分卷。

③ 《清实录·德宗皇帝实录》卷之五十二，光绪三年。

土志》成书于光绪三十四年（1908年），这时陈启沅已经离世，儿子陈蒲轩接替了父亲的位置，继续代表南海士绅管理惠济义仓。

这两个文件都是给广东督抚的，要求开仓领用银两买米平粜。第一个文件为《南海阖邑绅士致丁伯厚侍讲书》，提到义仓的建立是在道光丁酉年，即道光十七年（1837年），又提到“立案（即惠济仓建立）七十年来”（道光十七年之后的七十年，就是1907年，即光绪三十三年）。第二个文件是《南海阖邑绅士上张督部书》，也是说到惠济义仓建立是在道光丁酉年，也出现“立案（即惠济仓建立）七十年来”。这显然是《南海乡土志》作者抄文书时的粗疏。张之洞督粤是在光绪十年至光绪十四年（1884—1888），则第二个文件是在这段期间写的。

按照文件的排列顺序，第一个文件时间应先于第二个文件，则第一个文件就是《清实录》中提到的“御史邓华熙上奏朝廷要求广东官府开惠济仓赈灾”，当是光绪三年（1877年）之后的事。从光绪初到光绪十四年（1888年）这段时间，是桑园围遭受水灾最严重的时期。这两个文书提出义仓管理应该民（士绅）办民（士绅）管，要求南海、番禺两县各派士绅加强对惠济义仓管理，以起到赈灾平粜和平籴的作用。这是非常合理和受官府认可的义仓管理办法。我们推测陈启沅就是在这个背景下参与惠济义仓管理的。

在南海桑园围士绅向官府发出禀文之后，官府准许士绅领取义仓存留的银两买米或买谷，加工成米再赈济。从买米到仓库堆放，到开仓赈济，都是大事。陈启沅精通仓储法。《陈启沅算学》中有米谷加工的应用题，还有盘算仓窖歌，介绍了仓库的算法和粮食堆放的算法，介绍了长仓堆米法、圆仓堆米法、方仓堆米法、平地堆米法、倚壁堆米法、倚壁内角堆米法、倚壁外角堆米法、芦席做成的屯米仓藏米法。书中亦有盐场的堆放法。[①]又《算学》卷十，有盘量仓窖歌、关于圆仓库米数量和体积关系的计算法。《算

---

① 〔清〕陈启沅：《陈启沅算学》卷三下，《广州大典》总45辑子部天文算法类第2册，第329～340页上。

学》卷五下有赈济法，卷四有算学应用题："今有鳏寡孤独四贫民，共给米二十四石，其鳏者四分，寡者五分，孤者九分，问四民各该若干。"南海士绅推举官府接受陈启沅为惠济仓的管理人员，一方面他被认为是"公正"商绅，另一方面是他精通仓储法。

预丰义仓在《南海县志》《广州府志》都没有提到。民国《番禺县志》曰："预丰仓在内城朝觐街。光绪二十五年（1899年）以大有仓改建。凡十九廒。总督谭钟麟倡捐银二万两，盐商捐银一十四万两，丝苗米商捐银二十五万两，丝行捐银一万元，共捐银四十八万余两。奏明立案，责成督粮道经管，遴选正绅帮同办理。"①"丝行捐银一万元"，即陈启沅也有捐银。"遴选正绅帮同办理"，显示陈启沅也在管理预丰义仓的商绅之列。但这时陈启沅已经六十五岁了，应是派陈蒲轩参与实际事务。陈启沅离世，陈蒲轩继续受任管理广东义仓。②

（三）排难解纷和义务为官府开办矿业

排难解纷是传统社会中乡村的善事之一。传统社会中，很重视民间纠纷解决的非诉讼渠道。充当排难解纷的人，通常社会地位较高，有一定名望，为两造所服的善人。我们推测陈启沅成名之后，南海会有很多人请他去充当这个角色。关于陈启沅在南海的情况，因为缺乏材料不便过度推测。文献记载陈启沅充当民事纠纷中的调解人角色，是在他已经六十五岁高龄的时候。《南海县志》记载："有韶州许炳芳者与龙、马两姓争采锑矿，构讼莫解。粤督陶模聘启沅查勘。启沅为陈曲直两造，俯首，案遂结。陶奇其才，委办锑矿，得大利。"③

---

① 〔民国〕《番禺县续志》卷四《建置》，中国方志丛书本，第91页。
② 〔民国〕陈䌹直：《先兄蒲轩公事略》，手写本复印件。
③ 宣统《南海县志》卷二十一《方技传·陈启沅传》，中国方志丛书本，第1732页。

韶州府的曲江县，有一条锑矿带。[①]但是普通的锑矿不过是造器皿用的，价值不太高。我们在明清文献上见到的开矿纠纷，往往是当商人前往矿山开矿时，当地大姓或豪强、士绅以有碍风水为名阻止开矿，然后向商人要价。

本来一件简单的民事纠纷，为什么要两广总督派陈启沅这个老人前去？这可能与广东铸银币有关。这个所谓的锑矿，可能就是银矿。《韶州府志》记载："曲江有银山，乐昌墟头江有银矿，英德之钟铜、尧山、竹溪、师子向设锡场，长冈山、红祭（石旁）山等处皆出银矿，恒以私采致斗，历经封禁。"[②]可见韶州府的三个县都有银矿。可能是宣统《南海县志》误将银矿作锑矿了。根据是："光绪十四年（1888年），张之洞督粤，始用机器如式试铸，李鸿章继任续成之，文曰'光绪元宝，库平七钱二分，广东省造'……命刘坤一、张之洞、陶模筹议三局造铸事宜。"[③]

张之洞督粤时开机器铸币厂，所造银币图案精美而受欢迎。陶模，字方之，浙江秀水人，同治七年（1868年）进士，光绪二十六年（1900年）闰八月壬寅，陶模任两广总督，是一个有作为的官员，《清史稿》有传。他在广州铸钱币，是继续张之洞在广州开创的事业。历经封禁的矿山，一般是不轻易获得准许的。商人许炳芳可能亦是获得官府的许可证，才敢前往开银矿的。光绪二十六年陈启沅已经六十五岁，受命前往解决银矿纠纷。陈启沅用丰富的风水学知识解释纠纷原因，使两造和好。当纠纷解决之后，陶模又指令陈启沅去"广西贺县锡矿，并任官锑局总办"，从事矿山的开采。[④]《陈启沅算学》中有铸银的应用题和开采矿山的应用题，故开矿山亦是陈启沅的本

---

① 〔民国〕张伯楫等：《广东锑矿之成因》，载《地质评论》1943年21期。

② 同治《韶州府志》卷之十一《舆地略·物产》，中国方志丛书本，第231页。

③ 《清史稿》卷一二四，志第九九，《食货五·钱法》。

④ 〔民国〕陈孺直：《家中先人事略》，手抄本复印件。

事，他能不辱使命。[①]

（四）创办崇正善堂和担任广东善后局的职务

晚清广东的善堂组织法，是南海人从北方传过来的。陈次壬，南海云津堡人，“父南屏以慈善闻”。次壬年轻时应试不遇，即弃，游汉阳，遇潘氏，被推荐入广南行当买办，“为某国大贾董理业茶、盐各物，岁获利巨万，大为行东倚重”。陈次壬在湖北经商十余年，行善事甚多，后捐纳得官，仕商均与之交，晚岁返粤，“粤地向无善堂，次壬首与钟觐平协谋创办。初，假洋行会馆而堂基固有地也。适潘氏以逋盐饷，家被籍没官。次壬谋于谦钧，请以其宅改建为堂。谦钧喜从其请，并倡廉俸提倡。次壬仿上海普育堂章程，名其堂曰爱育。迄今善堂林立，实滥觞于此”。南海大沥堡人钟觐平，从广西贩桂皮起家，“富至巨万”，然居家俭约，致富后无改其习，在乡以行善和排解纠纷出名。

陈次壬约钟觐平等十二人倡议建爱育善堂，顺德人梁述尧等创办爱育善堂东华医院等慈善机构，所以爱育善堂是佛山地区人士倡议创办的。爱育善堂与广州七十二行有密切关系，故广州府和下属南海、顺德、番禺等县商人捐金甚巨，以投资田产、铺面等获得的收益来做善事。爱育善堂是近代广东民间慈善事业的发端。宣统《南海县志》的《善行传》中插入一段论述：“论曰：吾粤向无善堂，有之自爱育堂始。嗣是相望继起。至今林立。省会称九善堂。延及各县属各乡，所在多有。举凡灾荒疾疫患难死丧，无亲党收恤者，胥赖以全济之。至于邻境告灾，亦复捐巨资，不分畛域。德施所及一视同仁，先河之功，岂云小哉？”[②]

《南海县志》提到的九善堂，即九大善堂。晚清广州及其下属各县的善堂，不下数十家，广州城内也有十几家，资金最雄厚的有九家，史称“九善

---

① 陈启沅开矿山可能亏本了，见《陈氏家族的资本走向》一章。

② 宣统《南海县志》卷二十《善行传》，中国方志丛书本，第1702页。

堂”，包括城西方便医院、润身善社、爱育善堂、崇正善堂、惠行善院、述善善堂、广济医院、广仁善堂、明善善堂。

爱育善堂名列九善堂之首。陈启沅则创办崇正善堂。这件事《南海县志》记载：陈启沅对“羊城崇正善堂、官山普济善堂均捐金甚巨”。①官山普济善堂则找不到其他资料。陈启沅捐出的银两甚巨，就是这个善堂建立的最早资源。虽然崇正善堂创办时间比爱育善堂后，但名列九善堂中。

史载崇正善堂成立于光绪二十二年（1896年），主办者陈启沅、陈惠甫等。②广州银号商人陈惠甫先找到陈启沅，相约办崇正善堂。陈惠甫，又名陈基建，是店工出身的银号司理，名义上他是一个有职衔的商绅，主理粤商自治会，但又被有功名的商绅视为“市井无赖，目不识丁”。无论从自我认同还是社会认同来看，陈惠甫的士绅身份基本上没有被重视。③同治、光绪之际是广东绅商世代交替的时期，由于丝业发展带动了广州商业格局的发展，一批新的绅商需要崭露头角。④因此陈惠甫急需找到一个提升自己名望的位置，办善堂便是最好和最有效的办法。于是他找到陈启沅，建议设立一个以药材行组成的善堂。

陈启沅并不在意陈惠普是否得到士绅正流的认同，而乐于同他一起办善堂。陈启沅在简村开设的寿世堂药材店，⑤以做善事为主，没有盈利，一向是陈启沅以经营丝业的盈利维持。陈启沅第六子陈竹君经营奇和堂药局，邱捷引文献称陈竹君是“成药商”。⑥故陈启沅最初捐款促成了崇正善堂的开

---

① 宣统《南海县志》卷二十《善行传》，中国方志丛书本，第1728～1732页。

② 广东民政厅：《广州救济事业之调查》，《广东民政公报》，民国十八年，第211页；广州档案馆10-4-1013，《广州私立慈善团体一览表》，1937年5月。

③ 邱捷：《晚清民国初年广东士绅与商人》，第113～114页。

④ 邱捷：《晚清民国初年广东士绅与商人》，第44页。

⑤ 陈天杰等：《广州第一间蒸汽缫丝厂继昌隆机器创办人陈启沅》，载《广州文史资料》1963年第8辑。

⑥ 邱捷：《辛亥革命时期的粤商自治会》，《晚清民国初年广东的士绅与商人》，第199页。

办，而陈竹君经营奇和堂，却维持着崇正善堂的运营。

崇正善堂的最初地址，《南海县志》记载是在南海的“上金瓯堡大冈墟”，[①]后来才迁到广州城内西关第十一甫路一百五十九号，而奇和堂在十八甫路一百零二号。现在的奇和堂药局旧址，是广州历史文化建筑遗址。既然崇正善堂最初设在南海县，后来因为奇和堂在广州，而且省城药材店更多，救济面更广，和各善堂联系合作做善事也更方便，就迁移到广州城内。十八甫路一百零二号原为十三行商人潘氏的花园，园中有口井，据说水通珠江，井中有时见鱼虾。

陈竹君选址时陈启沅来看过，谓这个井的水有活水，必能发财，最后奇和堂药局就开在这里。[②]而陈启沅的寿世堂药材店继续在原址做慈善。陈蒲轩代表南海药材行参与崇正善堂的运作，陈竹君代表广州的药材行参与运作。崇正善堂有自己的章程，如规定：“堂内同人凡创办善事俱归商人料理。”[③]但善堂亦配合清政府进行教化活动，以获得官府的支持。如每天在善堂开讲清代皇帝的《圣谕》。但更多的善堂为感化民众，一般选取内容浅显，宣扬因果报应的故事，或一些忠孝节义、惩恶扬善的事例进行宣讲。清代善书流行，宣讲者往往挑选一些有关世道人心的劝善之书，婉转讲解，以明善恶、正风俗。

为吸引听众，有的还将善书用说唱的形式表达出来，对于识字不多的民众来说，口头说唱更为他们喜闻乐见。宣讲《圣谕》在清末民初流传甚广，以至于演化为一种民间文艺形式，即讲唱文学。[④]除了总协值理负责堂内事务外，各堂一般聘请司事，负责日常堂内杂务；有的还聘请账房，专司日常

---

① 宣统《南海县志》卷六《建置略》，中国方志丛书本，第689页。

② 陈安薇提供。

③ 《崇正善堂总协值理章程》，《全粤社会实录》，转引自黄艳：《试论广州善堂的发展：1871—1937》，暨南大学硕士论文，2001年，第5页。

④ 黄艳：《试论广州善堂的发展：1871—1937》，暨南大学硕士论文，2001年，第18页。

账目出入。司事和账房的聘请，都须有殷实之人保荐，或由总协值理推荐，店铺盖印担保方可收用，并且要求为人谨慎可靠。司事和账房虽无实权，但它在堂中亦起着比较重要的作用。尤其是司事，不仅要进行日常堂务的记录、什务的采办，还须检查工人工作情况、安排日常善事，有的善堂未聘用账房，日常账目的管理也属于司事的职责。因此，各堂章程中均有详细明确的司事规则，如有违例，即行辞退。[①]这种运行机制，能保证善堂的慈善活动正常进行，保证善款合理应用和善堂财产的管理。

善堂作为传统的社会机构，它的整个运作机制，实际上仍沿袭了旧行会组织的传统，是建立在领导者个人品德及信用基础上的机制，在当时整个社会环境都认同崇尚这种习气的情况下，初期善堂的运行是顺利的，其社会功能也得到了正常的发挥。[②]这种情况，亦符合传统社会的行业特点。

崇正善堂主要是广东药材行在广州城内的施医赠药。广州城内病人多，药品短缺，无钱买药的病人轮流到善堂拿筹候诊拿药，很多人天还没有亮就到善堂取筹。由于病人太多，有时两三天都拿不到筹。在这种情况下，崇正善堂与药材行各值理发起，由该行各商号每号捐出药材若干，并发起缘簿募捐，作为经费，延请名医四人在崇正善堂坐堂，为病者号脉诊病，并且赠药，并规定每天一百号，以限制过多的病人，保证义诊能继续进行，让更多的病人能得到救治。[③]

崇正善堂还参与九大善堂组织的平粜、救灾等活动。九大善堂组成救灾公所，在发生大灾时进行赈济活动。即使陈启沅逝世之后，儿子陈蒲轩还参与该善堂的管理，与其他善堂合作。如宣统元年（1909年）三月，清远发生

---

① 《崇正善堂：司事章程》，转引自黄艳：《试论广州善堂的发展：1871—1937》，暨南大学硕士论文，2001年，第6页。

② 黄艳：《试论广州善堂的发展：1871—1937》，暨南大学硕士论文，2001年，第7页。

③ 谭步侠：《广州九大善堂的概况和变迁》，《广州文史资料存稿选编（九）》，中国文史出版社，2008年，第407页。

水灾，各处堤围和房屋被冲毁，耕地被泥沙覆盖，饥民遍野。灾后，广州救灾公所运米急赈，省港九善堂、香港东华医院拨款修秋栏基以复耕，并捐修围工赈款四万大洋，每间损毁房屋给赈五元。九善堂是一个慈善事业体系，各善堂之间，也是互相支持的。如方便医院在民国初缺乏常年生息的恒产，需要在社会上劝捐才能维持，民国二年（1913年）劝捐广告中的义务劝捐人，第一名就是崇正善堂创办人之一的陈惠普[①]。而陈启沅五子陈竹君是崇正善堂的值理，陈惠普应该与陈竹君有密切交往，陈竹君在对方便医院捐助这件事上，应该是不含糊的。

陈启沅创办了崇正善堂，主要贡献是搭建了一个慈善事业的平台，不仅陈氏家人陈蒲轩、陈竹君参与，还为药材商人后来参与这个善堂的善行提供机会。虽然后来崇正善堂因为经费短少而一度停办，但药材行的商家还断断续续进行崇正善堂赠医施药的事业，崇正善堂在抗战前每年支出用于赠医施药的善款，仍然有两千五百元，即使在抗战期间也没有停顿。从这一点说，如果九善堂是近代广东慈善事业的起点，那么陈启沅与同乡陈次壬、钟觐平等绅商，就同是广东慈善事业的开创者。至于九善堂在清末民初的社会变革中扮演了重要角色，却是陈启沅等人始料不及的。

陈启沅在世时，还曾兼任广东善后局的总办[②]。善后局是晚清时在不少有战争和灾荒多的省份建立的。广东善后局的作用有很多方面，赈灾是其重要任务。根据文献记载，善后局和九大善堂的赈济活动是重合的，如“光绪丙午亢旱、丁未（1906年、1907年）大水，迭告灾荒，米价翔贵，穷民艰于食。时岭云阶春萱督粤，谕善后局拨助六万两，凑集存款、垫款二十余万元，由九善堂、总商会、七十二行、东华医院各商会函电中外筹捐，购米运回，举办平粜”。虽然这段史料描述的是陈启沅逝世之后的事，但也说明善后局与善堂的关系。

① 《广州七十二行商报》，民国二年六月三日，中山图书馆微缩版。
② 〔民国〕陈蓰直：《家中先人事略》，手抄本复印件。

爱育堂东厅设立的平粜总公所，用于接济各府、厅、州、县四乡运米平粜。“省中分四厂，东厂在南关大码头，西厂在西关彩虹桥，河南厂在海幢寺，黄沙厂在连庆桥，各分男女两厂。协同巡士清查贫户造册给票。东南关、新城、老成、小北附近各乡贫民在东厂粜米，上西关一带及大北门、恩洲堡、附城各乡贫户在西厂粜米，下西关及泮塘、芳村、花地附近各乡贫户在黄沙厂粜米。一时饥民得食，存活甚众，足莫大之功德矣”。[①]这时陈启沅已经过世，陈蒲轩是否还有在善后局担任职务则不清楚。但通过这条史料，我们推测陈启沅在世时兼任广东善后局的总办，主要还是协调善后局与各善堂的救灾赈济活动。

陈天杰还提到陈启沅倡修云泉仙馆。[②]云泉仙馆最初建成是在嘉靖初年，南海县人何东江在山的西麓白云洞筑室修炼，其子续其志再增修。后有人看中这个环境清静的地方，将它修成一个书院。到了清代道光十八年（1838年），好道教者在白云洞的逍遥台上奉祀吕洞宾，召道士守其地，一些信奉道教的人就筹建云泉仙馆，道光年至光绪年建成。门的匾上“云泉仙馆”是两广总督曹英所书。云泉仙馆依附山峦而建，面向西南，三面环山，对着如镜的湖水，山边飞流千尺，泉水直泻而下，右边是奇峰如林，紫气祥云升腾而起，四围树林苍郁，入之如进仙境。仙馆有众多的建筑，奉祀道教神仙。

光绪三十三年（1907年）道人李树光为建好的云泉仙馆做了一个碑记，称光绪二十七年（1901年），道人陈兆平倡议重修，光绪二十八年（1902年），重修云泉仙馆，“裒集千金，贯同人之好义”[③]。由于李树光的碑记没有具体提到捐款人的名字，我们无法知道陈启沅捐了多少钱。简村人今尚

① 宣统《南海县志》卷26《杂录》，中国方志丛书本，第2014～2015页。

② 陈天杰等：《广州第一间蒸汽缫丝厂继昌隆机器创办人陈启沅》，载《广州文史资料》第1963年第8辑。

③ 〔清〕李树光：《云泉仙馆增建亲帝殿碑》，《南海文物志》，广东经济出版社，2007年，第68～70页。

传说，陈启沅信仰偏于道教，对此事很热心。他当时对简村堡的富人和士绅说，你们捐多少都行，剩下的款项我全包了。[①]可知陈启沅捐的银子是不少的。当云泉仙馆重修好的光绪三十三年，陈启沅已经逝世。

光绪末期，南海士绅就已经策划修宣统《南海县志》，认为“事积久则易湮，无以流传”[②]。总纂人之一的潘誉征亦是西樵人，与陈启沅相熟，两人在交往中或谈及此事，陈启沅吩咐陈蒲轩如修志时捐一千两银子，以表达对家乡文献的一点心意。但当光绪三十三年开局修志时，陈启沅已经故去，故陈蒲轩以“花翎道衔陈启沅”名义捐了银两。有人说是他这一千两银子捐出买了“花翎道衔”的名义，才得以名列《南海县志》捐修册内的。[③]这是对陈启沅的“素志”不了解所造成的误解。[④]

家乡的人们对这位大善人是怀念于心的。陈启沅在光绪三十年（1904年）从外地赶回家乡路经佛山，不幸去世，或者是由于年老劳累过度，简村人传说他得“暴病”而逝。噩耗传到简村，父老乡亲都哭了。在他出殡的那天，从简村到罗村的路上，人们自觉举行路祭，都说“要给七老爷送行”，遗体经过的沿途纸钱满天，香火缭绕，哭声不断。每年清明陈启沅的后人去扫墓时，都会在墓前看到很多人敬献的香火和祭品。人们在墓前拜祭完毕，就会吃甘蔗，他的墓前到处都是甘蔗渣。据说这是南海人扫墓的习惯，谁吃的甘蔗越多，尝到陈启沅所赐给的甜头越多，就越能发财。[⑤]

---

① 据林润明叙述，2018年4月。

② 宣统《南海县志》序，该书扉页。

③ 陈德华：《关于继昌隆缫丝厂值得探讨的几个问题》，载《苏州大学学报》2000年1期。

④ 宣统《南海县志》卷二十一《陈启沅传》：“有劝之入仕者。启沅曰：我岭海农夫也，仕非所愿，亦行吾素志而已。”见中国方志丛书本，第1732页。

⑤ 据陈安薇叙述，2018年5月。

第十五章

结　语

一、陈启沅的历史地位

以往对陈启沅和继昌隆的研究，主要集中在机器缫丝业兴起和资本主义民营企业的早期诞生这些方面，而没有将陈启沅放在更广阔的社会层面去研究，因而忽略了他作为中国近代化推手之一的历史地位。

“晚清中国近代化推手”是一个很大的命题，我们可以说康有为、梁启超、孙中山等人都是。如果我们将眼光往下看，在经济史层面做过重大贡献的“小人物”，如陈启沅，都可以包括在内。

为什么说陈启沅也是“晚清中国近代化推手”之一？

所谓中国的近代化，是以经济工业化、政治民主化和思想上的理性化科学化为主要标志。在中国，近代化也就是工业化和与工业化相伴随着的政治、经济、文化等方面的变化，就是实现社会的转型，即从封建社会向近代社会转化。其核心是经济的工业化和政治的民主化。经济的工业化是以众多的工业家和国家的经济、产业政策互相影响、相互作用来完成的。陈启沅就是这样一个伟大的工业家。

将陈启沅和继昌隆放在近代中国经济工业化过程之中看，陈启沅无疑是民营新兴产业的一个先驱者，继昌隆是由一个近代工业先驱创造出来的新事物。更重要的是，这个工业先驱以无私的精神和态度，将技术红利给社会大众分享，因此创造了在晚清至民国早期珠江三角洲的经济奇迹。

伴随着机器缫丝工业的进步，又要求工厂原料终端的蚕桑业扩大再生产和技术的改良。而陈启沅这位工业家，写出珠江三角洲第一本蚕桑专著，倡导进行蚕丝改良，并以书面的形式，将新兴的机器缫丝技术公布出来。所以，陈启沅还是岭南第一个蚕桑改良专家和新兴工业技术的推广专家。如果从晚清蚕桑改良运动这个角度看，同时具有工业技术先驱、蚕桑改良专家双重角色的人，在近代经济史上还是不多见的。陈启沅创造的不仅是一个很大的行业，影响到江南，还对当时的实业思潮、实业救国的思想行为起到推波助澜的作用。从而，使中国涌现了一批从事新兴实业的工业家。

如果我们从广阔的层面来说，以陈启沅创办的继昌隆为代表的机器缫丝业，还推动了清末民初广东的工业化进程。陈启沅在缫丝机器方面的成就，说明他在近代广东制造业的地位。陈启沅在制造缫丝机器过程中，请广州从事机械制造的陈联泰号老板和工人帮助制造继昌隆的缫丝机器，前者学习和接触了轮船动力机械的原理，陈联泰号被称为广东民营机器制造业的始祖，除了能制造缫丝机器，还可以制造多种动力机器，拥有十艘动力轮船，是广东民营轮船业的创始者[①]。后来的均和安、协同和机器厂等著名机器制造厂，都与陈联泰号有直接或间接的渊源。在顺德的乐从也出现了缫丝机器制造工厂。这是陈启沅对近代广东民营机器制造业的间接贡献。

在民国二年（1913年）《广州七十二行商报》上，有沙面的德国洋行推销动力机械的广告，“英国名厂机汽铁炉”，以及“汽灯、电灯、电线风扇、铁路材料、水泵、锣木、纺织、印刷、磨米面各种机械及机司所用一切物料，异常精美”，[②]证明当时广东市场对这些机器有非常大的需求，洋行才打广告。民国元年（1913年），农工商部的调查显示，广东是应用动力工厂最多的省份，工厂数占了全国三分之一以上，自继昌隆缫丝厂开始，二三十年间广东陆续出现了一批由中国人投资的缫丝、造纸、水泥、卷烟、榨油、碾米、食品等工厂，以及一批机械、传播修造厂。继昌隆搬到澳门以后所建和昌缫丝厂，有用马达的括丝场，生产六角丝。所以陈启沅亦是华南丝区中最早用马达动力的工业家。“使用动力的工厂”是最能体现“近代化”或“现代化”的企业，清末使用动力的企业，最多的是丝业。动力工业促进了对煤的需求，使近代采矿业有新的发展，当然木炭业的需求也大。

工业化还推动了都市服务业的发展，广东势力最大的商业之一——丝

① 伍锦：《解放前广州私营机器工业概况》，载《广州市文史资料》1981年第23辑。

② 《广州七十二行商报》，民国二年六月二日，中山图书馆微缩版。

庄，主要业务是为丝厂调动资金、售卖产品，因此丝庄也同时经营银号。[①]不少银号老板就是丝庄老板，或者说丝庄老板就是银号老板，如陈启沅的孙子陈廉伯、陈廉仲兄弟。这为商人登上政治舞台展示自己的力量奠定了基础，清末民初“政界之有大举动，遂悉为商人是赖”[②]。善堂的开办，就是商人展示自己力量的舞台。如陈启沅为开办人之一的崇正善堂，不仅从事慈善事业，而且与其他八个善堂一起从事政治活动，陈启沅的儿子陈竹君参与粤商自治会的爱国活动和立宪运动，并与革命党人有密切关系。

继昌隆的伟大贡献，还在于推动整个缫丝行业的技术革命。晚清民初一大批缫丝企业中，出现数万工人阶级队伍，并且是以女性为主。这些重大的历史事件，正是由工业的近代化而导致政治的近代化进程。陈启沅当初也想不到，他自己是这些重大事件最初的“推手”之一，从而影响了近代中国民主主义革命的成分，间接影响了近代中国民主主义革命的进程。

陈启沅热衷慈善事业，兼任不领薪水的广东善后局总办，创立广东总商会，管理广东惠济仓等，调解纠纷，兴办矿业。在南海地方社会，陈启沅热心桑园围的水利建设，被认为是水利专家。他利用在风水学方面的专长宣传慈善，所以他又是一位杰出的社会活动家。广州总商会之成立，他亦为发起人之一。缙绅公推其管理豫丰、惠济两谷仓，办理得宜，人皆称之，其利于国家人群者良非浅鲜。[③]

陈启沅最大的慈善事业，是创办继昌隆和推广新兴丝业技术。他的慈善行为的深层思想，源于他不求回报和普惠大众的想法，所以他又是一个大慈善家，参与开创了近代广东的慈善事业。他捐出巨资建立崇正善堂——著名的广东九善堂之一。崇正善堂与其他善堂一起，在清末民初的政治、经济、

---

① 以上参见邱捷：《近代广东的商人与广东早期的近代化》，《晚清民国初年广东的士绅与商人》，第261～263页。

② 宣统《粤商自治会函件》序言，中山图书馆藏本。

③ 〔民国〕陈孺直：《家中先人事略》，手抄本复印件。

文化等方面都起着重要作用，给当时的商人阶层，提供了一个参与社会事务的平台和实现商人政治理想的舞台。特别是在清朝灭亡民国诞生这一时段，包括崇正善堂在内的九善堂，所起的作用是不容忽略的。这些影响，是陈启沅以及他儿子陈蒲轩、陈竹君等人也始料不及的。

二、陈启沅乃粤商之榜样

在晚清，陈启沅只是亦商亦绅的“绅商”。但如果从他所具有的商业精神、科学精神、慈善思想来说，他具备同时代绅商所没有的思想境界。他的思想文化，即使放在当代，仍是值得人们效仿、学习的对象。

（一）敢于拼搏的商业精神和实业精神

陈启沅具有敢于拼搏的商业精神。他本是一介寒儒，但并不甘心穷苦的生活环境，年轻时即使身怀微刻、微雕的绝技，但并不满足，“其立志高远，自以为雕虫小技难能可贵，亦不过手足之烈，不足以饷馈人群也”。[①]于是不怕跨洋万里之远，与兄渡洋经商，虽覆船而不惧，损失货财而再起，终于在异国他乡立根。他虽以买卖得利而认为不足，以实业方为根本，于是将本有根基的事业转向制造业，复回国创设继昌隆。事业初有成就，复遭经纶堂事件而遭乡人、宗族之非议，仍不放弃而转战澳门，重新建厂而成绩斐然。三年后他再回家乡重整旗鼓，厂丝复盛。他建立了工厂，又采取科学的管理方法，取得了优异的生丝品质而获得外商的青睐。同时他不满足靠丝庄赚取中间价格而自办丝庄，直接和洋行做生意，极力将利润做到最大化。

陈启沅勇于拼搏的商业精神，其实也与他的实业（制造业）精神是一脉相通的。他从商业起家，却时刻想在家乡创办制造业，以改变缫丝生产的落

① 宣统《南海县志》卷二十一《陈启沅传》。

后状况。他在越南从商赚取到巨利，但无时不在当地研究缫丝工艺和原理，学习制造缫丝机械，从一个从事买卖的商人变成一个缫丝专家，最后决然卖掉部分物业，将资金转回国内，从事继昌隆的创业。他如果没有敢于拼搏，力图以实业报效国家的精神，决不会这样做。

陈启沅在广东科技史上也有一定的地位。他撰写《陈启沅算学》，以通俗的形式宣传实用算学。虽然这本书在中国数学史上没有它的地位，但在岭南科技史上，无疑有重要的地位。他将深奥的算学从士大夫的书斋中解放出来，以简单易懂的应用题释疑，使农工商者都能认识算学，这是以往的士大夫不能做到的。所以将陈启沅称为一个实用算学家，并不为过。在广东这个商业极为发达的地区（特别是民间），陈启沅这类行为还是少见的。

如果从华侨史来说，陈启沅在华侨资本创办实业方面的历史作用，比起张弼士可以说不分伯仲，所以说陈启沅还是一个伟大的华侨实业家。后人记载他“当年只乘帆船，月余始达及，微有所获，即曰：祖国人民生计穷蹙，非振兴实业无以挽救。遂鬻埠上产业，归而创设蒸汽力缫丝厂，经年始成，号其厂曰继昌隆”。[①]这些语言，表达了一个华侨实业家实业报国的伟大理想。

（二）追求科学的不懈精神

作为一个传统社会的士子，陈启沅除了有敢于拼搏的商业精神之外，追求科学也是他一生的目的。他钻研缫丝机械，除了参考国内传统算学之外，还学习了中文译本的西学著作。从《陈启沅算学》看，他不仅精通传统算学，还学习了西人的机械制造学，懂得蒸汽机制作、机械传动、气流动力的计算。《陈启沅算学》中的应用题，说明他知识面广泛。在《蚕桑谱》中，他不仅总结了自己在年轻时期懂得的蚕桑知识，办厂之后，还进行了蚕桑业

① 〔民国〕陈孺直：《家中先人事略》，手抄本复印件。

的改良试验，提出了不少新技术。即使对风水学，他也是抱着科学的态度认真研究，在《理气溯源》中用考据的方法，对《四库全书总目提要》中关于堪舆学著作的部分提出质疑。我们不要对陈启沅的风水学做过多解读，而是要学习他的治学方法，这种研究方法至今仍有生命力。

（三）胸怀广阔的家国情怀

陈启沅有浓烈的家国情怀。咸丰年间他正年轻气盛的时候，内忧外患，他认为天下数年不会太平，说："民生凋敝，宁忍坐视？"对照自己的情况，"运筹帷幄，决胜疆场既非所长，亦非吾志。惟天既生我，我于中国，睹此干戈扰攘，战争未息，岂可跼蹜乡闾以流离转徙，了此余生乎？于是决意计远游，冀有所得，以还哺祖国。"①这就是将个人、家庭的命运，与国家的前途命运联系在一起的家国情怀。这是那个时代许多志士仁人的共同理想。陈启沅选择了实业报国，并且实现了自己的理想。当时不少绅商普惠大众不求回报，这也是他们大办慈善事业的初衷，陈启沅可以说是他们之中的佼佼者。这种家国情怀，永远有其现实价值。

陈启沅第九子在给先人作传记时说："余父一生综其行状，实儒而商者也，故不但为无名之大实业家，大慈善家，且为一造诣甚深之理数学家。余不肖，未能踵其万一，惟望我后世子孙，继志述事，光扬祖德，并呈请政府而旌表之，庶几无负先人之德尔，资有所法式焉。"②陈启沅的伟大精神和崇高理想，其嘉言懿行足为后人所法式。将他定位为近代佛山精神文化的一个标杆，具有非常重要的现实价值。

---

① 宣统《南海县志》卷二十一《方技传》。

② 〔民国〕陈孺直：《家中先人事略》，手抄本复印件。

三、陈启沅给予我们的历史启示

陈启沅在晚清的作为和继昌隆的创办，也给我们留下了深刻的历史启示。

（一）国家对新兴产业要有引导作用

陈启沅和以继昌隆为代表的新式缫丝业，创造了清末民初珠江三角洲的经济奇迹。这一历史事件告诉我们，一定要立足制造业并且实现技术的持续升级，才能保持经济的持续发展。在这个过程中，国家对制造业的产业引导是必要的。南海县令在经纶堂事件中对继昌隆等新式丝厂的打压，导致陈启沅等含泪出走。而顺德则没有发生这种情况。在后来的发展中，顺德的新式缫丝业超过了南海。虽然机器缫丝业在今天说来，是低端的手工业类型，但是在那个时代属于新兴产业。继昌隆创办之初，技术的推广完全靠陈启沅个人的努力，手段不外：一是向前来参观的人解说，劝导他们效仿；二是撰《蚕桑谱》，将蒸汽缫丝机器的图样和缫丝法用文字表达，刻书广为传播。陈启沅的行为在那个时代是孤独的，但由于他的坚持，才在缫丝业中得以立足。继昌隆和经纶堂事件说明，新兴产业需要国家的扶持和引导，才能发展壮大。资本是逐利的，在没有瞄准投资方向时却是盲目的，国家的产业政策能引导资本投向新兴产业。后来洋务派对粤省机器缫丝业的支持，就是例证。

（二）新兴产业的兴起需要企业家精神

陈启沅从读圣贤书的士子成长为企业家，而且是一个杰出的工业家，因为他具有当时一般士子所没有的企业家精神。什么是企业家精神？“企业家”这一概念，由法国经济学家让·巴蒂斯特在1800年首次提出，即企业家使经济资源的效率由低转高。“企业家精神”则是企业家特殊技能（包括精神和技巧）的集合。或者说，“企业家精神”指企业家组织建立和经营管理企业的综合才能的表述方式，它是一种重要而特殊的无形生产要素。陈启沅的企业家精神与当代的企业家相比，当然还有很大的差距，但他有以实业报效祖国的宏大抱负，今天的说法是“企业家的社会责任感”，出现在那个时代是难能可贵的，在今天看来还具有现实价值。特别是他专注于制造业实属难得。虽然由于文化基础的关系，晚年陈启沅专注于风水学的研究，但我们不能因此责怪他。

陈启沅具有时代的局限性，我们不能过多地苛求前人。他家族的机器缫丝事业，从继昌隆开办直到1928年经济危机爆发时才正式结束，他的缫丝厂仍是珠江三角洲经营时间最长的缫丝厂，他和他的后代（主要是陈蒲轩）专注于制造业的精神还是值得学习的。陈启沅虽然传播了机器缫丝业技术，但其企业家精神他人却是很难学习的，来向陈启沅学习技术的人，却不一定具备企业家的素质，这就使机器缫丝工业兴起之后，出现了管理水平和缫丝技术都参差不齐的情况，于是各厂出口的厂丝质量、成本和利润都有差别。

（三）新兴产业的发展壮大，需要持续不断的创新和人才培育

以继昌隆为代表的新式缫丝业的发展历程，也给我们留下一个历史启示：新兴产业的壮大和发展，需要持续不懈的创新和人才培养。继昌隆之后的广东机器缫丝业，在技术上缺乏创新，在资金方面不舍得投入研发，管理上粗放，不注重改善产品质量，一有利润就分掉，以致产品价格在国际市场上逐渐丧失竞争力。民初外国丝商来广东劝丝商改善产量品质，竟然没有丝商响应。

在丝业的原料方面，由于蚕病增多，蚕农不懂得蚕病防治，以致茧体越来越差，缫出的丝质量不好，卖不出好价钱。虽然1934年广东当局在南海、顺德丝区实行蚕丝改良运动，但那时生丝的国际市场行情已经走下坡路了。后来民国政府提出的蚕业统制政策，就是试图用政府的力量来实行缫丝业和蚕桑业的生产、流通一体化改革。但是由于抗战爆发，南海顺德的蚕丝改良

运动亦流产了。这一段历史告诉我们，新兴产业的发展虽然是市场的事，但政府的引导和支持也是必不可少的。

在陈启沅那个时代，没有人才培养的概念和机制。上文说到广东机器缫丝业缺乏人才，是缫丝业缺乏持续创新的原因之一。在民国时代，随着近代农业教育的兴起，才培育了一些人才，但普遍不能进入私人缫丝厂发挥作用。这段历史说明，晚清民国的新式缫丝业缺乏创新，原因之一正是缺乏人才。

（四）民间慈善事业需要企业回报社会和国家支持

陈启沅是近代广东慈善事业的开创者之一。当时的慈善事业参与者，主要是绅商。因为当时的人民大多还处于贫穷状态，没有钱从事慈善，反而这些弱势群体是需要救济的对象，社会需要富有阶层进行慈善事业，社会才能稳定。这个历史事实告诉我们，慈善事业的大规模发展，必须以社会经济文化的发展为前提。陈启沅的慈善思想很值得研究和发扬。他的慈善是发自内心的，他无私地将自己研究的技术拿出来让大众分享，也发明了大众都能应用的足踏机。这种行为在今天叫作“让大家都富裕起来”，放到企业的层面，叫作“企业的社会责任”。企业要创造普惠大众的技术知识，推而广之而不求回报。这是陈启沅留给我们的重要的慈善思想文化遗产。

（五）要重视新兴产业带来的社会进步，同时也要注意解决贫富分化现象

我们叙述了陈启沅及其后人的日常生活史，说明了家庭财富增长与社会变迁的关系。即一部分人会在新兴产业的进步中获得最大利益，能享受家庭财富增长带来的物质、文化的消费升级。也有一大部分中下层人，或由于缫丝业对茧的巨大需求而使桑基鱼塘大发展，或是由于足踏缫丝机带来多于手车缫丝的利润，因此而获得消费生活改善的条件。如《蚕桑谱》自序中提到的光绪年间南海人多穿金戴银的现象。

但是我们也从当时的史料中，看到丝业市场波动时，底层社会农民由于资金少而受民间高利贷盘剥，或者因为丝市至低谷而亏本，或者因为茧市失收（减产），或者因为水利灾害发生浸泛基塘求救无助。在这种情况下，底层人群就很容易返贫。这方面的史料，在晚清民国的文献中很容易找到。清末民初机器缫丝业带来社会进步和底层人群容易返贫的现象，也提示我们既要重视新兴产业带来的进步，也要注意保障社会底层人群的生活。陈启沅及其儿孙重视慈善事业，是为了救助贫困无助的社会底层人群，也给当代人提供了榜样。

西樵山下出现了陈启沅这样一个伟大的人物，亦可以为“天下之西樵”这一说法提供一个注解。陈启沅的作为及其产生的重大影响，彰显了西樵文化在中华文明近代化进程中的重要历史地位。

附　录　陈启沅与陈氏家族年表

道光十四年（1836年），一岁（陈蒲直《家中先人事略》），陈启沅出生于南海简村一个贫苦农民的家庭。启沅字芷馨，号南海息心老人、岭南畸人、鬼眼七。少年，入私塾读蒙学。

青年，一边读经学，学习八股文准备应试中科举，一边跟父亲奉政公学习耕塘、耕桑。奉政公自号“乐耕”，向陈启沅兄弟传授“耕读传家”的道理。南海县志云：陈启沅“少孤贫”。即此时期。

大致在道光末年，父死，弃儒而随兄长耕塘、耕桑。陈启沅此时以不善操戈，而有从商，以实业报国的志向。

咸丰初年，二兄陈启枢出洋谋生。三年后陈启枢已经颇有积蓄。

咸丰四年（1854年），十八岁，随二兄陈启枢到越南经商。十年之间，颇有斩获，先设酱园，办钟表修理店，继设怡昌荫号，经营染货纱绸。后来又承办了当地唯一的典当行“怡丰饷当”，这是越南堤岸政府准许经营的唯一典当行。

咸丰四年（1854年）到同治十年（1871年）之间，对中国实用算学已经有较为深入的研究，尤其对商业数学颇有心得，对古算学中的疑难问题能提出质疑。在越南，贸易活动之余，考察当地的蚕业和法人的机器缫丝业，细心考究了多间工厂，并因法人不卖缫丝机器而秘密考察丝厂工艺，并学习西人机械制造学。考察完晚上画机械图纸。到同治十年，已经熟练掌握机器缫丝业的机械结构和制造方法，并已经设计了一批图纸。

同治十二年（1873年），三十六岁，陈启沅从越南拿七千两白银回简村筹办继昌隆缫丝厂[1]，还带回一轮船蒸汽机和一箱图纸。陈启枢在越南继续经营。

最终选择简村为建厂地址。与广州陈联泰号机器店合作建造缫丝机器，陈启沅出图纸，陈联泰号按照图纸制作机器。陈联泰老板陈淡浦为西樵人，被称为“机器老人”。陈启沅将轮船蒸汽机交陈联泰号拆解，陈淡浦开始懂得制作缫丝机械和轮船机械。此为清末民初广州民营机械制造业发展的契机。

同治十三年（1874年），三十七岁，秋冬之交，继昌隆机器缫丝厂在简村正式开工。南海人称此为“鬼絚”。于是“鬼絚”就成了新式机器缫丝厂的别称。

同治十三年到光绪六年（1874—1880），三十八到四十四岁，继昌隆开业顺利，缫出的蚕丝光滑，深得外商欢迎。在此期间，陈启沅欢迎南海士绅参观，并传授缫丝机器技术，“三年间踵其后而学者约千余人，为股东者虽得获小利而男女工借此觅食者已良多矣”。（《蚕桑谱》自序）简村附近学堂村陈植棨、陈植恕兄弟仿继昌隆，办学堂村缫丝厂。到光绪六年，南海境内有十间缫丝厂，顺德境内也有机器缫丝厂，继昌隆创办第二年，机器缫丝厂出现在龙山，由温氏开办。大约是在继昌隆开办之后的三到四年间，陈启沅再改造足踏缫丝机，便于蚕农使用。

光绪七年（1881年）八月，四十五岁，经纶堂对南海境内的缫丝厂发难。纠集简村附近十余乡村机工，准备始攻学堂村，继捣继昌隆。机工捣毁学堂村缫丝厂，损失机位和生丝价值共约万元。因简村有备，经纶堂人先退。次日再攻继昌隆，南海县知事徐赓升率官山清兵弹压，劝退经纶堂人，并下令继昌隆等南海境内缫丝厂全部停业，同时经纶堂被下令十人设立工头一人，一乡设立一祃首。此举亦为日后陈启沅归来重办缫丝机器厂扫除障碍。年底陈启沅至澳门考察办厂地址。

---

① 《蚕桑谱》自序。

光绪八年（1882年），四十六岁，继昌隆迁移至澳门续办，改名“和昌”，后又改名“复和隆”。娶丝工罗氏为妾，在此之前，陈启沅的二、三妾已经去世。在继昌隆迁址澳门期间，陈启沅子锦筼、蒲轩用蒸汽单机足踏缫丝机先后开办“利厚生”“利贞”丝厂。这时顺德缫丝厂多于南海。此后，除了管理澳门工厂，他还经常来往于澳门、广州、西樵之间。

光绪八年，四十六岁，《理气溯源》书稿成。光绪十年（1884年）刻本出。刻本自序中称研究堪舆学已有三十余年，至少在青年时代就已经浸淫风水学。每卷下写“南海陈启沅，芷馨著”“宗弟陈星樵编辑，族弟陈启容、儿子陈乃材同校对”。则随陈启沅学习风水堪舆者多于随其学算学者。《理气溯源》中夹杂算学，自序中说：圣人言理和气，此二者须以数表达，但数必须算才能得出。又云吉壤不能一定保佑后人，如先祖有恶行，后代必须以善行补之方可。由此可见陈启沅的风水观和善恶观。

光绪十年（1884年），四十八岁，捐资并负责重建西樵山上的给简村子弟读书的云溪书院（后改名云瀛书院）。潘石朋作《云瀛书院碑记》记录此事。

光绪十年至光绪十四年（1884—1888），作为南海士绅代表管理惠济义仓。光绪年间桑园围经常遭受潦涨之害，陈启沅的工厂在简村时，每遇水潦，他与儿子陈蒲轩经常参与抢修堤围、抗水灾的活动。

光绪十一年（1885年），四十九岁，南海县令准继昌隆迁回简村，改厂名“世昌纶”。但是女工多反对多汽机的缫丝工序，故陈启沅只是接收了“利厚生”“利贞”丝厂，并没有在简村再恢复继昌隆的规模，而原在澳门的工厂也没有拆除，而是继续经营。陈天杰说澳门的丝厂迁回简村，实误。陈孺直说陈蒲轩在民国“以一人之力而管理丝厂三家”（陈孺直《先兄蒲轩公事略》），指的就是“利贞、利生两丝厂，兼管理澳门和昌丝厂”（《先兄蒲轩公事略》）。光绪年间顺德机器缫丝厂数量已经多过南海县。陈启沅并在广州开办“昌栈丝庄”，直接与洋行交易。从此“昌栈丝庄”成为陈氏家族涉足对外对内蚕丝市场的平台，业务是陈蒲轩主持。陈启沅亦在“昌栈丝庄”内聘请广州市的蒙学教师和英语老师，为陈氏子弟读蒙学，学英语、数学的教学地点。

光绪十一年（1885年），四十九岁，陈氏家族分家，在继昌隆原址上建“绮亭陈公祠”与家族庄园百豫坊。“绮亭陈公祠”为“生祠”，被陈启沅视为陈氏家族的保护神。陈启沅按照风水学布局设计了这座庄园，以收聚财气和锁住风水不外泄为目的。其建造价格大约相当于一座新式缫丝厂的建造费用。

光绪十二年（1886年），五十岁，《蚕桑谱》稿本出，是广东第一部蚕书。该书被传抄不已，书中提到“十数年前”办缫丝厂的事（卷二），则在光绪初年前后开始撰写这本书。“凡例”中介绍，写这本书是“专为教人种桑养蚕之法”，所以在书中尽量做到文理通畅，多用粤语俗字而明白易晓，避免晦涩难懂。又书中所述之机器缫丝法最有价值。其中蚕桑业的技术操作，亦是陈启沅从青年时代已经有积累。写这本书又对蚕桑技术的操作做了改良法的讲解，颇有蚕学价值。《蚕桑谱》稿本的传抄，开启了佛山蚕书的书写的时期。光绪十九年（1893年）卢燮宸《粤中蚕桑刍言》刻本出，宣统年罗定“泷阳蚕桑义学”刊行《岭南蚕桑要则》。这两本除了在蚕学方面各有特点之外，还明显受陈启沅实业思想的影响。

光绪十三年（1887年），五十一岁，两广总督张之洞推广新式缫丝业，派“候补知县李长龄前往各县逐一确查”，调查佛山地区缫丝厂，报告称顺德四十二家，新会三家，这些都是多釜位的机器缫丝厂。南海则无。亦证明陈启沅自澳门回来，并没有再在简村建多釜位的机器缫丝厂。

光绪十五年（1889年），五十三岁，《陈启沅算学》刻本出。门人顺德林宽葆容圃氏校刊，次子陈蒲轩从头到尾都参与校对和绘图，十三卷末附“测量遗谱”，大儿子陈乃材、次子陈乃策（蒲轩）同校。为撰此书，作者涉猎古代算书数百种，书中引用最多的是《周髀算经》《九章算术》，“大旨首遵《数理精蕴》，其次《算法统宗》《屈氏数学》《梅氏丛书》，皆经领会，择无至精”。书中自序还参考了《几何原本》等西方算书。书中陈启沅设计了大量的数学题，并以“陈启沅曰”提出自己的解法，以便初学者领会。书中还有机械制造学、机械动力学等知识，可见陈启沅的算学知识结构。

据陈启沅在《陈启沅算学》自序中所言，除了《蚕桑谱》《理气溯源》等已经出版的书之外，还有《联吟集》《菊宜谱》《略验方拾遗》《艺学新篇》《课儿尺牍》等未刊。从书名推测，《联吟集》是诗歌吟咏，《菊宜谱》是研究种植菊花的农书，《略验方拾遗》是医书，《课儿尺牍》是教如何写书信的。但上述《联吟集》等五种均未见刊行。陈孺直记载陈启沅有《周易数理会通》一书，未成。宣统南海县志提到此书，称为《易理数会通》。

光绪二十年（1894年），五十八岁，主持设计、督修桑园围最古老的吉水窦。李锡培作《吉水窦碑记》纪此事。吉水窦改建成功，使陈启沅在桑园围声名大振。

光绪二十二年（1896年），六十岁，与陈惠普等开办崇正善堂。初，崇正善堂设于南海上金瓯堡大冈墟。后为便于赠医施药，迁至广州，陈启沅第六子陈竹君为司理的奇和堂对维持崇正善堂在广州的慈善事业起了很大作用。崇正善堂为晚清广州九善堂之一。崇正善堂是由药材行组成的，专门赠医施药救济病人。有崇正善堂参与的九善堂活动，对清末民初广东的政局和社会经济文化都起了巨大的影响。

光绪二十三年（1897年），六十一岁，《蚕桑谱》刻本首次刊行。潘衍桐为陈启沅的书作序，他称赞此书“诸法具备，洪纤无遗”，此书一出，“粤人已先受其惠，湖人亦不得专其美”。光绪二十九年（1903年）岭北人吴尉在天津某官署看到此书，大喜过望，就将此书又重刊一次，此书又在岭北蚕区和蚕桑改良活动中得到流传。

光绪二十三年二月，六十一岁，桑园围士绅议迁李村河神庙于新基上。公举陈启沅董其役。光绪二十四年（1898年）十月告成，费白金一万余两。九江士绅冯栻宗有《重修南海神庙碑记》纪其事。

光绪二十五年（1899年），六十三岁，作为南海士绅代表管理预丰义仓。大约同时任广东善后局总办。倡议建立广东总商会，该商会是粤商自治会的前身。

光绪二十六年（1900年），六十四岁，以广东善后局总办身份受总督陶模委派前往韶州府调解矿山纠纷。事成之后，受总督陶模委派到粤北开银矿。后受陶模委派到西北考察开金矿事宜。陈启沅以年事高为由，委派儿子陈蒲轩前往。陈蒲轩自西北返，买回大批西藏红花。

光绪三十年（1904年），逝世于佛山，终年六十八岁（陈孺直《家中先人事略》）。葬于南海县罗村鹧鸪岗。陈蒲轩成为陈氏家族商业的主要掌舵人。

光绪三十四年（1908年），陈竹君以"奇和堂药局"名义据光绪十二年（1886年）作者稿本翻刻《蚕桑谱》一千册，送广东劝业道十本。扉页有光绪十三年（1887年）两广总督与总理海军衙门的来往文件。

宣统元年（1909年），第九子陈孺直以昌栈丝庄司理身份担保蒲轩子陈廉伯为汇丰银行买办。陈孺直赠陈廉伯诗有"一飞冲天人皆惊"之句，表达了陈氏家族在陈启沅逝世之后对陈廉伯的期望。

清末，天花流行，第五子陈竹君为司理的奇和堂成功生产出大量合成牛痘苗，开创了广东生产牛痘苗的历史。

1909年，陈廉伯扩大"昌栈丝庄"对本地生丝的购买出口谋利。

1910年，"昌栈丝庄"资金已达三十万元。陈廉伯以"昌栈丝庄"司理身份加入广东商会、广州总商会，是陈廉伯涉足广东商界、政界的开始。陈廉伯联合西樵山人、广州公兴隆丝庄老葵石、联经老丝庄、奉记丝庄、奉记丝厂、永昌泰丝号、宜恒丝庄、益隆丝号，"互相研究经营收丝、售丝的种种手段……有计划地去经营收丝抛丝"。在第一次世界大战之后两年，获利达二百五六十万元。随后更联合更多丝绸厂家、商号，从事"放机"业务，以商业资本介入生产的流通环节。陈廉伯经营生丝得利，在荔枝湾畔建公馆，是民初官商名人经常来往的地方。时至今日，陈廉伯公馆是列入广州历史文物名录的旧建筑，为广州荔湾博物馆所在地。陈廉仲故居亦列入广州历史文物名录。

1915年，巴拿马万国博览会举行，陈廉伯以陈启沅创作的写有《康熙字典》全部字的扇面参展，更搜集更多广东艺术工艺品参展，并为所有展品买保险，因此被选为“巴拿马赛会广东出品协会总理”及获得“巴拿马赛会正式代表”身份。

1915年，陈蒲轩介绍同乡简照南兄弟结识上海知名粤商劳敬修，在劳的协助下租得东百老汇路（今东大名路）一所栈房，改为厂房，开设广东南洋烟草公司上海制造厂，当年建成投产。上海工厂是南洋烟草公司发展的一个重要起点。后南洋兄弟烟草公司招股，陈氏家族持股，陈竹君曾试图以药材经营的资金建爱国烟草公司，机器从日本购回。英美烟草公司暗中购买爱国烟草公司的全部产品，放置发霉出售，爱国烟草公司破产。入民国之后，陈蒲轩逐渐淡出商界。

1917年，陈廉伯、陈廉仲开办昌华保险公司。陈廉伯在慈善事业方面贡献颇多，曾设立孤儿院、女子职业学校、博济医院，并为方便医院董事。并曾任香港东华医院、广华医院、东华医院三院董事。担任上述职务是因为他捐款甚多和在慈善事业中有名望。

1919年8月，陈廉伯正式出任广州商团团长，加快他涉足政界的步伐。陈廉伯还倡导建立救火队，这种新式消防组织遍及省河南北，棋布星罗，是广州近代消防事业的发端。还建立广东粮食救济总会，有赈济、平粜和救灾的作用。商人救灾的作用开始超过善堂。

1921年，陈廉伯经营丝业贸易亏损，靠安南陈锦笃（陈启枢之子）资金支持。陈启沅六子陈竹君（奇和堂司理）劝陈廉伯不可多应酬官场和搞商团，专心于丝业经营，陈廉伯不应。

1924年，广州商团总人数已扩大到一点三万人。商团在此前广州政权的多次更迭中一直保持中立，更因为保护商人利益及维持治安稳定扩展势力。

1924年8月10日，运送商团向英商南利洋行购置的一批枪支弹药（据军政府称有枪械九千余杆，其中有机关枪四十挺，子弹三百余万发）的英籍（另一说为挪威籍）轮船“哈佛”号，在广州天字码头附近江面被蒋介石率领的江固舰扣留。10月，商团之乱被平定，陈廉伯逃往香港。至此，陈廉伯在广州的政治前途断绝。

1928年，陈氏家族的丝厂因为国际市场不佳，正式结束营业。

1930年，陈蒲轩出版《蚕业指南》。自《蚕桑谱》刻印之后，陈蒲轩无日不研究蚕桑业。1921年往苏浙，自建蚕房于杭州，自带蚕种，吸收江南技术饲养，有所得，成是书。

1945年，陈启沅曾孙子陈少慷参加援缅飞虎队运送抗日物资的工作，后下落不明。同年，陈廉伯坐船溺亡。先是，陈廉伯向香港总督建议将香港交给日本，被通缉。

20世纪60年代，著名经济史专家汪敬虞撰文，挖掘了陈启沅与继昌隆缫丝厂的相关史料，指出继昌隆缫丝厂是中国近代第一间民营缫丝厂，在近代民营工业的发展史上有重要的历史地位，同时指出继昌隆和经纶堂的冲突是近代新兴产业和传统手工业的矛盾所致。（汪敬虞：《关于继昌隆缫丝厂的若干史料及值得研究的几个问题》，《学术研究》1962年6期）汪文开启了陈启沅与继昌隆的学术史，他的观点至今仍影响着这一方面的研究。

1966—1968年，陈启沅第九子陈孺直撰《陈氏近代族谱简略》《家中先人事略》《本身大事记》等文献。

1994年南海市人民政府将“绮亭陈公祠”公布为南海市文物保护单位，2002年广东省人民政府将祠堂公布为省文物保护单位。1999年陈启沅纪念馆被公布为南海市爱国主义教育基地。2002年“绮亭陈公祠”被改建为“陈启沅纪念馆”，正式对外开放。

后　记

壬戌岁（1982年），余忝列春晓初霁室主人门墙。虽得先师耳提面命，余驽钝，未得要领，所谓研究，亦茫茫然无所知也。先师命余曰：汝生长粤地，当以《岭南农业史》为事业。余诺诺，遂数十年未尝辍止。历览岭南文献，至今上千种，虽有得，未尝轻易下笔，恐见笑于大方之家。乙酉年（2005年），有司编《岭南先贤传》系列，出版社执事电询可否为陈芷馨（启沅）立传。窃思芷馨先生乃学问大家，且余于蚕丝业素少涉猎，未敢轻诺。嗣后广州方志办陈主任泽泓电令执笔。余勉为其难，成四万余字之《陈启沅》以应命。戊戌岁（2018年），佛山历史文化丛书执行主编郑主任海峰先生临顾，嘱撰《陈启沅传》，略谓芷馨先生为工业先驱，爱国华侨，斯亦可光大佛山地域文化精神云尔。是以历览芷馨先生《蚕桑谱》、《陈启沅算学》、《数理溯源》诸书，復蒙先生贤曾孙陈树华先生惠赠家藏文献，贤玄孙女陈安薇女士叙述先辈遗事，颇有助益。遂因成《陈启沅传》，凡二十余万言。其间承南海简村村委会、佛山图书馆诸单位执事多所襄助，简村林润明先生述芷馨先生遗事；访问造影立像端赖陈树华先生、闵丽华学棣，此以並志谢忱！

先生开创缫丝事业以普惠大众，有家国情怀，慈善之心，足为后人楷式。今天下从事实业者亦夥矣，览此书者，若能效法先生一二，则斯作殆可谓有益于当世矣。惟书中舛误恐不免，幸博雅君子匡谬教正之，则不胜感激涕零也矣。

广州吴建新于山人书斋

壬戌年十月初五

《佛山历史文化丛书》已出版书目

第一辑

01.《佛山状元文化》
02.《佛山古村落》
03.《佛山商道文化》
04.《佛山家训》
05.《佛山中医药文化》
06.《佛山明清冶铸》
07.《佛山历史人物录》
08.《佛山传统建筑》
09.《佛山祖庙》
10.《佛山粤剧》

第二辑

01.《西樵山与岭南理学的传承》
02.《佛山北帝文化与社会》
03.《佛山历代诗歌三百首》
04.《明清佛山地方治理研究》
05.《石湾窑研究》

06.《佛山木版年画历史与文化》

07.《佛山彩灯》

08.《佛山纺织史》

09.《佛山武术史略》

10.《佛山古今桥梁掠影》

第三辑

01.《詹天佑：从南海幼童到中国铁路之父》

02.《陈启沅传》

03.《骆秉章传》

04.《冼冠生和冠生园》

05.《佛山古代铸造工匠技艺》

06.《李待问传》

07.《佛山龙舟文化》

08.《大绅与通儒：李文田传》

09.《中国机械名师温子绍》

10.《吴趼人评传》